COMO USAR A BIBLIOTECA NA ESCOLA
Um programa de atividades
para o ensino fundamental

Coleção
Formação
Humana
na Escola

Carol Kuhlthau

Traduzido e adaptado por:
Bernadete Santos Campello
Márcia Milton Vianna
Marlene Edite Pereira de Rezende
Paulo da Terra Caldeira
Vera Amália Amarante Macedo
Vera Lúcia Furst Gonçalves Abreu

COMO USAR A BIBLIOTECA NA ESCOLA
Um programa de atividades
para o ensino fundamental

3ª edição
1ª reimpressão

autêntica

Copyright © 2002 Carol Kuhlthau
Copyright © 2002 Autêntica Editora

Todos os direitos reservados pela Autêntica Editora. Nenhuma parte desta publicação poderá ser reproduzida, seja por meios mecânicos, eletrônicos, seja via cópia xerográfica, sem a autorização prévia da Editora.

EDITORA RESPONSÁVEL
Rejane Dias

CAPA
Jairo Alvarenga Fonseca
(sobre Prateleiras com livros de música de Giuseppe Maria Crespi)

ILUSTRAÇÃO
Mirella Spinelli

REVISÃO
Erick Ramalho

DIAGRAMAÇÃO
Waldênia Alvarenga

	Kuhlthau, Carol
K96s	Como usar a biblioteca na escola : um programa de atividades para o ensino fundamental /Carol Kuhlthau ; trad. e adapt. por Bernadete Santos Campello et al . – 3. ed.; 1. reimp. – Belo Horizonte : Autêntica Editora, 2013.
	304p. – (Formação Humana na Escola, 4)
	ISBN 978-85-7526-039-5
	Título original: School librarian's grade-by-grade activities program – a complete sequential skills plan for grades K-8
	1.Biblioteca escolar. 2.Leitura. I.Campello, Bernadete Santos. II.Título. III.Série.
	CDU 371.64
	028

Ficha catalográfica elaborada por Rinaldo de Moura Faria – CRB6-1006

Belo Horizonte
Rua Carlos Turner, 420
Silveira . 31140-520
Belo Horizonte . MG
Tel.: (55 31) 3465 4500

www.grupoautentica.com.br

São Paulo
Av. Paulista, 2.073, Conjunto Nacional, Horsa I
23º andar . Conj. 2310-2312 Cerqueira César
01311-940 São Paulo . SP
Tel.: (55 11) 3034 4468

Sumário

APRESENTAÇÃO.. 09

INTRODUÇÃO.. 13
As bases do programa... 13
Estágios do desenvolvimento cognitivo de Piaget.................... 14
A natureza das atividades.. 15
A sequencia das atividades.. 16
A lista de habilidades para usar a biblioteca.......................... 18
Integração com a proposta curricular.................................... 19
Habilidades de localização e de interpretação....................... 19
Tecnologia... 22
Objetivo geral do programa de atividades para usar
os recursos informacionais... 23

Fase I
PREPARANDO A CRIANÇA PARA USAR A BIBLIOTECA............. 25
1ª Etapa: *Conhecendo a biblioteca*..................................... 27
O programa... 27
Hora do conto e leitura.. 28
Criando um ambiente de escuta atenta e
mobilizando a expectativa... 28
Escolhendo os livros para leitura... 29
Poesia... 30
Compartilhando ideias sobre uma história.......................... 30
Encontrando significados na história................................... 31
Desenvolvendo habilidades de compreensão...................... 32
Usando material audiovisual... 33
Criando atitude de compreensão da biblioteca como
espaço coletivo... 33
Resumo.. 34
Lista das habilidades.. 34
Sugestões de atividades... 36

2ª Etapa: *Envolvendo as crianças com
livros e narração de histórias*.. 49
O programa... 49
Leitura e narração de história... 50
Atividades para depois da história.. 51
Conversando sobre a história.. 51
Dramatização... 52
Desenho... 53
Usando material audiovisual.. 54
Compreensão da leitura... 54
Livros infantis.. 55
Coleção de não ficção... 55
Arranjo da coleção.. 56
Elementos do livro.. 56
Resumo... 57
Lista das habilidades.. 58
Sugestões de atividades... 59

Fase II
APRENDENDO A USAR OS RECURSOS INFORMACIONAIS........ 73
1ª Etapa: *Praticando habilidades de leitura*............................ 75
O programa.. 75
Selecionando histórias para ler... 76
Ilustrações.. 76
Material audiovisual... 76
Atividades para depois da história.. 77
Os três Ds para acompanhar uma história........................... 79
Leitura... 82
Localizando livros para leitura independente..................... 83
Coleção de referência... 84
Classificação bibliográfica... 84
Elementos do livro.. 85
Resumo... 85
Lista das habilidades.. 85
Sugestões de atividades... 88

2ª Etapa: *Expandindo os interesses pela leitura*.................... 105
O programa.. 105
Livros de ficção e não ficção... 106
Números de chamada.. 106
Arranjo da coleção.. 107

Biografias.. 107
Revistas e jornais... 108
Coleção de referência.. 108
Fazendo seus próprios livros.. 110
Leitura.. 112
Atividades para depois da leitura.. 113
Complementação... 113
Escrevendo e desenhando.. 114
Resumo... 114
Lista das habilidades... 115
Sugestões de atividades.. 118

3ª Etapa: *Preparando para usar os recursos
informacionais de maneira independente*..................... 141
O programa.. 141
Arranjo da coleção... 142
Classificação Decimal de Dewey.. 143
Técnicas de pesquisa e produção de texto........................... 144
Integração com o conteúdo curricular.................................. 144
Enciclopédias... 145
Índices.. 145
Referências bibliográficas... 146
Pesquisa e produção de texto com duas fontes................... 146
Trabalhando em grupo... 146
Usando a coleção da biblioteca.. 147
Leitura.. 148
Agenda de livros... 149
Espécies literárias – mistério e fantasia................................ 149
Televisão e leitura... 150
Resumo... 152
Lista das habilidades... 152
Sugestões de atividades.. 156

4ª Etapa: *Buscando informação para trabalhos escolares*........... 183
O programa.. 183
Integração com o currículo... 184
Classificação Decimal de Dewey.. 185
Técnicas de pesquisa e produção de texto........................... 186
Referências bibliográficas... 188
Fontes de referência.. 188
Materiais audiovisuais.. 188
Produzindo materiais audiovisuais....................................... 189
Interpretando mensagens televisivas.................................... 190

Revistas e jornais.. 190
Apreciação literária... 190
Palestras sobre livros... 191
Escrevendo para compreender um tipo de literatura......... 191
Aprendendo em grupos.. 192
Resumo... 193
Lista das habilidades... 193
Sugestões de atividades.. 197

Fase III
Vivendo na sociedade da informação................................ 227
1ª Etapa: *Usando os recursos informacionais de maneira independente*..................... 229

O programa.. 229
Revisão de habilidades através de jogos............................. 230
Aprendizagem complementar.. 231
Uso independente da biblioteca... 232
Técnicas de pesquisa e produção de texto.......................... 233
Fontes para pesquisa e produção de texto.......................... 234
Leitura... 235
Apreciação Literária.. 236
Transição... 237
Resumo... 238
Lista das habilidades... 238
Sugestões de atividades.. 242

2ª Etapa: *Entendendo o ambiente informacional*.......... 265

O programa.. 265
Atividades na biblioteca.. 266
Integração com os conteúdos curriculares......................... 267
A abordagem do ambiente da informação......................... 268
A televisão como fonte de informação................................ 269
Técnicas de pesquisa e produção de texto.......................... 271
Fontes de informação.. 272
Apreciação literária e leitura... 273
Resumo... 274
Lista das habilidades... 274
Sugestões de atividades.. 278

Glossário.. 295
Os autores.. 302

Apresentação

A partir de 1997, o Ministério da Educação (MEC) colocou nas mãos da comunidade educacional do país os *Parâmetros Curriculares Nacionais*[1]. Esse documento constitui um referencial para elaboração da proposta curricular das escolas brasileiras e aponta diretrizes para o trabalho pedagógico, com o objetivo de levar as crianças e os jovens a dominarem conhecimentos e desenvolverem habilidades e atitudes de que necessitam para crescerem como cidadãos plenamente reconhecidos e conscientes de seus direitos e deveres.

O exercício da cidadania só é possível se se garante à pessoa o acesso aos saberes elaborados socialmente. Esses saberes constituem instrumentos para o desenvolvimento da socialização e, consequentemente, da cidadania democrática; assim, o acesso a eles é uma preocupação dos *Parâmetros*. O documento considera a instituição escolar como o espaço que propicia formação e informação ao indivíduo, desenvolvendo capacidades que favorecem não somente a compreensão dos fenômenos sociais e objetos culturais como, também, a própria intervenção nesses fenômenos e a fruição de tais objetos.

Os saberes elaborados socialmente estão registrados em materiais diversos, que vão desde os tradicionais textos impressos, passando pelos recursos audiovisuais, até as informações

---

[1] Disponíveis na Internet em *http://www.mec.gov.br/sef/estrut2/pcn/materiais.asp*

virtualmente dispostas. Assim, esses recursos informacionais, nas suas mais variadas formas, precisam estar disponíveis na escola a fim de instrumentalizar os alunos na sua aprendizagem. A tecnologia, ao gerar um ambiente de abundância informacional, agrega uma nova perspectiva ao processo de formação escolar. A extraordinária oferta dos mais diversificados produtos de informação, muitos deles virtuais, vai exigir de quem precisa, ou pretende acessá-los, novas competências. Assim, os alunos precisam ser preparados para lidar com essa realidade e "saber utilizar diferentes fontes de informação e recursos tecnológicos para adquirir e construir conhecimentos". Proporcionar aos alunos essa habilidade constitui um dos objetivos do ensino fundamental conforme explicitado no volume 1, p. 108, dos *Parâmetros Curriculares Nacionais*[2].

Para se preparar para as atuais complexas condições de trabalho o estudante tem que desenvolver a capacidade de aprender continuamente: precisa ter autonomia na sua relação com o conhecimento, isto é, deve conhecer suas próprias necessidades de informação e saber como obtê-la e utilizá-la para atender a seus propósitos.

Embora os alunos tragam para a escola uma bagagem de conhecimentos que não pode ser desprezada, muitas vezes adquirida em seu contato com os meios de comunicação, a escola é o espaço por excelência para ampliar e aprofundar o contato com a variedade de recursos atualmente disponíveis, e também para refinar as habilidades a eles relacionadas. Reunidos no espaço da biblioteca escolar, os recursos informacionais irão se constituir num rico manancial para propiciar o desenvolvimento de conhecimentos, habilidades e atitudes necessárias para viver e conviver na sociedade da informação.

Este livro pretende contribuir para auxiliar os educadores na complexa tarefa de desenvolver nos alunos, de maneira sistemática, habilidades para lidar com a informação. Constitui um guia com sugestões para que o educador brasileiro planeje suas atividades

---

[2] Brasil. Ministério da Educação. Secretaria de Educação Fundamental. *Parâmetros Curriculares Nacionais* (1ª a 4ª série). Brasília, 1997, 10v. Os 10 volumes dos Parâmetros de 1ª a 4ª série podem ser adquiridos na Internet, através do seguinte endereço: *http://www.dpa.com.br/detalhe_produto_dpa.asp?id_produto=663*

diárias, dentro da perspectiva das modernas tendências educacionais, conforme propostas contidas nos *Parâmetros Curriculares Nacionais*. Trata-se de um trabalho baseado na obra da educadora norte-americana Carol C. Kuhlthau[3], que tem se dedicado a atividades de pesquisa ligadas ao processo de busca e uso da informação em instituições escolares. Fundamentando-se na teoria piagetiana e em autores da linha construtivista, o livro da Profa. Kuhlthau foi adaptado para a realidade brasileira por um grupo de pesquisadores da Escola de Ciência da Informação da Universidade Federal de Minas Gerais.

Carol Kuhlthau desenvolveu um programa[4] de atividades sequenciais, a ser iniciado a partir do momento em que a criança começa sua formação escolar, por volta dos 5 anos, até atingir as séries finais do ensino fundamental. Cada capítulo deste livro é formado por três partes: na 1ª parte é feita uma descrição das características da criança, ou do jovem, no estágio em questão; na 2ª parte apresenta-se uma lista de objetivos a serem atingidos nesse estágio, e na 3ª são dadas sugestões de atividades para desenvolver as habilidades relativas aos objetivos propostos.

Cada atividade inclui:

1) Objetivo a ser atingido,

2) Tempo de duração aproximado,

3) Materiais necessários,

4) Instruções para o desenvolvimento,

5) Sugestões para variação e complementação.

A lista de objetivos pode servir como um registro da aprendizagem da classe como um todo ou, mesmo, de alunos individualmente.

---

[3] KUHLTHAU, Carol C. *School librarian's grade-by-grade activities program*; a complete sequencial skills plan for grades K-8. West Nyack, N.Y.: The Center for Applied Research in Education, 1981.

[4] Trabalhando atualmente como professora titular da School of Communication, Information and Library Studies, da Rutgers University nos Estados Unidos, Carol Kuhlthau desenvolveu este programa na época em que atuava como bibliotecária em uma escola de ensino fundamental em East Brunswick, New Jersey, EUA.

Ela ajudará no acompanhamento das habilidades adquiridas e no planejamento do programa para cada classe.

O programa aqui apresentado é previsto para ser integrado ao currículo escolar e deve ser complementado pelo uso frequente da biblioteca pelos alunos. Representa uma nova metodologia para ensinar a usar os recursos informacionais e preparar as crianças, paulatinamente, para a prática da pesquisa escolar, desde o momento em que chegam à escola.

Embora as atividades sejam previstas para ocorrer no ambiente da biblioteca – já que ela se constitui num espaço privilegiado para preparar os alunos para a convivência numa sociedade de informação – não se pode ignorar a realidade brasileira, em que um grande número de escolas não conta com biblioteca. Assim, a maioria das atividades pode perfeitamente ser realizada pelo professor na sala de aula. A falta de recursos não deve impedir a aplicação do programa; podem ser selecionadas algumas atividades e implementada uma parte do programa que, dentro das possibilidades da escola, atinja os objetivos propostos.

O importante é que as crianças estejam sendo preparadas para lidar de forma eficiente com os recursos informacionais, os quais irão instrumentalizá-las para o exercício da cidadania, o conhecimento ajustado de si mesmas e para sua inserção na sociedade.

O livro não é um produto pronto e acabado. Para seu aperfeiçoamento, esperamos receber sugestões daqueles que vierem a utilizá-lo, pois acreditamos que é no trabalho compartilhado que conseguiremos avançar na busca do conhecimento.

Os autores

Introdução

Este capítulo apresenta os pontos básicos do programa de atividades que visam ao desenvolvimento de habilidades para usar os recursos informacionais, descrevendo suas principais características. O programa, além de implementar o desenvolvimento dessas habilidades, vai propiciar o uso mais eficiente dos recursos da biblioteca.

As bases do programa

O programa foi planejado considerando-se a capacidade das crianças e jovens para usar os recursos informacionais em cada estágio de seu desenvolvimento, combinando essa capacidade com atividades apropriadas. Fundamenta-se especialmente nos estudos do psicólogo suíço Jean Piaget, que definiu estágios do desenvolvimento cognitivo de crianças e jovens. A descrição desses estágios possibilitará determinar a capacidade de compreensão dos estudantes em cada idade.

Antes dos seis ou sete anos, por exemplo, as crianças normalmente não são capazes de desenvolver tarefas que exijam categorização e classificação. Portanto, nessa idade, será inútil, e possivelmente até prejudicial para seu processo de aprendizagem, o ensino detalhado de sistemas de classificação bibliográfica. Do mesmo modo, habilidades úteis para a pesquisa, como, por exemplo, combinar informações de várias fontes num texto coerente, só estarão totalmente desenvolvidas entre os 12 e 16 anos. Assim, deve-se levar em conta esse fato ao se solicitar um trabalho de pesquisa a crianças mais novas. Sabe-se, entretanto, que os estágios de desenvolvimento não são pontualmente marcados e cada momento é sempre mesclado tanto pelas características do estágio que se inicia quanto pelas do anterior. Assim sendo, as idades mencionadas no texto devem ser consideradas como referências aproximadas.

A seguir, apresentamos um esquema dos estágios do desenvolvimento cognitivo de Piaget, com uma breve descrição das características que, em cada um desses estágios, têm ligação com a biblioteca e a informação. Os estágios e as respectivas habilidades serão explicados mais detalhadamente nos capítulos correspondentes a cada etapa.

Estágios do desenvolvimento cognitivo de Piaget

- *Sensório motor* – do nascimento até os dois anos
  A criança aprende através dos sentidos e do movimento.
- *Pré-operacional* – de dois a sete anos
  A criança pode usar símbolos, como a linguagem, para representar a realidade.
  Apresenta atitudes egocêntricas.
- *Concreto operacional* – de sete a 11 anos
  Pode desenvolver operações mentais no nível concreto.
  Pode categorizar e usar classificação.
  Não é capaz de pensamento abstrato.
- *Formal operacional* – de 12 a 16 anos
  Pode usar pensamento abstrato.
  Pode generalizar.
  Pode formular uma hipótese.

O programa aqui apresentado procura, também, incorporar, em cada estágio, as maneiras mais naturais do aluno aprender e, a este respeito, deve muito à filosofia de James Moffet[5]. Procura-se levar em conta o desenvolvimento físico, emocional e social da

---

[5] MOFFETT, J. *Student-centered Language, Arts and Reading, K-13.* Boston: Houghton Mifflin, 1976.

criança e do jovem, bem como suas necessidades cognitivas. Em alguns estágios, por exemplo, os alunos aprendem bem em grupos e em duplas; em outros, precisam trabalhar individualmente. Em todas as idades, aprendem melhor participando de atividades do que apenas escutando a explicação do professor. Necessitam, também, de oportunidades para compreender seus enganos e corrigir imediatamente seus erros.

A natureza das atividades

Buscando a participação ativa do aluno no processo de aprendizagem, as atividades foram elaboradas para contar com o mínimo de explicação do bibliotecário ou professor, que as planeja e orienta os alunos durante o processo.

Foram projetadas para se adequarem à maneira como a respectiva habilidade será usada no ambiente da biblioteca. Sempre que possível, os alunos devem usar a fonte original, em vez de ouvir ou fazer exercícios sobre ela. Os exercícios ajudam a revisão e a prática, mas não substituem a atividade de localizar e utilizar as fontes de informação.

Um dos objetivos da educação escolar é que as crianças e jovens aprendam a conviver em grupo de maneira produtiva e cooperativa. Assim, muitas das atividades foram planejadas para pequenos grupos ou duplas. Isso dá oportunidade para os alunos aprenderem uns com os outros, bem como de terem experiências socializadoras, tais como dialogar, ouvir e ajudar o outro, pedir ajuda, aproveitar críticas, explicar um ponto de vista, coordenar ações para obter sucesso em uma tarefa conjunta. Jogos também são usados para incentivar atividades de revisão.

Sempre que possível a correção dos erros é feita durante a atividade, permitindo ao aluno corrigi-los e verificar prontamente seu progresso. O erro faz parte do processo de aprendizagem e aparece como respostas, argumentações e formulações incompletas. Para o aluno, o erro permite que entre em contato com seu próprio processo de aprendizagem e perceba que é necessário saber aplicar diferentes domínios de ideias em diferentes situações. Assim, o objetivo da correção é fazer com que os alunos aprendam com os enganos e não avaliá-los por seu desempenho.

As atividades sugeridas são apenas exemplos do que se pode fazer para ensinar habilidades em cada nível. Se for preciso, deve-se adaptá-las, a fim de atender necessidades particulares ou até criar outras atividades, mais adequadas. É importante observar que os livros mencionados em algumas das atividades são apenas sugestões e podem ser substituídos por outros equivalentes. Muitas vezes, a atividade tem mais sucesso quando é planejada para um grupo específico de estudantes. É importante conhecer tanto os alunos quanto o acervo da biblioteca e a natureza da comunidade com a qual se vai trabalhar. O entusiasmo do bibliotecário ou professor pode suscitar o interesse dos alunos e esse elemento é essencial para a aprendizagem bem sucedida.

A sequência das atividades

Este livro apresenta uma série de atividades que levam o aluno a incorporar habilidades para usar a biblioteca e a informação. Essas atividades são interrrelacionadas, constituindo um sistema hierárquico: uma atividade ajuda na aprendizagem de outra, mais difícil. A aplicação regular do programa desenvolve gradualmente habilidades para usar os recursos informacionais, desde as séries iniciais às mais adiantadas.

O programa está estruturado em três fases, visando a desenvolver habilidades para usar os recursos informacionais de forma regular e gradual desde o período de educação infantil (por volta dos quatro anos) até as últimas séries do ensino fundamental (por volta dos 14 anos). É importante observar que as idades e séries aqui apresentadas não são rígidas. Dependendo do nível de desenvolvimento do aluno e da proposta pedagógica da escola, o programa poderá incluir crianças menores de quatro anos e avançar além dos 14.

A FASE I – **Preparando a criança para usar a biblioteca** – que compreende o período inicial de escolarização da criança até sua alfabetização, ou seja, dos quatro aos sete anos. Subdivide-se em duas etapas.
- A 1ª Etapa – *Conhecendo a biblioteca* – é aquela que precede a alfabetização e destina-se a crianças de quatro a seis anos.

Neste momento, o programa consiste de atividades que irão, predominantemente, procurar desenvolver na criança uma atitude positiva com relação à biblioteca e aos recursos informacionais, especialmente os livros. Ela se familiariza com os espaços da biblioteca e começa a se interessar pelos livros do acervo.

- A 2ª Etapa – *Envolvendo as crianças com livros e narração de histórias* – destinada a crianças de seis a sete anos, ocorre durante o período de alfabetização e nesse momento a criança vai se envolver mais profundamente com os livros, principalmente através da escuta de histórias.

A FASE II – **Aprendendo a usar os recursos informacionais** – abrange as séries iniciais do ensino fundamental (1ª a 4ª), ou seja, destina-se a alunos de sete a 10 anos e consiste, basicamente, de atividades que irão propiciar habilidades para usar os recursos informacionais disponíveis na escola. Subdivide-se em quatro etapas, assim denominadas:

- 1ª Etapa – *Praticando habilidades de leitura*, para crianças de sete anos.
- 2ª Etapa – *Expandindo os interesses de leitura*, para crianças de oito anos.
- 3ª Etapa – *Preparando para usar os recursos informacionais de maneira independente*, para alunos de nove anos.
- 4ª Etapa – *Buscando informação para trabalhos escolares*, para alunos de 10 anos.

A FASE III – **Vivendo na sociedade da informação compreende as séries finais do ensino fundamental** (5ª a 8ª), envolvendo alunos de 11 a 14 anos. Nela, o estudante se prepara para conviver numa sociedade com abundância de recursos de informação, desenvolvendo atividades que lhe permitirão compreender o ambiente informacional da sociedade contemporânea. Esta fase é subdividida em duas etapas, assim denominadas:

- 1ª Etapa – *Usando os recursos informacionais de maneira independente*, para alunos de 11 a 12 anos.

- 2ª Etapa – *Entendendo o ambiente informacional*, para alunos de 13 a 14 anos.

Embora seja importante manter a sequência das atividades, pode-se determinar o seu ritmo de acordo com a capacidade dos alunos, pois nem todos se adaptarão às fases e etapas estabelecidas. Sabe-se que, fora da escola, os alunos não têm as mesmas oportunidades de acesso aos objetos do conhecimento que fazem parte do repertório escolar. Isso influencia o processo de aprendizagem e é importante que a prática escolar leve em consideração essa diversidade, criando condições para que todos os alunos possam avançar. Alguns progredirão rapidamente, enquanto outros serão mais lentos. Assim, a sequência deve ser regulada num ritmo compatível com a maioria dos alunos. Para aqueles que demorarem a dominar algumas habilidades, devem ser planejadas atividades complementares – individuais e para pequenos grupos. Muitas das atividades incluem sugestões para reforçar o que já foi aprendido.

A sequência de atividades é estruturada de modo que os alunos tenham aprendido noções básicas sobre como usar a biblioteca e os recursos informacionais ao término do ensino fundamental, quando completarem todas as oito etapas do programa, que deve ser desenvolvido através de um cronograma regular. Desse modo, o estudante constrói a base para, no nível médio, usar a biblioteca de forma independente.

A lista de habilidades para usar a biblioteca

A lista de habilidades que aparece em cada capítulo apresenta os objetivos a serem atingidos na etapa. Quando cada habilidade é ensinada usando-se as atividades sugeridas, ou outras da própria escolha de quem planeja, pode-se verificar o objetivo correspondente na lista e registrar a data em que ele foi atingido. Isto permitirá manter um registro contínuo da evolução da aprendizagem, em todas as etapas. A lista, também, pode ser usada como instrumento de planejamento, indicando necessidade de atividades complementares e de revisão, para alunos que precisem de mais orientação.

Integração com a proposta curricular

As habilidades para usar a biblioteca e os recursos informacionais não são aspectos isolados do projeto pedagógico da escola. Assim como a leitura e a escrita, elas constituem um conjunto de habilidades usadas para alcançar outros objetivos de aprendizagem. Lemos para descobrir significados. Escrevemos para transmitir ideias. Utilizamos as habilidades de usar a biblioteca para localizar e interpretar informações que ampliam nosso conhecimento e nos permitem tomar decisões e fazer escolhas adequadas. Quando conjuntos de habilidades são ensinados como atividades isoladas, geralmente ocorrem problemas de aprendizagem.

O programa de desenvolvimento de habilidades para usar a biblioteca e a informação deve integrar-se à proposta curricular da escola. A sequência de habilidades deve estar intimamente ligada aos conteúdos programáticos. É importante que as atividades desenvolvidas em sala de aula exijam que os alunos utilizem as habilidades para usar a biblioteca e a informação que estão adquirindo.

A integração do programa da biblioteca com as atividades de sala de aula requer um planejamento conjunto, envolvendo o bibliotecário e os professores. Cada capítulo deste livro apresenta sugestões para um planejamento conjunto e eficiente. Também são feitas recomendações sobre habilidades específicas a serem integradas. Em cada etapa, o número de sugestões para integrar o programa da biblioteca com os conteúdos programáticos aumenta gradualmente, até que o programa esteja totalmente ajustado à proposta curricular da escola. Na maioria das vezes, as atividades das etapas iniciais consistem em hora do conto, apresentando ligações ocasionais com atividades de sala de aula; e nas etapas mais avançadas baseiam-se, principalmente, em pesquisas e trabalhos solicitados pelos professores.

Habilidades de localização e de interpretação

As atividades aqui apresentadas objetivam desenvolver duas categorias de habilidades: de *localização* e de *interpretação*.

Cada uma delas por sua vez se subdivide em subcategorias:

 HABILIDADES DE LOCALIZAÇÃO	 HABILIDADES DE INTERPRETAÇÃO
• Arranjo da coleção • Revistas e jornais • Material e equipamento audiovisuais • Coleção de referência • Ficção e não ficção • Sistema de classificação • Fontes biográficas • Índices • Internet	• Técnicas de avaliação e seleção • Ver, ouvir e interagir • Apreciação literária • Elementos do livro • Pesquisa e produção de texto

É importante observar que essas subcategorias não são estanques. Por exemplo, uma atividade sobre índices de revistas pode aparecer na categoria *Índice*, mas diz respeito também à categoria *Revistas e jornais*.

As habilidades de localização ajudam os alunos a entenderem como os materiais são organizados, possibilitando-lhes localizarem uma informação ou um material específico. Esta é a abordagem que, mais tarde, lhes permitirá entender o ambiente da informação. Nas etapas intermediárias, eles analisam a Classificação Decimal de Dewey como um modelo de procedimento para organização de materiais e o catálogo como um guia para a coleção da biblioteca. A biblioteca torna-se um laboratório para aprendizagem dos conceitos de organização e recuperação da informação. No nível mais adiantado, os estudantes tomam conhecimento de outras instituições que mantêm estoques de informações úteis para ampliar suas pesquisas.

As habilidades de localização também lhes permitirão conhecer as fontes de informação disponíveis e localizar os materiais e a informação de que necessitam, preparando-os para entender o ambiente informacional mais abrangente. Essa abordagem prepara os estudantes para aplicar o conhecimento que adquiriram em localizar materiais na biblioteca da sua escola, nas ocasiões em que tiverem de usar outra biblioteca ou outro sistema de informação.

As habilidades de interpretação ajudam os alunos a entender e usar os materiais. Embora os bibliotecários tenham tradicionalmente se preocupado em ensinar apenas habilidades de localização, devem envolver-se mais com a interpretação dos materiais. As atividades dessa categoria ajudam os alunos a entender e usar materiais da biblioteca, começando com as primeiras experiências de hora do conto e continuando com atividades de pesquisa nas etapas mais avançadas.

Uma estratégia usada neste programa é a de levar os alunos a entender o conteúdo do material. Isso é feito dando-lhes oportunidades de se colocar em lugar do autor, produzindo seus próprios textos. Nas primeiras etapas, os alunos usam os 3 Ds – discussão, dramatização e desenho – para relacionar o que ouviram e viram às suas experiências anteriores. Quando suas habilidades de leitura e produção de texto melhorarem, terão oportunidade de fazer seus próprios livros e de escrever suas próprias histórias.

Em cada etapa são incluídas atividades para ajudar as crianças e os jovens a encontrar significados no que leem: eles registram em agendas impressões sobre os livros lidos; elaboram cartazes e compilam listas de livros preferidos para serem compartilhados com os colegas. São apresentadas palestras sobre livros, a fim de chamar atenção para os materiais disponíveis.

As técnicas de pesquisa e produção de texto exigem compreensão e interpretação constantes do material da biblioteca. Nesse sentido, as atividades sugeridas antecipam para os alunos oportunidades de aprender a reagir ao que viram e ouviram, recordando, resumindo e parafraseando. Nas etapas intermediárias os estudantes ampliam essas habilidades, acrescentando suas próprias ideias, experiências e informações obtidas de fontes externas. Nas etapas mais avançadas, têm oportunidade de aplicar, em trabalhos de pesquisa e produção de texto, sua habilidade crescente de recordar, resumir, parafrasear e complementar.

O programa também oferece ao aluno sugestões práticas para coletar informações de várias fontes, combinando essas informações num texto coerente. Essas competências são difíceis e o aluno só é totalmente capaz de exercê-las no nível mais avançado, mas algumas técnicas úteis são introduzidas nas etapas anteriores para formar uma base para posterior sucesso.

O programa de uso da biblioteca e da informação procura estimular a compreensão e a interpretação de variadas fontes de informação. A televisão, por exemplo, é uma fonte de informação poderosa em nosso meio, além de ser uma realidade imediata da maioria das crianças e jovens, o que justifica sua inclusão no programa da biblioteca. A televisão desempenha um papel decisivo no universo de conhecimentos dos alunos ao introduzir informações sobre outras realidades. Por meio dessas informações eles podem ampliar sua base de conhecimentos e formar a noção da amplitude do mundo em que vivem. Cada fase deste livro apresenta atividades para desenvolver habilidades de **espectador** e de **ouvinte**, ajudando a entender, avaliar e selecionar recursos de informação e de entretenimento. Através dessas e de outras atividades, as crianças e jovens compreendem melhor a diferença entre ser leitor e ser espectador. Tornam-se mais atentos aos diferentes tipos de programas de televisão, são incentivados a discutir o que viram e a complementar os programas de televisão aos quais assistem, utilizando materiais da biblioteca.

Tecnologia

A tecnologia da informação, representada pelos computadores e redes eletrônicas (vale dizer a Internet), teve profundo impacto na disponibilização e no uso da informação, e tem se tornado cada vez mais presente na vida das pessoas. É necessário, portanto, preparar as crianças e jovens para conviver com a tecnologia, capacitando-as a lidar com a quantidade crescente de informações em meios eletrônicos e preparando-as para enfrentar os desafios de um mercado de trabalho instável e mutante.

Neste livro, a tecnologia é vista como um instrumento para utilizar informação e, nesse sentido, em todas as atividades que permitem o uso de ambos os recursos (impressos e eletrônicos) foram incluídas as duas opções. A natureza da aprendizagem é a mesma, mas a atividade realizada com meios eletrônicos vai exigir recursos diferentes, que devem ser previstos no planejamento.

O uso dos recursos de informática precisa ser bem planejado, considerando-se também que as habilidades, especialmente no que diz respeito à utilização do computador, variam de pessoa para pessoa. Alguns têm oportunidade de usá-lo desde pequenos e dominam com rapidez os recursos do *mouse* e do teclado. Outros só terão a chance de se aproximar do computador quando chegam à escola. Também entre as escolas há grande diversidade na disponibilização de recursos informáticos. Algumas possuem laboratórios onde são reunidos os equipamentos e onde ocorrem os treinamentos e aulas que utilizam computadores. As bibliotecas geralmente dispõem de poucas máquinas para os usuários e têm que controlar rigidamente o tempo de uso.

O domínio que os alunos têm do equipamento e dos *softwares* precisa ser levado em conta e as atividades devem ser planejadas para pequenos grupos cujas habilidades estejam num mesmo nível.

As atividades com o computador aparecem desde a FASE I, quando as crianças usam jogos educativos para aprender a usar o *mouse* e escolher opções na tela. Quando aprendem a usar enciclopédias e dicionários e a entender a função dessas obras de referência, podem fazê-lo usando fontes eletrônicas. A Internet é introduzida na 2ª etapa da FASE II, e o crescente domínio desta importante fonte de informação vai permitir ao aluno explorar os recursos da rede e, paralelamente, entender a necessidade de ter uma visão crítica da informação ali veiculada.

Objetivo geral do programa de atividades para usar os recursos informacionais

O objetivo geral do programa de atividades para usar os recursos informacionais é ajudar os alunos a escolher recursos adequados para informação e entretenimento. O programa sequencial permite às crianças e jovens tomar conhecimento de informações acessíveis, dominar habilidades para localizar os materiais desejados e ter competência para avaliá-los, selecioná-los e interpretá-los.

Fase I

Preparando a criança para usar a biblioteca

1ª Etapa

Conhecendo a biblioteca

Nesta etapa, que engloba a faixa etária de quatro a seis anos, as crianças irão aprender o que é uma biblioteca, capacitando-se a seguir rotinas e procedimentos. Vão se familiarizar com uma variedade de materiais e terão experiências de interação com os colegas.

Este capítulo inclui:

- a descrição das características do aluno, que têm ligação com o programa da biblioteca;
- uma lista das habilidades para usar a biblioteca, a serem desenvolvidas nesta etapa;
- sugestões de atividades para desenvolver as habilidades relacionadas na lista.

O programa

Nem todas as crianças que chegam à escola tiveram as mesmas oportunidades de viver experiências com livros e bibliotecas. Algumas podem ter frequentado uma biblioteca pública, tirado livros emprestados e participado de atividades como a hora do conto. Outras, embora tenham pouca experiência com bibliotecas, possuem seus próprios livros e os leem em casa. Infelizmente, também, há crianças que quase não tiveram oportunidades de ter contato com livros ou de escutar histórias.

É necessário avaliar as experiências das crianças para determinar a extensão e profundidade do programa a ser desenvolvido nessa etapa. Não é preciso ficar preso às etapas apresentadas neste manual; o programa deve ser adaptado às experiências e necessidades das crianças com as quais se vai trabalhar. Algumas precisarão participar de atividades dessa etapa durante um tempo maior, que poderá se estender pelas diversas séries do ensino fundamental, enquanto outras avançarão rapidamente para a etapa seguinte.

O programa aqui apresentado dá a sequência das atividades para desenvolver as habilidades de usar a biblioteca e a informação; você determinará o ritmo apropriado para as crianças de sua escola.

Hora do conto e leitura

A principal atividade do programa, nessa etapa, consiste na leitura de uma grande variedade de livros de histórias interessantes para as crianças. Essa é uma experiência agradável, tanto para elas como para o bibliotecário. A fim de criar um ambiente favorável para se escutar histórias é bom entender alguns dos comportamentos e características típicos de crianças por volta dos cinco anos.

Criando um ambiente de escuta atenta e mobilizando a expectativa

Prender a atenção de uma classe inteira de crianças pequenas é geralmente difícil. Para ler ou contar uma história é preciso fazer com que todas fiquem sentadas, quietas e prontas para escutar, o que não é uma tarefa fácil numa classe de educação infantil.

Nessa idade, as crianças são individualistas e egocêntricas. Têm pouco interesse no que os colegas estão fazendo ou pensando. São naturalmente ativas e querem se envolver com qualquer coisa que chame sua atenção naquele momento e isso pode não ser necessariamente o que a classe está fazendo ou o que foi planejado. Gostam de agradar os adultos e são geralmente afetivas. Precisam do zelo e da segurança dos adultos que as cercam e gostam especialmente de atenção individual. Trabalham melhor sozinhas ou em grupos bem pequenos.

Na faixa dos quatro aos seis anos as crianças não respondem bem a termos dirigidos à classe como um todo, tais como: "crianças", "todos vocês", "meninos e meninas". É importante aprender seus nomes o mais rapidamente possível e usá-los para chamar sua atenção e para aquietá-las, a fim de que ouçam a história. Isso não significa que todas têm que ser chamadas pelo nome, mas é bom fazer isso com as crianças que estão distraídas ou prestando atenção em outra coisa.

Em seguida, deve-se estabelecer uma rotina. Crianças nessa idade gostam da segurança da repetição. Estabeleça uma rotina simples que possa ser seguida e logo elas se adaptarão, sendo necessário apenas um pequeno estímulo. Por exemplo, faça-as assentar sempre no mesmo lugar e siga sempre os mesmos procedimentos para iniciar uma sessão de hora do conto, todas as vezes que for desenvolver esta atividade.

Estabelecer uma rotina para criar um ambiente de escuta atenta é uma forma efetiva de prepará-las para ouvirem uma história. Para isso, pode-se utilizar atividades tais como: canções, fantoches, marionetes ou, mesmo, exercícios físicos. Elas funcionarão como um sinal para que as crianças se preparem para escutar uma história e não devem variar muito de uma aula para outra. Qualquer atividade que for utilizada para esse fim deve ser tranquila e simples, de forma a preparar as crianças para escutarem, devendo-se evitar exercícios que possam ser, eles próprios, uma distração.

Para focalizar o interesse na história é bom dar conhecimento do assunto previamente, fazer com que as crianças levantem suposições sobre o tema a partir do título, oferecer informações que situem a leitura e até criar um certo suspense. Em resumo, para fazer com que as crianças desde cedo apreciem a leitura de histórias, é necessário que o professor ou bibliotecário demonstre interesse na leitura, criando um ambiente agradável e convidativo.

Escolhendo os livros para leitura

Uma vez que a história começa, a atenção das crianças fica intensa, mas essa situação costuma durar relativamente pouco. Escolha livros que contêm histórias interessantes, porém simples. Evite aquelas muito subjetivas ou exageradamente longas.

É importante aproveitar a atenção das crianças antes que ela diminua. A atenção muito concentrada, da mesma forma que qualquer outra atividade que exige muita energia, logo resulta em cansaço. Levando em consideração a maneira como as crianças de cinco anos usam sua atenção, pode-se fazer da hora do conto uma experiência rica e estimulante.

Poesia

Os poemas, canções, parlendas, quadrinhas, advinhas e trava-línguas são espécies literárias que podem ser utilizadas desde a educação infantil. As atividades com textos poéticos são especialmente interessantes nesta etapa, desvendando um mundo de sensibilidade e emoção e permitindo vivenciar uma nova realidade construída de palavras. Possibilitam às crianças prestarem atenção não só aos conteúdos mas, também, aos aspectos sonoros da linguagem, como ritmo e rimas, além das questões culturais e afetivas envolvidas.

Compartilhando ideias sobre uma história

Um dos resultados mais agradáveis e produtivos da leitura da história em voz alta para o grupo todo é poder compartilhar as reações de cada um. Não é algo que simplesmente acontece: tem que ser cultivado gradualmente, durante todo o período da educação infantil e fundamental. Embora crianças nessa idade sejam muito alertas, ansiosas para aprender e prontas para responder, suas habilidades de fala e linguagem são limitadas. Muito do que se aprende nesse estágio constitui aprendizagem não-verbal, ocorrendo através da manipulação de objetos concretos e de brincadeiras criativas.

Quando chegam à escola as crianças já contam com um repertório de representações e explicações da realidade. Suas habilidades de linguagem e outras variam: algumas são tímidas e limitadas na maneira de expressar suas ideias e sentimentos. Sabe-se que as experiências anteriores da criança afetam sua habilidade de usar a linguagem e de expressar seus pensamentos. É preciso que tais experiências encontrem na escola um lugar para manifestação, pois, além de constituírem um fator importante no processo de aprendizagem, poderão ser ampliadas, transformadas e sistematizadas, com a mediação que ocorre no espaço escolar.

Por volta dos cinco anos, as crianças geralmente têm dificuldade de fixar-se em um ponto durante a discussão. Não têm familiaridade com a dinâmica de falar em grupo. Por estarem mais acostumadas a manterem conversação com apenas uma pessoa, falarão qualquer coisa que passe pelas suas cabeças naquele momento. Falta-lhes experiência em discussões centradas em um único tópico. Sua fala espontânea, desinibida, vagueia de um pensamento fugaz a outro.

Outra característica de crianças nesta faixa etária é sua atitude egocêntrica. Isto não significa que não tenham consideração pelos outros, mas pensam que todos têm o mesmo ponto de vista que elas. Isto faz com que seja difícil ouvirem e responderem ao que os outros têm a dizer. Dificilmente confiam nas ideias dos colegas. Em uma discussão aberta, a maioria das crianças estará ansiosa para contribuir mas, frequentemente, quando responde a um pedido para falar, costuma fazê-lo fora do tópico que está sendo discutido. Em resposta a uma pergunta sobre o que aconteceu na história, elas podem fazer uma observação completamente fora do contexto da discussão.

Quando se estiver planejando atividades para desenvolver nas crianças a habilidade de entender e de compartilhar ideias sobre uma história, deve-se levar em consideração esse comportamento peculiar. É verdade que tais comportamentos dependem de seu desenvolvimento. Todas se tornarão mais competentes posteriormente, no seu devido tempo. Entretanto, situações criativas de aprendizagem podem ser planejadas para favorecer habilidades de compreensão e de desenvolvimento da linguagem.

Encontrando significados na história

Há alguns passos que devem ser seguidos para ajudar as crianças a pensar e falar sobre os significados de uma história. Por exemplo, faça-as contar com suas palavras o que aconteceu em uma parte da história ou peça para várias crianças descreverem a mesma passagem. Isso também dá oportunidade de exercitar a exposição oral, que deve começar bem cedo e intensificar-se posteriormente. Expressar-se oralmente é algo que requer confiança em si mesmo, e isso é conquistado em ambientes favoráveis à manifestação dos pensamentos, sentimentos e emoções.

É importante lembrar que crianças nessa faixa etária (quatro a seis anos) estão interessadas no aqui e agora, não no que aconteceu antes ou no que acontecerá em seguida. Faça perguntas sobre o quê, onde e quem. Evite questões sobre como e por quê. Se usar este tipo de questão, certifique-se de que a resposta está dentro do domínio do aqui e agora.

A atividade **Palavra-chave** encoraja as crianças a pensar sobre os significados de determinadas palavras numa história. Isto as ajuda a centrar a atenção em um conceito específico. Deve-se lembrar que o objetivo principal da discussão é buscar os sentidos da história e, portanto, não é necessário aprofundar demais os significados de determinada palavra, a ponto de desviar a atenção da compreensão da história. O propósito dessa atividade é compreender a história através dos significados de palavras-chave.

Desenvolvendo habilidades de compreensão

Nesta etapa as crianças estão num estágio inicial de aprendizagem de leitura. A habilidade principal da leitura é a compreensão. Compreender é entender ou encontrar significados no que está sendo lido. É bom lembrar que não há uma interpretação única do texto, um único significado: eles são construídos pelo esforço de interpretação do leitor, a partir não só do que está escrito, mas do conhecimento que este traz para o texto. Aqui, o professor ou bibliotecário tem o papel de apoio ao desenvolvimento verbal das crianças, podendo também funcionar como evocadores de lembranças, ao trazer à imaginação objetos e figuras desencadeadores de recordação. Entretanto, deve-se aproveitar a heterogeneidade da classe, colocando-a a serviço da troca, da colaboração e, portanto, da própria aprendizagem e tirando do professor a função de único informante da turma.

Várias atividades sugeridas neste capítulo envolvem leitura de ilustrações. A criança olha uma ilustração ou uma série de ilustrações no livro de história, pensa sobre o que a ilustração diz e compartilha suas ideias com os colegas. Ao mesmo tempo em que isso permite a prática da compreensão, também cria na criança expectativa para encontrar significados nos livros.

Usando material audiovisual

A ampliação do universo discursivo da criança também se dá através de uma variedade de meios que expressam modos e formas próprias de ver o mundo. Além dos livros de história, dos poemas e da música, as apresentações de histórias em vídeos, DVD e CD-ROMs são especialmente atraentes para crianças nessa idade. Nessa faixa etária as crianças já assistem televisão diariamente. Olhos e ouvidos são os primeiros sentidos usados para aprender e continuam a ser instrumentos poderosos de aprendizagem ao longo da vida.

Uma apresentação audiovisual, entretanto, não substitui a hora do conto ou a leitura em voz alta. Cada um desses recursos possibilita uma experiência inteiramente diferente da outra, embora o conteúdo da história possa ser o mesmo. O que se experimenta quando se assiste a um programa de televisão é bem diferente da experiência de escutar uma história sendo lida ou contada. E ambas são bem diferentes daquela da leitura silenciosa de um livro. Todas as três constituem experiências significativas para as crianças. Nenhuma é exatamente a réplica da outra. Cada uma delas evoca imagens diferentes, requer diferentes ritmos e exige operações mentais diferentes. Todas devem ser usadas, compreendendo-se que possibilitam à criança experiências diferentes.

Criando atitude de compreensão da biblioteca como espaço coletivo

Nesta etapa é importante que as atividades sejam planejadas para desenvolver uma atitude positiva com relação aos livros e à biblioteca. Portanto, é essencial que não só o ambiente da biblioteca seja agradável e convidativo, mas, também, que se ofereça uma variedade de atividades que atraiam e encantem as crianças.

A coleção de livros infantis deve estar disposta de maneira acessível, permitindo sua visibilidade e uso autônomo pelas crianças. Sua organização deve possibilitar que os critérios de ordenação sejam identificados, pois isso pode ser decisivo no uso que as crianças venham a fazer dela. A atividade **Onde ele mora?** ajuda a criança a entender como estão organizados os livros que vai usar.

A ocasião em que as crianças começam a frequentar a biblioteca é uma ótima oportunidade para se introduzir a noção de zelo pelo bom estado das dependências da escola, na forma de respeito aos livros e equipamentos, desenvolvendo a compreensão do lugar público como patrimônio coletivo, cujo zelo é dever de todos. A atividade **Cuidados com o livro** propicia o conhecimento de direitos e seus respectivos deveres, iniciando as crianças na noção de que as regras não são imposições arbitrárias, mas indicação de respeito mútuo.

Resumo

Nesta etapa, o programa prepara para utilizar a biblioteca, contribuindo para a criação de um ambiente alfabetizador, onde as crianças têm oportunidade de participar sistematicamente de atos de leitura. Elas se familiarizam com vários livros da coleção, tomam conhecimento da organização dos materiais na biblioteca e aprendem a seguir as rotinas de empréstimo. Começam a procurar significados nas histórias escutadas e a compartilhar ideias sobre esses significados.

Um dos resultados mais importantes nessa etapa é o desenvolvimento de uma atitude positiva em relação ao uso dos materiais da biblioteca e à própria biblioteca. Essa é uma idade maravilhosa, exuberante, é quando a escola constitui uma nova experiência. Se for bem aproveitada, logo as crianças estarão aguardando ansiosamente a hora do conto e rapidamente escolherão suas histórias preferidas. A biblioteca pode ser um lugar interessante e estimulante para elas.

Fase I – 1ª Etapa [QUATRO A SEIS ANOS]
Lista das habilidades

A seguir apresentamos os objetivos para esta etapa, na forma de uma lista sequencial de habilidades a serem desenvolvidas. A lista não é rígida, fornecendo apenas uma estrutura geral a partir da qual o programa da biblioteca poderá ser planejado. Pode ser usada como um cronograma das atividades correspondentes e compartilhada com professores e outros envolvidos no programa.

Classe: _____

HABILIDADES DE LOCALIZAÇÃO	Agenda
▶▶ Arranjo da coleção	
• Sabe que os materiais da biblioteca estão organizados numa determinada ordem.	
• Está desenvolvendo a compreensão de sua responsabilidade na manutenção da ordem dos materiais.	
HABILIDADES DE INTERPRETAÇÃO	
▶▶ Técnicas de avaliação e seleção	
• Sabe que a biblioteca tem livros para emprestar e usar.	
• Sabe que muitas crianças usam a biblioteca.	
• Consegue, com a ajuda do bibliotecário, escolher um livro para levar para casa por empréstimo.	
• Consegue cuidar dos livros que levou por empréstimo ou que usa na biblioteca	
• Dá conta de seguir as rotinas do empréstimo.	
▶▶ Ver, ouvir e interagir	
• Está desenvolvendo habilidade de observar as imagens e sons da história.	
• Está desenvolvendo habilidade de reagir ao que é visto e ouvido.	
• Está desenvolvendo habilidade de usar *links* e identificar ícones em documentos hipertextuais.	
▶▶ Apreciação literária	
• Sabe que existem muitos livros de histórias e de imagens na biblioteca.	
• Tem alguns livros e personagens preferidos.	
• Começa a desenvolver a capacidade de apreciar as peculiaridades de diversos tipos de poemas.	

▶▶ Sugestões de atividades

A seguir, apresentamos sugestões de atividades que devem ser desenvolvidas de acordo com os objetivos definidos para esta etapa.

HABILIDADES DE LOCALIZAÇÃO

▶▶ Arranjo da coleção

1 *Onde ele mora?*

Este jogo ajuda as crianças a entenderem que os materiais da biblioteca são organizados em determinada ordem. Também desenvolve a consciência de que têm um papel a cumprir na manutenção desta ordem.

Duração
- 20 minutos.

Materiais
- Livros da coleção infantil da biblioteca.

Observação
Esta atividade é usada nos casos em que a coleção infantil da biblioteca, formada em sua maior parte por livros de literatura e materiais destinados a crianças das séries iniciais, é separada da coleção geral, contando com um sistema específico de organização. A fim de manter a atenção das crianças e de dar a todas a oportunidade de participar é melhor planejar a atividade para pequenos grupos, de 5 a 10 crianças. Se for realizada com um grupo de 20 ou 25, nem todas poderão participar ativamente.

Instruções
- Percorra a biblioteca com as crianças, comentando sobre os equipamentos, a decoração, a coleção e qualquer outro aspecto que você considere importante ou que chame a atenção delas. A seguir, concentre-se na coleção infantil, mostrando como os livros e outros materiais estão organizados. Lembre-se de reforçar a ideia de que a organização dos materiais é feita para facilitar sua localização.
- Explique que a biblioteca é como uma rua com casas. Peça às crianças para imaginarem que cada prateleira é uma rua e que cada livro representa uma casa: o livro A mora na casa A, o livro B mora na casa B, ou seja, cada livro tem seu endereço, que é preso no livro para que, depois de usado, possa ser novamente guardado em seu lugar, pelos responsáveis pela biblioteca. Cada prateleira, assim como cada rua, tem um código que pode ser formado por números ou letras, por uma combinação de números e letras ou por marcas de cores e formas. Explique o sistema usado na sua biblioteca. Fale sobre as etiquetas das estantes e as etiquetas correspondentes nos livros.
- Entregue um livro para cada criança e peça-lhes para encontrarem o lugar em que ele mora.

Lembre que na biblioteca os leitores não devem guardar os livros nas estantes, explicando que os bibliotecários são as pessoas encarregadas de organizar os materiais da biblioteca e orientar os leitores, sendo portanto os mais indicados para guardar os livros em seus devidos lugares. Mostre o local onde devem ser deixados os livros utilizados.

Acompanhamento
Esta atividade pode ser repetida várias vezes durante o ano. Com a prática as crianças terão cada vez mais independência para encontrar livros nas estantes.

HABILIDADES DE INTERPRETAÇÃO

▶▶ Técnicas de avaliação e seleção

2 *Coisas interessantes*

Esta atividade ajuda as crianças a entenderem que a biblioteca tem muitos tipos de livros para emprestar e para serem usados no local.

Duração
- Três aulas de 30 minutos cada.

Materiais
- Um livro, como por exemplo, *Um rato na biblioteca* de Carlos Augusto Segato. (SEGATO, Carlos Augusto. *Um rato na biblioteca*. São Paulo: Atual, 1996).
- Livros infantis da coleção da biblioteca.

Instruções

Aula I – Reúna as crianças em semicírculo. Leia o livro *Um rato na biblioteca*. Quando chegar à página 23 interrompa a leitura e pergunte onde os ratos iam todas as noites, se Asponsito era igual aos outros ratos, onde morava o gato Xaxá e o que ele gostava de fazer. Pergunte também quem é que cuidava da biblioteca e quem era o Sr. Ivo. Comente o papel desempenhado pelos ratos e pelo gato. Explore com as crianças os termos: biblioteca, bibliotecário, livraria, dono de livraria. Ao reiniciar a leitura relembre com as crianças onde parou. Retome exatamente o último parágrafo, na página 23, que fala da história do Gato de Botas e vá até a página 27. Pergunte onde está o Gato de Botas. Depois que as crianças descobrirem que os ratos estão na biblioteca e que o Gato de Botas está no livro, continue a ler a história até o fim. Ao terminar, encoraje as crianças a comentarem o final da história.

Aula II – Reúna as crianças em semicírculo e mostre o livro *Um rato na biblioteca*. Peça-lhes para recordarem, uma de cada vez, as coisas interessantes que o rato Asponsito e o gato Xaxá encontraram. Mostre as ilustrações sobre essa passagem. Relembre as outras histórias citadas no livro. Pergunte às crianças se já ouviram as histórias e estimule-as a fazer comentários.

Explique que na biblioteca há muitos livros e que alguns foram separados para que possam escolher com facilidade.

Estimule as crianças a levarem emprestado um dos livros selecionados. Diga para olharem o livro com bastante atenção para encontrarem coisas interessantes que possam contar aos colegas da próxima vez que vierem à biblioteca.

Observação
Os procedimentos de empréstimo podem demorar mais que o previsto. Planeje pelo menos mais 10 minutos para completá-los.

Aula III – Antes que as crianças devolvam os livros emprestados, reúna-as em semicírculo com os livros fechados no colo e encoraje-as a mostrar e contar, um de cada vez, o que encontraram de interessante em seus livros. Pergunte como ficaram conhecendo a história do livro que levaram por empréstimo, se alguém leu para eles e quem foi. Oriente as crianças no processo de devolução dos livros.

Variação
Esta atividade pode ser realizada utilizando-se outros livros. Escolha aqueles que fazem intertextualidade com histórias conhecidas pelas crianças e, ao ler, enfatize os momentos em que outras histórias são citadas.

3 *Escolha seu livro*

Esta atividade possibilita que as crianças selecionem livros sob orientação do bibliotecário e dá-lhes oportunidade de se familiarizarem com uma variedade de livros de histórias e de imagens.

Duração
- 30 minutos.

Materiais
- Livros infantis da coleção da biblioteca.

Preparação
Selecione os livros (aproximadamente cinco a mais do que o número de crianças na classe) e espalhe-os em uma mesa baixa.

Instruções
Reúna as crianças em semicírculo e diga que separou mais livros de história e gravuras para elas. Organize pequenos grupos para irem até a mesa. Cada criança pode escolher um livro e levá-lo para o lugar que desejar: para o tapete ou uma cadeira por exemplo. Se a criança quiser levar o livro emprestado poderá ir ao balcão. Caso contrário, pode voltar à mesa e escolher outro.

Observação
Nessa idade muitas crianças têm dificuldades de selecionar livros das estantes onde podem ver apenas a lombada. Escolhem mais facilmente se veem as capas. Os livros espalhados na mesa permitem-lhes reconhecer aqueles já conhecidos e chamam atenção para os que não conhecem. Uma outra alternativa é que sejam organizados nas estantes de forma que as capas fiquem visíveis.

Livros para esta idade devem ter uma linguagem simples, pouco texto e ilustrações de qualidade.

Complementação
Esta atividade pode ser repetida cada vez que a classe inteira venha à biblioteca para pegar livros emprestados. Observe as crianças durante a escolha e identifique os livros que não despertam mais seu interesse.

4 *Cuidados com o livro*

Esta atividade ensina as crianças a cuidarem dos livros, chamando atenção para situações que podem danificá-los.

Duração
- 30 minutos.

Material
- Um livro, como por exemplo, *O erudito*, de Rogério Borges. (BORGES, Rogério. *O erudito*. Porto Alegre: Kuarup, 1988).

Instruções
Reúna as crianças em semicírculo e mostre a capa do livro. Leia o título e explique o significado da palavra *erudito*: "Aquele que sabe muito. Pessoa que adquiriu muitos conhecimentos, sobretudo através da leitura". Diga que o livro é só de imagens, mas elas contam uma história. Mostre as imagens, página a página, pedindo para observarem o que acontece na história. Pare na página em que a bibliotecária sai atrás do menino. Estimule as crianças a sugerirem coisas que possam estar acontecendo. Dê tempo para várias crianças participarem. Mostre o restante da história. Faça uma pequena pausa para pensarem se o menino estava certo ou errado em subir nos livros. Discuta alguns cuidados que devem ter para conservarem os livros sempre novos. Explique que muitas crianças leem os livros da biblioteca e que é importante manter estes livros em boas condições para que outros possam lê-los.

5 É hora de empréstimo

Esta atividade possibilita às crianças assimilar a prática das rotinas do empréstimo de livros da biblioteca.

Duração
- 30 minutos.

Materiais
- Livros da coleção infantil adequados para esta faixa etária.
- Um livro especialmente interessante para ser lido em voz alta.
- Cópias das fichas utilizadas no empréstimo (uma para cada criança). Ver FIG. 1.

AUTOR		
TITULO		
DEVOLVER EM	ASSINATURA DO LEITOR	INSC.

75 x 125

MOD. BU - 015   JUN/96   70.000

Figura 1 - Ficha de empréstimo

Preparação
- Espalhe os livros em mesas baixas.

Instruções
Reúna as crianças em semicírculo e leia a história escolhida. Ao terminar, converse sobre a história, dando oportunidade a todos de expor suas ideias. Explique que na biblioteca existem outros livros e que podem ser levados para casa. Oriente as crianças a irem até as mesas e escolherem um livro para empréstimo. Dê 10 minutos e, em seguida, distribua as fichas de empréstimo, explicando que quando forem levar livros para casa devem escrever seu nome numa ficha igual àquela. Explique que na ficha também será colocada a data em que o livro deve ser devolvido. Peça para escreverem seus nomes na ficha. Oriente os que têm dificuldade.

Observação
Esta tarefa pode ser difícil para crianças de 5 anos, pois o espaço da ficha é normalmente muito pequeno. Leve em consideração as habilidades de escrita da classe antes de propor esta atividade. Quando ainda não são capazes de escrever seus nomes no espaço da ficha, isto pode ser feito pelo funcionário do balcão de empréstimo. Esta atividade deverá então ser feita mais tarde, quando as habilidades de escrita estiverem desenvolvidas.

Variações
Se a biblioteca tem sistema de empréstimo automatizado, faça uma demonstração dos procedimentos a serem seguidos.

▶▶ **Ver, ouvir e interagir**

6 *Histórias de ver e ouvir*

Esta atividade ajuda a desenvolver a habilidade de reagir às imagens e sons de uma história contada através de apresentação audiovisual. Desenvolve na criança a capacidade de reagir ao que é visto e ouvido.

Duração
- 20 minutos.

Materiais
- Uma história infantil em livro e a mesma história em vídeo, *slide* ou CD-ROM, como por exemplo ASCH, Frank. *Feliz aniversário, lua*. Petrópolis: Autores & Agentes & Associados, 1989.

Preparação
Organize uma exposição de materiais com histórias apresentadas em diferentes formatos: livro, vídeo, *slide*, CD-ROM ou DVD.

Instruções
Reúna as crianças em semicírculo e explique que irão ouvir uma história. Mostre o livro escolhido. Diga então que, ao invés de ler a história, você vai fazer uma apresentação audiovisual. Faça a apresentação. Em seguida, peça às crianças para falarem sobre determinado aspecto da história. Mostre os livros da exposição e deixe que as crianças olhem e peguem emprestado.

Instruções
Provavelmente não haverá livros suficientes para todos. Sugira que algumas crianças peguem depois.

Variação
Esta atividade pode ser repetida ao longo do ano, utilizando uma variedade de materiais. A cada vez sugira algo para a criança observar e compartilhar com os colegas. Existem diversas histórias disponíveis em livro, em vídeo, DVD ou CD-ROM para este nível.

7 *Navegando na história*

Esta atividade ajuda a desenvolver nas crianças a habilidade de interagir com documentos hipertextuais simples, introduzindo o significado de ícones e o uso de *links* para navegar no hipertexto.

Duração
- 30 minutos.

Materiais
- CD-ROMs de histórias, os quais contenham recursos hipertextuais adequados à faixa etária com a qual se vai trabalhar.

Instruções

Reúna as crianças em semicírculo e converse sobre a história com a qual irão trabalhar, antecipando algumas informações sobre o personagem principal e chamando atenção para um aspecto que deverão observar. Ligue os computadores e oriente cada criança para usar os recursos de acordo com sua capacidade. Dê tempo suficiente para que explorem todo o documento e se familiarizem com o *mouse* e o significado dos ícones. Encerre a atividade com o computador e reúna novamente as crianças. Converse sobre o que viram e fizeram, estimulando cada uma a compartilhar suas experiências.

Observação

Esta atividade, bem como todas as outras que utilizam recursos de informática, deve ser planejada levando-se em consideração principalmente dois aspectos: a disponibilidade de equipamento e de *software* na biblioteca e o nível de conhecimento da criança em relação ao computador. Portanto, o desenvolvimento da atividade vai variar de acordo com esses aspectos e, consequentemente, as instruções aqui apresentadas constituem apenas diretrizes que deverão ser adaptadas de acordo com cada situação.

Variação

Esta atividade pode ser repetida ao longo da escola fundamental, utilizando uma variedade de materiais. A cada vez surgirá algo para a criança observar e compartilhar com os colegas.

▶▶**Apreciação literária**

8 *Palavra-chave*

Nesta etapa, a leitura de histórias é a principal atividade que as crianças desenvolvem na biblioteca. Esta atividade familiariza as crianças com a variedade de materiais disponíveis na biblioteca. Dá-lhes também oportunidade de escolherem seus livros preferidos e de conhecerem personagens que sejam especialmente de seu agrado.

Duração
- 30 minutos.

Materiais
- Um livro da coleção infantil da biblioteca.

Preparação
Escolha no livro selecionado algumas palavras-chave (no máximo cinco). Usando-se mais palavras, corre-se o risco de tornar a história fragmentada, pois haverá necessidade de interromper a leitura para discutir cada uma.

Instruções
Reúna as crianças em semicírculo. Leia a história de forma estimulante, mostrando as ilustrações. Quando chegar em uma palavra-chave pare e pergunte o que ela significa. Encoraje as crianças a participar. Quando a palavra tiver sido claramente definida e sua relação com a história estiver entendida continue a leitura. Utilize as pausas apenas para discutir as palavras chaves. Para encerrar, concentre-se nos significados do final da história.

Observação
Nessa idade as crianças costumam desviar-se do assunto nas discussões. Estão ansiosas para responder às questões mas não conseguem se concentrar apenas no tópico que está sendo discutido. Deve-se prever um período razoável para discussão. Também é importante dar oportunidade para o desenvolvimento de habilidades de concentrar a atenção e usar a linguagem a fim de expressar determinado ponto. A técnica de trabalhar com palavras-chave força as crianças a centrar seus pensamentos em uma palavra e em seus significados, o que lhes ajuda a concentrar a atenção em um ponto específico da história. Procure sempre relacionar os sentidos da palavra-chave aos da história.

9 Histórias ilustradas

Esta atividade permite a prática da compreensão dos significados de ilustrações, nos livros de história. Prepara as crianças para concentrarem-se no conteúdo de um livro, a fim de encontrar significados, ação que é essencial ao processo de leitura.

Duração
- Duas aulas de 30 minutos.

Materiais
- Livros infantis com predominância de imagem, como por exemplo, ZIRALDO. *Os dez amigos*. São Paulo: Melhoramentos, 1983; ZIRALDO. *Rolim*. São Paulo: Melhoramentos, 1983; SOUZA, Ângela Leite de. *Igualzinho*. Rio de Janeiro: Ediouro, 1998.

Preparação
Organize, em uma mesa baixa, uma exposição de livros de história com predominância de imagem. Selecione livros com ilustrações de qualidade, com histórias curtas, que dispensam a leitura do texto. Escolha histórias que não sejam muito complicadas. Separe um livro para cada criança da classe.

Instruções
Oriente cada criança a escolher um livro da exposição. Peça-lhes para olhar as gravuras cuidadosamente e pensar sobre a história que a gravura conta. Dê cerca de dez minutos para a leitura das gravuras. Encoraje as crianças a ficarem bem quietas durante este tempo. Convide, então, algumas delas para contar a história que cada uma escolheu. Poderão usar as ilustrações para mostrar aos colegas o que entenderam. Continue a atividade na aula seguinte, até que todas as crianças tenham contado suas histórias.

Acompanhamento
Repita esta atividade ao longo do ano, a fim de desenvolver habilidade de concentrar a atenção para encontrar e compartilhar os significados dos livros. Use livros diferentes a cada vez.

Variação
Se as crianças tiverem dificuldade em contar a história completa, peça-lhes para dizer o que está acontecendo em apenas uma das

ilustrações. Gradualmente, serão capazes de contar uma parte maior da história. Depois de se exercitarem e se familiarizarem com a leitura de gravuras, poderão contar a história completa.

10 Rimar e brincar

Esta atividade permite explorar oralmente a sonoridade, o ritmo e rima das palavras, estimulando as crianças a apreciar o texto poético.

Duração
30 minutos.

Materiais
- Poemas curtos e simples, cantigas, parlendas ou trava-línguas que possam estimular o exercício da oralidade.

Instruções
Selecione um ou mais textos, dentre as espécies citadas, que possam propiciar uma atividade divertida e interessante com as crianças. Leia ou cante para elas e, em seguida, peça-lhes para repetirem com você.

Variação
A turma pode ser dividida em pequenos grupos e cada um repetir um verso, como se fosse um coro falado. Pode-se gravar o jogral e apresentar para as crianças ouvirem. Uma outra variação é experimentar a substituição da melodia de uma cantiga por outra melodia. Pode-se também musicalizar um poema, usando uma melodia que as crianças conhecem e gostam.

2ª Etapa

Envolvendo as crianças com livros e narração de histórias

As duas atividades principais desta etapa para alunos de seis a sete anos são: escutar histórias lidas e contadas e localizar e levar emprestados livros de histórias e outros livros infantis. Essas atividades são complementadas com a aprendizagem da organização dos materiais na biblioteca e da função de cada parte e elemento do livro. É importante que as crianças nessa idade tenham contato com muitos livros interessantes, variados e de alta qualidade, que são lidos pelo professor ou bibliotecário e que elas próprias começarão a ler.

Este capítulo inclui:
- a descrição das características do aluno, que têm, ligação com o programa da biblioteca;
- uma lista das habilidades para usar a biblioteca, a serem desenvolvidas nesta etapa;
- sugestões de atividades para desenvolver as habilidades relacionadas na lista.

O programa

Na faixa dos seis aos sete anos observa-se uma transição na aprendizagem da leitura. As crianças, geralmente, começam o período letivo como não leitores e no fim do ano muitas estão lendo com alguma autonomia. O processo de alfabetização ocorre por volta dos seis/sete anos, no último ano da educação infantil ou na primeira série do ensino fundamental.

Antes que possam ler sozinhas as crianças devem escutar histórias, a fim de desenvolver o interesse pelos livros e conscientizar-se da variedade de livros disponíveis. Quando estão aprendendo a ler, a escuta de histórias funciona como uma influência modelizadora para a leitura. Essa atividade possibilita a experiência com o fluxo das palavras para formar os significados. As crianças vivenciam o prazer e os sentimentos criados pela leitura. Por outro lado, a leitura tem como finalidade a formação de escritores, não no sentido de profissionais da escrita, mas de pessoas capazes de escrever adequadamente. Assim, ela fornece a matéria-prima para a escrita (o que escrever), além de contribuir para a constituição de modelos (como escrever).

Leitura e narração de história

A leitura de histórias é uma oportunidade para iniciar as crianças mais novas na literatura que enriquece e amplia suas experiências. Ao escolher livros para serem lidos em voz alta, selecione aqueles com boas ilustrações. Leia uma variedade de contos de fadas, histórias humorísticas e realistas e, ocasionalmente, um livro informativo.

A arte de ler, como a de contar histórias, é adquirida através da experiência e da prática. É muito mais do que uma interpretação inexpressiva, monótona do texto. A leitura de histórias é semelhante à dramatização, na medida em que estimula a imaginação do ouvinte. Os resultados fazem valer o esforço despendido.

Antes de começar uma história, reúna as crianças num semicírculo, mantendo-as à vontade. Faça com que fiquem voltadas para você, assentadas no tapete ou nas almofadas, ou em cadeiras baixas. O contador deve estar posicionado um pouco acima das crianças, de forma que elas possam olhá-lo confortavelmente, sem esforço.

Relaxe, sorria e entre no clima da história. Deixe de lado todos os outros assuntos e exigências da biblioteca. Assim, você oferece um presente a cada criança e, dessa forma, elas apreciarão mais a atividade.

Atividades para depois da história

As atividades que acompanham a narração de uma história têm duas finalidades principais. Uma é levar as crianças a entender os significados da história e a outra é incentivá-las a relacionar os significados com suas próprias experiências. A fim de planejar atividades adequadas para depois da história, é necessário compreender um pouco as características do comportamento e desenvolvimento que as crianças apresentam neste estágio.

Estão passando por um período de crescimento lento e calmo, o que resulta numa época relativamente estável, que é muito proveitosa para a aprendizagem. A aprendizagem que ocorre nesta etapa é bem visível. A criança começa como um não leitor e termina como leitor. Habilidades de produção de texto e de informática melhoram consideravelmente. Seu progresso pode ser claramente observado por outros e por elas mesmas. As crianças desenvolvem capacidade de expressar sua compreensão do ambiente que as cerca.

Embora o crescimento seja regular neste estágio, alguns pontos são mais avançados que outros. As crianças não estão preparadas para períodos longos de trabalho detalhado, que as mantenham confinadas na sala de aula. Embora sua habilidade em expressar ideias e sentimentos esteja melhorando, ainda aprendem com mais naturalidade através de materiais concretos, jogos criativos e imitação.

Este capítulo apresenta três tipos de atividades de acompanhamento para uma história: discussão, dramatização e desenho, que ajudam as crianças a entenderem os significados de uma história e relacioná-los às suas próprias experiências. Cada tipo de atividade tem características peculiares e atende, de modo diferente, às necessidades e interesses das crianças. Considerando-se cada tipo separadamente, tem-se uma melhor compreensão dessas diferenças.

Conversando sobre a história

Depois de escutar coletivamente uma história, não há nada mais natural do que conversar sobre ela. A discussão com o grupo, além de ser agradável, possibilita sistematizar as informações e chegar a uma conclusão.

As crianças deverão estar quietas e atentas enquanto escutam a história. Oriente-as a guardarem os comentários para o momento de discussão, após a história. Crianças nessa idade podem querer fazer comentários enquanto a história está sendo contada, mas a interrupção constante prejudica a continuidade e diminui o impacto da história.

Um modo de fazer com que as crianças guardem seus comentários e concentrem-se em buscar os significados da história é apresentar pistas que possam contribuir para a compreensão. As pistas são perguntas ou questões que convidam à escuta atenta e mobilizam a expectativa. Esclareça antecipadamente que haverá oportunidade para todos comentarem a história, no final. Desse modo, durante a leitura, a atenção das crianças estará concentrada. A pergunta deve direcioná-las a algo que seja fundamental para a compreensão dos significados da história. Nessa idade, as crianças só são capazes de manipular uma variável de cada vez. Faça uma pergunta simples e direta. Evite detalhes complicados e confusos que possam desviar a atenção dos significados da história.

Depois da leitura, repita a pergunta e dê ampla oportunidade para a troca de ideias. Nessa idade, todo mundo quer ser o primeiro e é necessário estabelecerem-se regras para que todos possam participar. Para criar um ambiente relaxado, mas ao mesmo tempo concentrado, a fim de que cada um possa escutar e expressar ideias, é preciso estabelecer duas regras básicas simples:

1. Apenas uma pessoa fala de cada vez.
2. Todo mundo escuta quem está falando.

Isto vai iniciar as crianças no intercâmbio comunicativo, criando um contexto significativo para aprender algumas regras básicas de convivência. Dê oportunidade a cada criança de falar. Se ela tem certeza que será ouvida, aguardará o fim da história para apresentar seus comentários.

Dramatização

A dramatização depois de uma história se adapta de modo especial às necessidades e interesses das crianças das primeiras séries.

Por volta dos seis anos as crianças são muito ativas e aprendem através de jogos criativos e da imitação, que podem ser feitos através de representação teatral. Elas ainda não aperfeiçoaram suas habilidades de ler, escrever e falar para expressar plenamente suas ideias e precisam de oportunidade para usar ativamente seu corpo para exprimi-las, organizando o seu conhecimento do mundo de forma integradora. A dramatização acompanha o desenvolvimento da criança como uma manifestação espontânea, evoluindo esta espontaneidade para a observação de regras, passando, portanto, do individual para o coletivo.

Ao planejar atividades de dramatização para crianças, deve-se estabelecer instruções claras e simples. Nessa idade, as crianças podem ser agressivas e decididas a não cooperar. Numa situação complicada e confusa, estes traços ficam mais aparentes.

Crianças dessa idade querem ser as primeiras, mas querem também ser admiradas. Participarão de um grupo de dramatização se souberem exatamente o que delas se espera. Estabeleça normas concisas e claras para serem seguidas. As crianças ainda não tiveram experiência suficiente para formar hábitos de participação positiva em grupos. Precisarão de instruções definidas de como proceder. Uma atividade de dramatização bem planejada produz resultados positivos. Encoraje e aprecie a criatividade desinibida e espontânea das crianças nessa idade.

Desenho

O desenho é o terceiro tipo de atividade a ser usado para acompanhar a narração de histórias. Um exemplo disso é a atividade **Animais preferidos**. Como já foi dito, por volta dos seis anos as crianças ainda não são capazes de se expressar pela escrita. Desenhar é um modo natural de expressar ideias e pensamentos nessa idade. Muitas vezes, habilidades de desenho, que são bem visíveis aos seis anos ou antes, desaparecem ou ficam ocultas no momento em que as habilidades de linguagem e escrita se desenvolvem nas crianças mais velhas.

O desenho não deve ser meramente decorativo e precisa ser visto como um meio e não um fim. É um modo de expressar algo que não pode ser manifestado de outra maneira. O desenho é uma forma excelente de cada criança expressar individualmente seu entendimento como resposta a uma questão sobre os significados de uma história. Desse modo, ela relaciona a história com suas experiências e seus conhecimentos. Peça sempre às crianças para explicarem seus desenhos para os colegas, a fim de permitir uma troca enriquecedora de experiências, evitando usá-los como atividade rotineira e sem significado.

Usando material audiovisual

Existe uma grande variedade de excelentes materiais audiovisuais que apresentam histórias, para crianças desta idade, na forma de programas de televisão, vídeos e CD-ROMs. Ao mostrá-los, faça-o sabendo que não constituem uma alternativa para a leitura, mas uma maneira de apresentar uma experiência diferente.

Já que as crianças veem televisão durante muitas horas, é extremamente importante que tenham oportunidade de falar sobre os significados do que viram. Para entender e começar a avaliar a quantidade de informação e diversão superficial, típica deste meio de comunicação, precisam encontrar significados no que veem e relacionar esses significados com suas próprias experiências. Esclarecendo os conteúdos dos programas de televisão e refletindo sobre eles, as crianças irão começar a reconhecer a linguagem característica do meio, a interpretar criticamente as mensagens, a identificar o papel de elementos não linguísticos, como a imagem e a trilha sonora, tomando consciência dos pressupostos que, à sua revelia, influenciam seus julgamentos são habilidades essenciais para qualquer pessoa e que podem não se desenvolver se não houver a intervenção adequada. Situações de aprendizagem em que as crianças falam sobre o que estão vendo são parte importante do programa de habilidades para usar a biblioteca e a informação.

Compreensão da leitura

A aprendizagem da leitura ocupa lugar de destaque no ensino fundamental. Atividades de leitura são frequentes durante todo esse nível, mas o esforço concentrado é feito na primeira série.

Há dois aspectos principais na leitura: decodificação e compreensão. Ainda que esta etapa seja o momento de aprendizagem do sistema de notação escrita, as atividades a ela relacionadas precisam realizar-se em um contexto em que o objetivo seja a busca e a construção dos significados, e não simplesmente a decodificação do texto. Compreender é entender os sentidos do que é lido. As atividades para depois da leitura, descritas anteriormente, ajudam a aumentar as habilidades de compreensão. A discussão, a dramatização e o desenho ajudam a desenvolver a habilidade de encontrar significados numa história. Essas atividades também criam nas crianças a consciência de que os livros são importantes e significativos.

Livros infantis

Quando a habilidade de leitura aumenta, as crianças necessitam de uma variedade maior de livros e revistas. Ofereça uma grande quantidade de livros infantis, organizada e localizada de modo que as crianças possam folheá-los livremente. Talvez seja necessário separar esses livros e reuni-los em estantes baixas, numa área onde as crianças possam sentar-se no chão ou em almofadas. Assim poderão folhear livremente uma variedade de livros e descobrir seus preferidos. Há muitos livros infantis no mercado. Algumas crianças irão além dos livros disponíveis para sua faixa etária antes do fim da primeira série. Esteja atento para esses leitores e oriente-os para livros que sejam um pouco mais difíceis, mas que sejam interessantes para crianças de seis anos. É difícil para as crianças escolher livros; precisam de orientação para selecionar os que possam ler e entender.

Quando as crianças estão iniciando o aprendizado da leitura, é hora de colocar livros bem atraentes em suas mãos. Não perca esta ótima oportunidade de captar sua emoção e entusiasmo pela habilidade **recém adquirida** e canalizá-los para um interesse mais profundo no prazer pelos livros. Encoraje hábitos precoces de leitura independente.

Coleção de não ficção

Nesta etapa, os alunos muitas vezes procuram livros sobre um assunto específico. Use essa oportunidade para apresentar a coleção de não ficção e desenvolver a noção de que há, na biblioteca, possibilidade de encontrar livros por assunto. Os alunos necessitarão de ajuda para localizar livros apropriados; livros que possam ler ou cujas ilustrações possam entender. Ocasionalmente, uma criança poderá manifestar um forte interesse por determinado assunto. Depois de aprender onde os livros sobre esse assunto estão localizados, a criança voltará várias vezes, sozinha, para procurar tais livros.

Arranjo da coleção

Ao mesmo tempo em que folheiam, escolhem ou levam livros emprestados, as crianças estarão gradualmente desenvolvendo a compreensão de que os materiais da biblioteca encontram-se em certa ordem e que esta ordem torna possível localizar materiais específicos. Devem aprender que também são responsáveis pela manutenção dessa ordem. Podem ser usados marcadores feitos pelas crianças com tiras de papel colorido, para indicar o lugar do livro na estante enquanto eles são consultados.

As crianças podem começar a entender que a biblioteca é o seu lugar, mas que ela deve ser compartilhada com outras crianças. Assim, têm o direito de usar os materiais e a responsabilidade de conservá-los. É uma oportunidade para desenvolver a atitude de respeito mútuo, que abarca também a dimensão do respeito pelos lugares públicos: entender que tais espaços pertencem a todos, preservá-los, não sujá-los ou depredá-los é dever de cada um porque todos têm direito de desfrutar-se deles. À medida que as crianças amadurecem, o conceito de espaço público será estendido para espaços mais amplos e mais abstratos.

Elementos do livro

Ao se iniciar uma atividade de leitura em voz alta, pode-se chamar atenção para os vários elementos do livro e explicar suas funções. Nesta etapa, as crianças devem entender que todos os livros têm basicamente a mesma estrutura. Esta compreensão será útil quando começarem a ler independentemente. Por exemplo, sabendo que todos os livros têm uma página de rosto que informa quem o escreveu, imprimiu e distribuiu, as crianças não ficarão confusas quando abrirem um livro pela primeira vez. Se, por outro lado, pensam que os livros contêm apenas histórias, a página de rosto (ver FIG. 2) é para elas um elemento estranho. Se as crianças entenderem a finalidade da folha de rosto terão uma orientação útil para a leitura do livro.

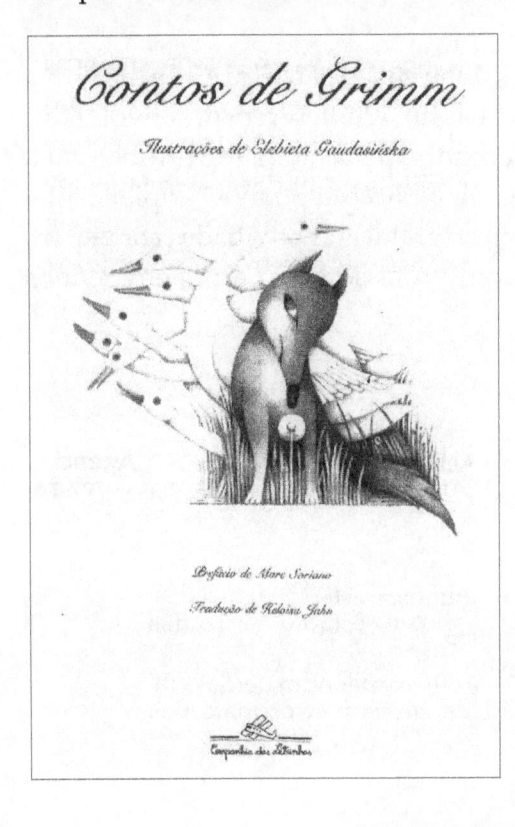

Figura 2 - Folha de rosto de livro.
CONTOS de Grimm. Ilustrações de Elsbieta Gaudasinska. São Paulo: Companhia das Letrinhas, 1996.

Resumo

Nesta etapa as crianças se familiarizam com uma variedade de livros que elas próprias consultam ou que são lidos pelo professor ou pelo bibliotecário. Depois de escutar uma história, envolvem-se em atividades que ajudam a entender os significados da mesma. Atividades de discussão, dramatização e desenho, juntamente com outras de folhear, escolher e levar livros emprestados, fazem da biblioteca um local alegre. As crianças descobrem que a biblioteca é um lugar de troca de ideias e sentimentos sobre o que é visto e ouvido e também um espaço para escutar histórias e ler tranquilamente.

FASE I - 2ª Etapa [SEIS A SETE ANOS]
Lista das habilidades

A seguir apresentamos os objetivos para esta etapa, na forma de uma lista sequencial de habilidades a serem desenvolvidas. A lista não é rígida, fornecendo apenas uma estrutura geral a partir da qual o programa da biblioteca poderá ser planejado. Pode ser usada como um cronograma das atividades correspondentes e compartilhada com professores e outros envolvidos no programa.

Classe: _____	
HABILIDADES DE LOCALIZAÇÃO	**Agenda**
▶▶ **Arranjo da coleção**	
• Sabe que os materiais da biblioteca estão organizadas segundo um arranjo específico.	
• Entende sua responsabilidade em manter os materiais em ordem.	
▶▶ **Ficção e não ficção**	
• Começa a compreender a diferença entre ficção e não ficção.	
• Usa materiais de ficção e de não ficção.	
▶▶ **Revistas e jornais**	
• Sabe que a biblioteca possui outros materiais além de livros.	
• Está familiarizado com as revistas que o interessam.	
▶▶ **Material e equipamento audiovisuais**	
• Sabe que a biblioteca tem outros materiais além de livros.	
• Pode descobrir sentidos numa apresentação audiovisual.	

HABILIDADES DE INTERPRETAÇÃO	Agenda
▶▶ **Técnicas de avaliação e seleção**	
• Pode selecionar livros de seu interesse.	
• Pode selecionar os livros que consegue ler.	
▶▶ **Elementos do livro**	
• Pode identificar a capa.	
• Pode identificar a lombada.	
• Pode identificar a folha de rosto.	
• Pode identificar título, autor e ilustrador.	
▶▶ **Ver, ouvir e interagir**	
• É capaz de prestar atenção às imagens e sons da narração ou leitura de histórias.	
• Pode participar de discussão após uma história.	
• É capaz de elaborar, com ajuda, uma mensagem simples e enviá-la pelo correio eletrônico.	
▶▶ **Apreciação literária**	
• Sabe que existe uma variedade de livros na biblioteca.	
• Sabe encontrar significados na história e relacioná-los às suas próprias experiências.	
• Consegue perceber o ritmo dos poemas, através de palavras rimadas e repetidas.	

▶▶ Sugestões de atividades

A seguir, apresentamos sugestões de atividades que devem ser desenvolvidas de acordo com os objetivos definidos para esta etapa.

HABILIDADES DE LOCALIZAÇÃO

▶▶ **Arranjo da coleção**

1 *Encontre a estante*

- Esta atividade leva as crianças a compreender que os materiais são guardados na biblioteca segundo um arranjo específico.

Duração
- 30 minutos.

Materiais
- Livros da coleção infantil da biblioteca.
- Marcadores coloridos para assinalar o lugar dos livros nas estantes.
- Fichas sem pauta.

Observação
Esta atividade é usada nos casos em que a coleção infantil da biblioteca, formada geralmente por livros de literatura e materiais destinados a crianças das séries iniciais, é separada da coleção geral, contando com um sistema específico de organização.

Preparação
Copie os dados da etiqueta da lombada de vários livros da coleção infantil nas fichas em branco (uma etiqueta em cada ficha), reproduzindo exatamente a forma como aparecem.

Instruções
Mostre para as crianças a etiqueta da lombada de um livro da coleção infantil da biblioteca. Explique para que serve a etiqueta, reforçando a ideia de que ela é o endereço que vai permitir a localização do livro na estante. Recorde a forma de organização da

biblioteca. Organize as crianças em duplas e dê uma ficha com os dados da etiqueta a cada uma. Peça-lhes para observar bem a ficha, verificando os dados que apresenta: letras, números, cores, etc. Lembre que é importante entender o conteúdo da etiqueta para encontrar o livro mais facilmente. Em seguida, peça para cada dupla encontrar onde mora o livro cuja etiqueta recebeu. Acompanhe as crianças, certificando-se de que todas encontraram os livros. Peça para colocarem os marcadores no local de onde retiraram os livros e lerem as etiquetas dos livros encontrados, verificando se combinam com a ficha que receberam. Ao final, peça para recolocarem o livro no seu devido lugar. Assegure-se de que todos completaram a tarefa.

Variação
Quando as crianças se mostrarem aptas a localizar os livros, podem ser incentivadas a trabalhar individualmente e não em duplas.

▶▶ Ficção e não ficção

2 *Livros de não ficção*

Embora crianças de seis anos não tenham uma compreensão clara da diferença entre ficção e não ficção, já podem começar a perceber que existe material sobre diferentes assuntos na biblioteca. Esta atividade é planejada para introduzir livros como fonte de informação, apresentando alguns livros de não ficção da biblioteca.

Duração
- 30 minutos.

Materiais
- Um livro de não ficção da coleção da biblioteca. Escolha um que trate de assunto especialmente interessante para crianças na faixa etária com a qual vai trabalhar.

Instruções
Esclareça que os livros que têm sido lidos na biblioteca são livros de ficção em que o autor usou a imaginação, e não fatos reais, para

escrever a história. Diga que irão ler um livro diferente. Leia o livro selecionado, mostrando as ilustrações, parando de vez em quando e discutindo algum detalhe interessante, permitindo que as crianças absorvam a informação. Terminada a leitura, faça as crianças discutirem a diferença entre o livro lido e os livros de ficção que conhecem.

Acompanhamento
Repita esta atividade várias vezes, usando outros livros de não ficção.

▶▶ Revistas e jornais

3 *Revistas infantis*

Esta atividade dá às crianças oportunidade de saber que a biblioteca possui outros materiais além de livros. Permite também que se familiarizem com as revistas de seu interesse.

Duração
• 30 minutos.

Materiais
• Revistas da coleção da biblioteca, tais como *Ciência Hoje das Crianças* e outras adequadas a esta faixa etária. (CIÊNCIA HOJE DAS CRIANÇAS. Rio de Janeiro: SBPC, 1982-).

Preparação
Prepare uma exposição com vários exemplares das revistas infantis da coleção da biblioteca. Distribua as revistas em mesas baixas.

Instruções
Escolha o exemplar mais recente de cada revista. Mostre e discuta as ilustrações da capa. Pergunte às crianças porque elas acham que a ilustração foi escolhida para aquele mês. Apresente o sumário e mostre que há diferentes tópicos na revista. Leia os tópicos listados no sumário e mostre que há histórias, atividades, artigos sobre assuntos atuais, contribuição dos leitores, poemas, diversões e

problemas. Selecione uma das partes da revista, como a de diversões e problemas e, rapidamente, execute algumas atividades com as crianças. Se houver tempo, leia uma história curta de uma das revistas. Estimule as crianças a escolherem uma revista na exposição e dê 10 minutos para que a leiam. Peça então a cada criança para contar alguma coisa que achou interessante, na revista.

Acompanhamento
As revistas podem ser emprestadas para as crianças levarem para casa.

Variação
Esta atividade pode ser dividida em duas aulas. Use a primeira para apresentar as revistas e a segunda para que as crianças leiam e compartilhem o que encontraram.

▶▶ Material e equipamento audiovisuais

4 *Assistindo a história*

Esta atividade apresenta às crianças materiais audiovisuais da biblioteca. Dá oportunidade para discutirem os significados do que é visto e ouvido numa apresentação audiovisual, associando tais conteúdos às suas próprias experiências.

Duração
- 30 minutos.

Materiais
- Histórias infantis em vídeo ou DVD.

Preparação
Escolha materiais adequados à faixa etária das crianças e coloque-os em uma mesa baixa, selecionando uma história para ser exibida.

Instruções
Reúna as crianças e diga-lhes que a biblioteca possui outros materiais, além de livros. Mostre os materiais e diga que

irão ouvir uma história. Antes de iniciar a exibição, antecipe o enredo, destacando um ou dois pontos que deverão observar enquanto assistem. Terminada a exibição, dê às crianças oportunidade de falar sobre os pontos observados, compartilhando suas experiências.

Acompanhamento
Esta atividade pode ser repetida durante o ano. Há uma variedade de material audiovisual de alta qualidade, disponível em vídeo, DVD ou programas de televisão, que podem ser gravados ou adquiridos nas emissoras. Antes de fazer uma apresentação audiovisual, chame a atenção para algo que você ache importante a ser observado. Depois da apresentação encoraje as crianças a falar sobre o que viram e ouviram.

HABILIDADES DE INTERPRETAÇÃO

▶▶ **Técnicas de avaliação e seleção**

5 *Um livro para cada um*

Esta atividade desenvolve nas crianças habilidades para escolher os livros que lhes interessam e que possam ler sozinhas. Deve ser usada depois que as crianças estejam aptas a ler livros de vocabulário simples.

Duração
• 30 minutos.

Materiais
• Livros infantis da coleção da biblioteca.

Preparação
Selecionar aproximadamente dez livros infantis, adequados ao nível de leitura da classe, para exposição na biblioteca.

Observação
Os livros infantis podem ficar permanentemente separados do resto da coleção, para permitir que os alunos das primeiras séries os encontrem facilmente.

Instruções
Explique que há livros escritos especialmente para leitores iniciantes. Descreva cada livro em exposição, lendo o título e o autor e falando um pouco sobre a história, mostrando uma ou duas ilustrações. Faça com que cada criança escolha um livro da exposição ou da coleção. Dê de 5 a 10 minutos para leitura individual silenciosa. Circule entre as crianças para ajudá-las, caso não consigam ler alguma palavra. Encoraje cada criança a levar emprestado um livro que possa ler sozinha.

Acompanhamento
Esta atividade pode ser repetida várias vezes durante o ano, usando livros de dificuldade progressiva.

▶▶ Elementos do livro

6 *Adivinhe que parte*

Este jogo de revisão dá às crianças oportunidade de identificar os elementos do livro (capa, lombada, folha de rosto) e as informações que cada uma delas geralmente apresenta (título, título da lombada, autor e ilustrador).

Duração
- 20 a 30 minutos.

Preparação
Nas atividades anteriores de leitura ou narração de histórias, vá apresentando os elementos que compõem um livro, até que as crianças estejam familiarizadas com cada um dos elementos citados.

Instruções
Liste essas partes de um livro no quadro, indicando também as informações que trazem. Inicie o jogo descrevendo um desses

elementos e pedindo às crianças para adivinhá-lo. Diga, por exemplo: "Estou fora do livro. Sou geralmente forte e protejo as suas páginas. Quem sou eu? " A criança que acertar a resposta pode vir à frente e descrever outra parte do livro para os colegas adivinharem. Continue até que todos os elementos tenham sido descritos pelo menos uma vez. As crianças podem repetir elementos do livro já descritos e acrescentar alguma nova característica não mencionada previamente.

Acompanhamento
Este jogo de revisão pode ser repetido uma ou duas vezes. Depois de várias aulas, o interesse geralmente diminui, por causa do número limitado de partes de um livro a serem descritas.

▶▶ **Ver, ouvir e interagir**

7 Teatro de bonecos

Esta dramatização estimula as crianças a reagir às imagens e sons da narração ou leitura de histórias. Dá-lhes oportunidade para recordar, resumir e parafrasear a história.

Duração
• Duas aulas de 30 minutos.

Materiais
• Uma história interessante, com enredo simples, com personagens que possam ser dramatizados, como por exemplo, histórias de *Chapeuzinho Vermelho; João e Maria; Os três porquinhos; A galinha ruiva* etc.

Instruções
Aula I – Reúna as crianças para ouvir uma história. Comente que deverão ouvir a história com atenção, para, em seguida, dramatizá-la. Leia a história, mostrando as ilustrações. Divida a classe em grupos de acordo com o número de personagens. Distribua um personagem para cada grupo e peça para escolherem um

dos componentes do grupo para representá-lo. Com a participação das crianças, escreva no quadro os nomes dos personagens e, ao lado, o da criança escolhida pelo grupo para representá-lo. Dê de 10 a 15 minutos para prepararem a apresentação. Auxilie, esclarecendo suas dúvidas e orientando no planejamento da atividade.

Aula II – Reúna as crianças em semicírculo e recorde a história, pedindo que resumam com suas palavras o que aconteceu com cada personagem. Combine previamente que todos ouçam em silêncio enquanto os atores falam. Convide as crianças que farão a representação para virem ao centro, auxiliando-as a se organizarem na sequência da apresentação. Ao final, peça a algumas das crianças da plateia para fazerem comentários sobre a história.

Acompanhamento

Esta atividade poderá ser repetida ao longo do ano, dando oportunidade a todas as crianças de participarem das apresentações. As dramatizações mais interessantes podem ser apresentadas para outras classes.

8 *Mexendo com os sentimentos*

Esta atividade ajuda as crianças a observar as imagens e os sons da narração ou da leitura de histórias, a fim de participar da dramatização que se segue. Dá-lhes oportunidade de expressar os significados da história através de ação e de palavras.

Duração
- 30 minutos.

Materiais
- Um livro cujo personagem principal apresente sentimentos variados, permitindo que as crianças dramatizem a história, como por exemplo KRISCHANITZ, Raoul. *Ninguém gosta de mim*. São Paulo: Brinque-Book, 1999;

VALE, Mário. *Três pontinhos*. Belo Horizonte: *Compor*, 1995; SCHLOSSMACHER, Martina. *A galinha preta*. São Paulo: Martins Fontes, 2000.

Instruções

Reúna as crianças em semicírculo. Leia o título da história e pergunte se elas têm ideia do que ele significa. Encoraje-as a apresentar sugestões. Diga-lhes para tentar descobrir o significado do título a partir do que ouvirem da história. Leia a história com entonação, mostrando as ilustrações. Ao terminar, fale sobre os significados do título. Explique, então, que o personagem pode apresentar diferentes sentimentos numa história: "Algumas vezes ele se sente feliz; outras ele sente tristeza, surpresa, solidão, desapontamento, ciúme, determinação, medo, satisfação e gratidão". Peça às crianças para dramatizarem o que o personagem sente nas diferentes partes da história, começando do início e mostrando as ilustrações. Escolha uma criança para representar como ela pensa que o personagem sente. Solicite, então, a todas as crianças que expressem esse sentimento. Continue até que tenham dramatizado todos os sentimentos do personagem no livro. Oriente-os para lembrar de usar o corpo e o rosto, ao invés de palavras, para mostrar o sentimento.

Variação
Esta atividade pode ser repetida durante toda esta etapa.

9 *Compartilhando experiências*

Esta atividade desenvolve nas crianças a habilidade de prestar atenção às imagens e sons da narração de histórias. Dá-lhes oportunidade de trocar ideias sobre a história e relacionar os significados da mesma às suas próprias experiências. **Esta é uma boa época para introduzir-se o correio eletrônico, dando às crianças oportunidade de se comunicarem com alunos de outras classes ou de fora da escola.**

Duração
- Duas aulas de 30 minutos.

Material
- Um livro de história com um título que desperte a curiosidade e com um final inesperado, como por exemplo XAVIER, Marcelo. *Asa de papel*. Belo Horizonte: Formato, 1993; DEMI. *O pote vazio*. São Paulo: Martins Fontes, 2000.
- Acesso a correio eletrônico.

Instruções
Aula I – Antes de ler a história chame atenção para o título do livro. Deixe as crianças exporem suas ideias a respeito de como será a história. Combine para que falem uma de cada vez enquanto as outras ouvem. Em seguida, leia a história e mostre as ilustrações. Para aumentar a concentração das crianças encoraje-as a guardar seus comentários para a discussão ao final. Antes do término da história, faça uma pausa e pergunte se imaginam como será o final. Peça para exporem sua opinião. Retome a história e leia até o final. Pergunte então às crianças se concordam com o final dado pelo autor, estimulando-as a expressar suas ideias. Continue a discussão até que todas as crianças tenham trocado experiências pelo menos uma vez. Pergunte se gostariam de contar para outros alunos da escola alguma coisa sobre a história que ouviram. Recomende que tragam na aula seguinte o endereço eletrônico de um amigo.

Aula II – Reúna as crianças e recorde a história contada e comentada na aula anterior. Distribua papel e lápis e oriente-as na elaboração de uma mensagem, dizendo o nome do livro e recomendando ou não sua leitura. Ligue os computadores e auxilie na digitação e envio das mensagens. Acompanhe até que todos tenham enviado suas mensagens.

Acompanhamento
Você pode repetir esta atividade com outros livros, formulando uma questão, no início, a fim de orientar a atenção das crianças para alguns aspectos da história e outra questão, ao final, para orientar a discussão.

Observação

Em escolas que não contam com recursos de informática, as mensagens podem ser feitas em papel e entregues pessoalmente.

▶▶ Apreciação literária

10 *O que aconteceu realmente?*

Esta atividade ajuda as crianças a explorarem os significados da história e a relacioná-los com suas próprias experiências. Também as familiariza com a diversidade de livros da coleção da biblioteca.

Duração
- 30 minutos.

Materiais
- Livros de literatura que apresentem situações familiares ao cotidiano das crianças, para que elas possam relacioná-las com suas experiências, como por exemplo MARTINEZ, Marina Quintanilha. *Casa de vó é sempre domingo*. Rio de Janeiro: Nova Fronteira, 1986; XAVIER, Marcelo. *Tem tudo nesta rua*. Belo Horizonte: Formato, 1996.

Instruções

Antes de começar a leitura, recomende às crianças que escutem com muita atenção a história, a fim de perceber se isso aconteceu realmente. Leia com expressão, mostrando as ilustrações. Terminada a leitura, peça às crianças para contarem algum fato parecido acontecido com elas. Encoraje-as a usar a imaginação para contarem o fato. Dê oportunidade a todas as crianças que queiram compartilhar suas ideias com os colegas.

Variação

Esta atividade pode ser realizada várias vezes com outras histórias. Antes de ler, peça às crianças para prestarem atenção em determinado detalhe da história. Em seguida, proponha às crianças falar sobre suas ideias.

11 *Animais preferidos*

Esta atividade ajuda as crianças a encontrar os significados da história e a relacioná-los com suas próprias experiências.

Duração
- 30 minutos.

Materiais
- Livros que contem histórias de animais, como, por exemplo, MARQUES, Francisco. *A biblioteca dos bichos*. Belo Horizonte: Formato, 1995; HETZEL, Graziela Bozano. *A cobra e o grilo*. Rio de Janeiro: Ediouro, 1997.

Preparação
- Organize uma exposição com os livros selecionados.

Instruções
Reúna as crianças e leia um dos livros selecionados. Em seguida, comente que há livros que contam histórias de outros animais. Peça-lhes que falem de seus animais preferidos. Pergunte se têm animais em casa: de verdade ou de brinquedo. Peça-lhes para desenharem o animal de que mais gostam. Depois de terminados os desenhos, oriente-as para montarem uma exposição e para tirarem emprestados os livros selecionados.

12 *Recite e repita*

Esta atividade dá às crianças oportunidade de explorar a sonoridade das palavras, buscando encontrar o ritmo do poema através da repetição.

Duração
- 30 minutos.

Materiais
- Poemas e/ou trava-línguas: um para cada grupo. Escolha textos simples e curtos, fáceis de serem repetidos.

Instruções

Comece a atividade falando sobre rimas. Diga uma palavra e peça às crianças que falem outras que rimam com aquela. Distribua um poema ou trava-língua para cada grupo de crianças. Passe em cada grupo e leia o poema ou trava-língua, pedindo às crianças que o repitam. Depois que todos tiverem sido lidos estimule as crianças a repetirem os de que mais gostaram.

Fase II

Aprendendo a usar os recursos informacionais

1ª Etapa

Praticando habilidades de leitura

Nesta etapa, para crianças de sete anos, o programa da biblioteca enfatiza a leitura e a escuta de histórias e a escolha de livros. Depois de escutar histórias as crianças participam de atividades que as ajudam a compreender os significados das mesmas e a recordar, resumir e parafrasear o que ouviram e viram. À medida que as habilidades de leitura se desenvolvem é essencial que disponham de uma variedade de livros para ler independentemente. Se terminam esta etapa sabendo que a biblioteca tem livros interessantes, que podem ler sozinhas, pode-se ter certeza de que um objetivo importante foi atingido.

Este capítulo inclui:
- a descrição das características do aluno, que têm ligação com o programa da biblioteca;
- uma lista das habilidades para usar a biblioteca, a serem desenvolvidas nesta etapa;
- sugestões de atividades para desenvolver as habilidades relacionadas na lista.

O programa

Nesta etapa, a leitura de livros pelo professor ou bibliotecário segue o mesmo padrão da etapa anterior. Reúna as crianças em semicírculo, de frente para você. Faça-as assentar de pernas cruzadas ou em cadeiras baixas e tome uma posição ligeiramente acima delas. Nesta época, elas já estão familiarizadas com a rotina e geralmente aquietam-se rapidamente, prontas para escutar a história, sem necessidade de se estabelecerem muitas regras.

Selecionando histórias para ler

Selecione histórias com enredos envolventes, nas quais as crianças possam se identificar com os sentimentos dos personagens. Por volta dos sete anos as crianças têm mais capacidade de atenção e podem se concentrar em detalhes mais sutis. Têm imaginação vívida, senso de humor exagerado e percepção aguçada do certo e do errado. Escolha histórias engraçadas, ou as que dão medo, aquelas com finais surpreendentes e mudanças sutis. Leia livros que permitam experiências ricas de leitura, com histórias ativas e de humor, selecionando, por exemplo, determinada espécie literária: contos populares ou contos de fadas, que são especialmente atraentes para crianças neste estágio. Estas histórias estão disponíveis em inumeráveis materiais de alta qualidade.

Ilustrações

As ilustrações dos livros infantis brasileiros têm apresentado um alto nível de qualidade. Essas ilustrações enriquecem a experiência de leitura de histórias. Descreva as várias formas com que os artistas trabalharam para criar as ilustrações. As crianças estarão interessadas em saber que muitas técnicas são usadas. Chame atenção para pontos mais sutis das ilustrações. Observe a maneira como as ilustrações expressam sentimentos de diversão, tristeza, dor ou alegria. As crianças podem apreciar estes aspectos, que enriquecem a forma como a história é experimentada. Evite, entretanto, envolver-se em detalhes, de forma que o ponto central da história fique obscuro.

Material audiovisual

Existem no mercado excelentes materiais audiovisuais para esta idade. Dê às crianças oportunidade de assistir às histórias, na televisão ou em vídeo, e de expressar os significados do que viram.

Ler histórias que as crianças já assistiram na televisão ou em vídeo torna-as atentas para o contraste das experiências com a mesma história através de cada meio. Dessa forma, começam a entender que o que viram na televisão não pode substituir o que leram nos livros, e vice-versa. Cada meio afeta o pensamento de forma diferente. Em nossa cultura aprendemos utilizando vários meios.

As atividades que se seguem a uma apresentação audiovisual, da mesma maneira que aquelas que se seguem a uma história, dão às crianças oportunidade de expressar os significados do que viram, relacionando-os com suas experiências anteriores. Dessa forma, aprendem a compreender o que viram e começam a analisar e avaliar o papel da televisão e de outros meios de comunicação em suas vidas. A análise sistemática de diferentes expressões culturais oferece às crianças oportunidade de apreciá-las e respeitá-las.

Atividades para depois da história

Três tipos de atividades seguem a escuta de uma história: discussão, dramatização e desenho. Estes mesmos três **Ds** foram usados na etapa anterior para ensinar as crianças a compreender e expressar os significados de uma história. Nesta etapa essas atividades ajudam-nas a começar a analisar e avaliar o que viram e ouviram. Dão-lhes oportunidades para recordar, resumir e parafrasear.

Recordar

Recordar é pensar no que foi visto e ouvido para lembrar os eventos e o clima da história ou da informação contida em um material informativo. As atividades deste capítulo recomendam a recordação imediatamente após uma história, bem como a recordação de uma história ouvida em uma aula anterior. As crianças começam a perceber a diferença entre habilidades de lembrar a curto e a longo prazos. Faça-as recordar partes de histórias, bem como histórias inteiras. Peça-lhes para recordar sequências de acontecimentos e também eventos específicos em uma história. Ao recontar uma história, a criança deve procurar manter a sequência cronológica dos fatos e os tipos de relação existentes entre eles. Deve também manter as características linguísticas do texto ouvido.

A função da memória no pensamento e na aprendizagem é substancial. Recordamos coisas pensando em certos aspectos que fornecem pistas para nossa memória. As pistas levam a uma recordação mais completa das coisas. Podem ser uma imagem, uma palavra ou um sentimento. Essas atividades permitem desenvolver habilidades de recordação, ao chamar atenção para certos aspectos da história que mais tarde transformam-se em pistas para ajudar a recordar.

Recordação é o resultado de uma escuta ativa. As crianças precisam escutar com uma finalidade; o processo de recordação pode melhorar consideravelmente quando se pede às crianças para escutar a fim de responder a uma questão.

Resumir

Resumir é contar, de maneira abreviada, o que aconteceu. As crianças podem ser solicitadas a resumir os acontecimentos que ocorreram numa história. Isso pode ser feito dizendo o que aconteceu no começo, no meio e no final da história. Os sentimentos dos personagens, bem como os significados ou o ponto principal da história podem também ser resumidos.

Resumir possibilita às crianças pensar na história como um todo. Coloca a história numa forma adequada para ser analisada e avaliada. Requer que se eliminem alguns dos pontos não importantes para concentrar-se no tema central da história.

Esta é uma tarefa extremamente difícil para as crianças. Elas querem contar tudo, sem deixar nada de fora. Frequentemente ficam envolvidas em detalhes e perdem a ideia principal. Resumir é uma habilidade fundamental para o pensamento e a aprendizagem.

Nesta etapa, as atividades para depois da história ajudam as crianças a resumir, colocando-as em situações nas quais são forçadas a sintetizar informação. Em atividades de discussão, dramatização e desenho, que são atrativas e significativas para as crianças, o incentivo para resumir é criado na própria atividade.

Parafrasear

Parafrasear é contar alguma coisa com suas próprias palavras. É extremamente importante que as crianças tenham oportunidades de repetir histórias utilizando suas próprias palavras.

Parafrasear exige habilidades de recordar e de resumir, para chegar a uma conclusão. A criança primeiro recorda o que foi visto e ouvido e então parafraseia ou compartilha o fato, usando sua própria maneira de falar. A paráfrase personaliza a fala e é uma atividade altamente individual. É o passo anterior à complementação, que é levar a fala além do que é recordado, a fim de criar uma nova ideia ou pensamento. A complementação é introduzida nesta etapa e desenvolvida em níveis posteriores.

Os três Ds para acompanhar uma história

Por volta de sete anos as crianças apresentam comportamentos alternados entre muito ativos e mais quietos. A atividade passiva de escutar uma história, seguida por uma atividade que exige participação mais ativa na discussão, dramatização ou desenho é especialmente adequada para crianças nesta idade. Discussão, dramatização e desenho acompanham as histórias, tanto na etapa anterior quanto nesta. Entretanto, na fase atual, essas atividades requerem habilidades mais refinadas.

Discussão

Crianças de sete anos são falantes, abertas e prontas a se comunicarem. Estão na idade de vivenciar o companheirismo como um processo de socialização, de estabelecimento de amizades. Compartilhar uma atividade lúdica e criativa, baseada na compreensão, é um estímulo para a aprendizagem. Entretanto, deve-se lembrar que a capacidade de cooperar não é espontânea: as crianças aprendem gradativamente a participar desse tipo de relação social, e portanto, a intervenção é importante. Ao conduzir discussões com alunos desta idade é bom estabelecer algumas regras básicas. Às duas regras que foram introduzidas nas discussões da etapa anterior, uma terceira pode ser acrescentada:

1. Apenas uma pessoa fala de cada vez.

2. Todo mundo escuta quem está falando.

3. Respostas às questões da discussão devem ser relevantes e objetivas.

É difícil para crianças neste estágio manter as respostas limitadas ao tópico que está sendo discutido. Frequentemente desejam compartilhar experiências diferentes. Se queremos que as crianças encontrem significados a partir da discussão, pode ser necessário um pequeno empurrão de volta à linha, pois precisam entender que suas colocações devem ser adequadas às intervenções precedentes.

Uma discussão produtiva depende de questões compreensíveis e provocativas, que dirijam a atenção para o ponto principal da história. Deve-se lançar questões que possam gerar discussões animadas; é bom propor questões abertas, sem definir respostas, que estimularão as crianças a expressarem ideias que se esteja verdadeiramente interessado em ouvir.

Numa discussão, estimule as crianças a usarem suas próprias ideias e linguagem e a darem exemplos a partir de suas experiências. Aceite opiniões diferentes. Não é necessário ou desejável atingir um consenso ao final da discussão.

Discussões com crianças nesta idade são espontâneas, intensas, com muitas opiniões e comentários sendo expressos em rápida sucessão. Mantenha essas atividades relativamente curtas, cinco a dez minutos, para conservar o entusiasmo e interesse das crianças.

Dramatização

Representar, através do movimento, experiências observadas e vividas pode ser uma atividade bastante divertida e significativa. A criança pode aprender por meio da dramatização, imitando pessoas e, mesmo, objetos. Embora suas habilidades de leitura e escrita estejam constantemente melhorando, precisam de oportunidades para expressarem ideias através da ação. Reagem naturalmente a situações de dramatização simples, nas quais podem recordar, resumir e parafrasear através da representação do que viram e ouviram.

A dramatização ajuda as crianças a entenderem a história, pois dá-lhes oportunidade de sentirem ou agirem como os personagens. Elas encontram significados em uma história ao relacioná-la às suas próprias experiências. **A dramatização ajuda as crianças a sentir e representar algo que ainda não experimentaram, fazendo a relação com alguma experiência que tiveram e que foi similar ou que relembrou o mesmo sentimento.** Por exemplo, diga para as crianças "A menina na história estava brava. Vocês já ficaram bravos alguma vez?" Mostre como você acha que a menina se sentia. Dessa maneira as crianças podem entender melhor o que está sendo lido.

Nesta idade, as crianças são ativas, falantes e competitivas. Para fazerem dramatizações adequadas, nas quais todas possam participar, precisarão ter uma compreensão clara do que se espera delas e de como agir. Crianças de sete anos tendem a ser sensíveis aos sentimentos e atitudes, tanto de seus colegas quanto dos adultos e colaboram bastante em atividades de grupo se lhes é dado um simples modelo para seguir.

Explique às crianças que, enquanto um colega ou um grupo de colegas está representando, os outros são a plateia. A plateia assiste e reage, mas não dá instruções ou dicas. Se os atores precisam de ajuda para relembrar uma fala ou de um conselho sobre como representar, podem pedir ajuda ao público. As outras crianças podem então levantar as mãos e esperar para serem escolhidas. O pedido de ajuda é sempre iniciado pelo ator, nunca pelo público. Desta forma, os atores podem trabalhar sua representação sem inibição e sem distrações, algumas vezes intimidadoras. As crianças da plateia, é claro, terão sua vez de serem atores.

Desenho

Por volta dos sete anos o desenho é intimamente relacionado à produção de texto. Quando se pede às crianças para escreverem sobre alguma coisa, elas, frequentemente, perguntam se podem ilustrar o texto, ou se, em vez de escrever, podem fazer uma ilustração.

Nesta idade o desenho é uma forma muito natural de comunicação. Um meio de comunicação é uma maneira de dizer ou expressar alguma coisa. Entretanto, as crianças, geralmente, desenham por si mesmas e, não necessariamente, para se comunicar com outra pessoa. Nesta idade, raramente dizem que não sabem desenhar alguma coisa. Usualmente desenham o melhor que podem e não estão muito preocupadas se o desenho está perfeito ou representando bem a realidade.

Ao pedir às crianças para desenharem algo em resposta a uma história, faça-as compartilhar seus desenhos com os colegas. Estimule-as a falarem sobre seus desenhos e explicarem as ideias que neles expressaram. Isto combina o uso de ilustrações e palavras para expressar ideias, que é a mesma combinação com a qual elas têm contato nos livros. Dessa maneira, as crianças estarão aprendendo a expressar ideias de diferentes maneiras e continuarão a usar essas formas de expressão de ideias e sentimentos na leitura e na produção de textos.

Leitura

Na medida em que melhoram as habilidades de leitura das crianças, é importante que tenham oportunidades para observar e escolher, dentre uma quantidade de livros interessantes, os que são capazes de ler. Ao mesmo tempo em que desenvolvem habilidades de decodificação, avançam nas competências de compreensão e vocabulário. É necessário ter em mente que a formação do leitor competente implica em prepará-lo, não só para decodificar a escrita extraindo a informação do texto mas, principalmente, para compreender o que lê. Daí a necessidade de selecionar livros interessantes.

A falta de motivação é uma das maiores causas de problemas de leitura. Quando as crianças sentem que os livros não têm nada de interessante para oferecer-lhes há pouco incentivo para ler de forma independente. Por outro lado, quando estão fascinadas com uma história, ou interessadas num assunto, e melhorando no entendimento dos significados do que estão lendo, suas habilidades de leitura aumentam rapidamente.

O bibliotecário está numa posição privilegiada para conhecer tanto o grau de desenvolvimento das crianças quanto a coleção da biblioteca. É possível colocar os dois juntos no momento mágico que captura o entusiasmo das crianças para a leitura.

O programa da biblioteca e o programa de leitura podem ser integrados. Os materiais que são oferecidos para os alunos lerem individualmente ou ouvirem através de escuta de histórias na biblioteca podem efetivamente ser relacionados com o programa de leitura desenvolvido pelo professor na sala de aula. Essa não é uma tarefa fácil e só pode ser feita através de um planejamento conjunto e de constantes discussões entre o professor e o bibliotecário. O bibliotecário precisa conhecer a habilidade de leitura de cada criança. O professor precisa conhecer os livros que estão disponíveis na biblioteca. Nesta idade, as crianças podem extrair grande prazer e satisfação de suas recém-adquiridas habilidades de ler livros independentemente. O tempo e o esforço envolvidos para estreitar laços entre a aprendizagem da leitura e o programa da biblioteca é bastante compensador.

Localizando livros para leitura independente

Nesta etapa as crianças conhecem bem a coleção de livros infantis da biblioteca e sabem localizar com alguma ajuda seus livros preferidos. Estimule-as a ajudarem umas as outras a localizar livros interessantes e a recomendar os livros que apreciaram.

Localizar livros da coleção geral de literatura é mais difícil para alunos nesta idade. Muitos livros são para crianças mais velhas e estarão além de suas habilidades de leitura e fora de seu âmbito de interesse e experiência. As crianças precisarão de ajuda para encontrarem livros de literatura que sejam adequados para elas. Nesta fase, geralmente têm seus livros preferidos e estes passam de uma criança para outra. Uma vez que estejam familiarizadas com o autor cujos livros gostam de ler, geralmente se interessam e procuram outros títulos do mesmo autor.

Nesta idade muitas crianças voltam sua atenção, cada vez mais, para assuntos específicos encontrados nos livros de não ficção. Quando compreendem que os livros estão organizados por assunto na estante, querem saber onde estão os que contêm informação sobre determinando tópico. Se o tópico continua a lhes interessar, costumam lembrar-se onde está localizado e voltam por conta própria. A atividade **Minha coleção** familiariza as crianças com a localização dos livros sobre seus passatempos e interesses pessoais.

Crianças nessa idade precisarão de ajuda para encontrarem livros de não ficção que sejam capazes de ler. Algumas vezes podem entender materiais com muitas ilustrações, embora não possam ler o texto. É preciso ajudá-las a escolher livros de não ficção que possam entender e apreciar.

Coleção de referência

Aos sete anos as crianças podem usar enciclopédias infantis que contenham informação geral e vocabulário fácil. Numa discussão em classe pode surgir uma questão que requeira informação adicional para ser adequadamente respondida. Esta é uma boa ocasião para irem à biblioteca e consultar enciclopédias. Deve-se lembrar que o processo de aprendizagem das crianças, tenham ou não passado pela educação infantil, inicia-se muito antes da escolaridade obrigatória. São geralmente curiosas e buscam explicações para o que veem, ouvem e sentem. Vivem perguntando "O que é isso?", "Como funciona?", além dos conhecidos "porquês". Esta característica deve ser reforçada, e o uso de fontes adequadas para preenchê-la precisa ser estimulado.

Este é também um bom momento para introduzir o dicionário, que deve ser visto como um recurso para resolver dúvidas na leitura, contribuindo para melhor compreensão do texto lido.

No princípio, as crianças provavelmente precisarão de ajuda para encontrarem nessas fontes a informação de que precisam. Com a prática serão capazes de fazê-lo com algum grau de independência. Faça as crianças sentirem-se seguras em pedir ajuda. As informações que procuram devem ser simples e não exigir que tomem notas. Normalmente, conseguem memorizar a informação necessária se a apresentam logo em seguida para a classe.

Classificação bibliográfica

Crianças de sete anos ainda não estão prontas para aprender com detalhes o sistema de classificação da biblioteca. São capazes de entender que cada item tem uma localização específica e de encontrar materiais que lhe possam interessar. Sabem que cada livro tem uma etiqueta na lombada que designa seu lugar na estante.

Alunos desta idade são bastante competitivos e apreciam atividades em grupo. São também sensíveis aos sentimentos e atitudes dos outros. O conceito da maneira certa e errada de fazer as coisas e a habilidade de brincar com base em regras combinadas estão começando a emergir. Essas características tornam especialmente adequados o uso de jogos para aprendizagem nesta idade. Jogos coletivos geram uma participação ativa.

Elementos do livro

O jogo **Que parte?** é sugerido para recordar os elementos do livro. Depois que as crianças tiverem tomado conhecimento dos vários elementos que compõem o livro, o jogo as ajuda a compreender e a recordar a função de cada um deles. Elas devem saber que um livro é composto de vários elementos que ajudam o leitor a entender e usar melhor seu conteúdo.

Resumo

Nesta etapa, à medida em as habilidades de leitura aumentam, a experiência com uma grande variedade de materiais desperta o interesse e motiva as crianças a ler independentemente. Há uma relação estreita entre o programa da biblioteca e a aprendizagem da leitura.

As crianças são alertas e ativas e querem estar envolvidas no que lhes interessa. Depois de ouvir histórias devem participar de discussões, dramatizações e atividades com desenho, a fim de aprender a recordar, resumir e parafrasear o que viram e ouviram.

Fase II – 1ª Etapa [SETE ANOS]
Lista das habilidades

A seguir apresentamos os objetivos para esta etapa, na forma de uma lista sequencial de habilidades a serem desenvolvidas. A lista não é rígida, fornecendo apenas uma estrutura geral a partir da qual o programa da biblioteca poderá ser planejado. Pode ser usada como um cronograma das atividades correspondentes e compartilhada com professores e outros envolvidos no programa.

Classe: _____

HABILIDADES DE LOCALIZAÇÃO	Agenda
▶▶ Arranjo da coleção	
• Sabe localizar livros na coleção infantil da biblioteca.	
• Sabe que a etiqueta da lombada indica onde o livro está colocado na estante.	
• Sabe que livros sobre assuntos específicos podem ser localizados na coleção geral da biblioteca.	
• Sabe localizar livros sobre um assunto específico na coleção geral, com a ajuda do bibliotecário.	
▶▶ Ficção e não ficção	
• Sabe determinar a diferença entre ficção e não ficção, nos casos mais comuns.	
• Localiza livros na coleção infantil.	
• Localiza, com ajuda, materiais sobre um assunto na coleção geral.	
▶▶ Coleção de referência	
• Sabe localizar enciclopédias na biblioteca.	
• Sabe localizar, com ajuda, informação numa enciclopédia.	
• É capaz de encontrar, com ajuda, um assunto numa enciclopédia eletrônica.	
• É capaz de usar a ordem alfabética e palavras guias quando utiliza dicionários.	
• Sabe consultar, com ajuda, um dicionário eletrônico.	
▶▶ Revistas e jornais	
• Está familiarizado com as revistas da biblioteca.	
▶▶ Material e equipamento audiovisuais	
• Sabe que a biblioteca tem outros materiais além de livros.	
• Compreende apresentações audiovisuais.	

HABILIDADES DE INTERPRETAÇÃO	Agenda
▶▶ Técnicas de avaliação e seleção	
• Escolhe livros que é capaz de ler.	
• Escolhe livros sobre assuntos de seu interesse.	
• Compreende que há várias formas de literatura.	
▶▶ Elementos do livro	
• Sabe identificar a capa e a orelha.	
• Sabe identificar a lombada.	
• Sabe identificar a folha de rosto.	
• Sabe identificar o título, autor e ilustrador.	
• Sabe identificar o editor, local e data de publicação.	
• Sabe identificar a bibliografia.	
▶▶ Ver, ouvir e interagir	
• Pode reagir às imagens e sons de uma situação de aprendizagem.	
• Participa de discussões e outras atividades coletivas.	
• É capaz de entender o que vê e ouve.	
• É capaz de recordar, resumir e parafrasear o que vê e ouve.	
• Sabe elaborar mensagens simples e enviá-las pelo correio eletrônico.	
▶▶ Apreciação literária	
• Sabe que existe uma variedade de livros na biblioteca.	
• É capaz de relacionar as situações da história com suas experiências.	
• Começa a entender que há vários tipos de literatura.	
• Entende e aprecia as características de sonoridade e rima dos poemas.	

▸▸ Sugestões de atividades

A seguir, apresentamos sugestões de atividades que devem ser desenvolvidas de acordo com os objetivos definidos para esta etapa.

HABILIDADES DE LOCALIZAÇÃO

▸▸ Arranjo da coleção

1 *Jogo de localização*

Este jogo desenvolve a habilidade de localizar livros na coleção infantil da biblioteca. Também permite a compreensão de que as etiquetas da lombada indicam onde os livros estão colocados nas estantes.

Duração
- 30 minutos.

Materiais
- Fichas sem pauta.
- Canetas hidrocor.
- Marcadores coloridos para indicar o lugar dos livros nas estantes.

Observação
Esta atividade é usada nos casos em que a coleção infantil da biblioteca, formada em sua maior parte por livros de literatura e materiais destinados a crianças das séries iniciais, é separada da coleção geral, contando com um sistema específico de organização.

Preparação
Faça um conjunto de fichas, reproduzindo as lombadas de alguns livros da coleção infantil da biblioteca.

Instruções

Chame a atenção das crianças para a disposição dos livros da coleção infantil da biblioteca. Pergunte se já sabem encontrar os livros de que precisam, procurando verificar o grau de conhecimento que têm sobre o assunto. Descreva a organização dos livros na coleção infantil. Recorde que os livros têm uma lombada onde existe uma etiqueta: a etiqueta da lombada. Detalhe o conteúdo da etiqueta, relacionando-o com a localização dos livros nas estantes.

Divida a classe em dois grupos. Peça que uma criança de cada grupo pegue uma ficha do conjunto e encontre o livro correspondente. Ao tirar o livro da estante a criança deve colocar no seu lugar uma ficha colorida para facilitar a recolocação. Voltando ao grupo, a criança deve ler o nome do autor e do livro. A criança que voltar em primeiro lugar com o livro correto ganha um ponto para o grupo. O livro é recolocado no seu lugar e o jogo continua até que a todas as crianças tenham participado.

Variação

Este jogo pode ser repetido ao longo do ano. No princípio o jogo deve ser jogado em duplas e, à medida em que as crianças se tornem mais familiarizadas com o processo, podem jogar individualmente.

2 Minha coleção

Esta atividade ajuda as crianças a entenderem como os livros sobre um assunto específico podem ser localizados na coleção geral, permitindo-lhes encontrar livros de seu interesse com ajuda do bibliotecário.

Duração
- 30 minutos.

Materiais
- Livros da coleção da biblioteca.
- Fichas.
- Canetas hidrocor.

Materiais
- Nesta atividade as crianças começam a se familiarizar com outros livros fora da coleção infantil, ampliando sua compreensão do espaço da biblioteca e percebendo a existência de materiais de não ficção.

Instruções
Reúna as crianças próximo à coleção geral da biblioteca. Estimule-as a falar sobre objetos que colecionam ou gostariam de colecionar. À medida em que forem mencionando os objetos escreva os assuntos nas fichas. Quando houver cerca de 8 assuntos explique que existe na biblioteca material sobre aqueles assuntos e muitos outros. Coloque em cada mesa uma ficha orientando as crianças a se assentarem onde está o assunto da coleção que possuem ou no qual têm interesse. Localize um ou mais livros sobre cada assunto e vá entregando às crianças. Faça isso de forma que elas observem de onde estão sendo retirados os livros. Estimule-as a folhear e a tirar os livros por empréstimo.

Acompanhamento
Peça às crianças para trazerem suas coleções ou parte delas para serem expostas na biblioteca. Coloque etiquetas com o nome do proprietário e exiba também livros relativos ao assunto da coleção.

▶▶ Coleção de referência

3 Localizando enciclopédias

Esta atividade ensina as crianças a localizarem enciclopédias na biblioteca e as familiariza com a variedade de assuntos incluídos nessa obra de referência.

Duração
- Duas aulas de 30 minutos.

Materiais
- Enciclopédias infantis da biblioteca (impressas e em CD-ROM). Caso a biblioteca não tenha enciclopédias infantis, pode-se usar enciclopédias gerais.

Instruções

Aula I – Pergunte às crianças se já usaram uma enciclopédia. Diga que as enciclopédias encontram-se na coleção de referência da biblioteca. Estimule algumas crianças a falar sobre os assuntos que procuraram e a informação que encontraram. Depois que uma variedade de assuntos tiver sido mencionada pergunte a diferença entre uma enciclopédia e um outro livro. Explique que a enciclopédia contém informação sobre vários assuntos, ao passo que um livro trata, geralmente, de um único assunto. Explique também que um livro é feito para ser lido do princípio ao fim, enquanto uma enciclopédia deve ser usada para se obter informação sobre um determinado assunto. Reúna as crianças em volta das enciclopédias na seção de referência. Dê a cada criança um volume de uma enciclopédia e oriente-as para que o consultem a fim de encontrar alguns assuntos. Dê cinco minutos para esta tarefa. Durante esse tempo chame a atenção para o fato de que cada volume é numerado e tem uma paginação própria. Em seguida peça às crianças que citem alguns dos assuntos que encontraram. Auxilie as crianças que estejam com dificuldade.

Aula II – Reúna as crianças para uma aula sobre enciclopédias em CD-ROM. Explique que as enciclopédias podem vir na forma de CD-ROMs. Mostre como os assuntos são encontrados numa enciclopédia eletrônica: clicando-se a palavra na lista alfabética de termos que aparece na tela, ou digitando-se, no espaço apropriado, a palavra que representa o assunto desejado. Peça-lhes para escolherem um assunto e para pesquisá-lo. Dê 15 minutos para completarem a tarefa. Em seguida, peça-lhes para comentarem como encontraram o assunto e para falarem sobre algo interessante que descobriram.

Acompanhamento

• Convide as crianças a virem à biblioteca para consultar enciclopédias sempre que surgirem na classe assuntos sobre o qual precisem de mais informação. Avise ao professor sobre esse recurso.

4 Localizando dicionários

Esta atividade ensina as crianças a localizar dicionários infantis na biblioteca e familiariza-as com a ordem alfabética e as palavras guias usadas nos dicionários.

Duração
- Duas aulas de 30 minutos.

Materiais
- Dicionários infantis (impressos e em CD-ROM) e enciclopédias em CD-ROM que incluam dicionários, como por exemplo, FERREIRA, A. B. H. *et al. Aurelinho dicionário infantil multimídia século XXI.* Rio de Janeiro: Nova Fronteira, Lexikon Informática, 1998. 1CD-ROM; ENCICLOPÉDIA multimídia dos seres vivos. São Paulo: Editorial Barsa Planeta [s.d.]

Instruções
Aula I– Pergunte às crianças se alguma vez já consultaram um dicionário. Estimule algumas delas a falarem sobre as palavras que procuraram em um dicionário e como encontraram a definição. Explique que um dicionário deve ser usado para se obter a definição e outras informações a respeito de palavras que não conhecem. Reúna as crianças próximo aos dicionários, na coleção de referência. Dê a cada grupo um exemplar de um dicionário infantil. Oriente para que os consultem a fim de encontrar definições de algumas palavras que ouviram e de que não sabem o significado. Alerte-as para o fato de que nem todas as palavras aparecem nos dicionários: formas conjugadas de verbos, formas femininas de adjetivos e formas no plural geralmente não são encontradas nos dicionários. Dê cinco minutos para essa tarefa.

Durante esse tempo, chame a atenção das crianças para o fato de que as palavras aparecem no dicionário em ordem alfabética. Esclareça que, para facilitar a consulta, são destacadas, na parte superior das páginas, a primeira e a última palavra da página; essas palavras guias são chamadas de *cabeços*. Mostre exemplos em alguns dicionários. Em seguida, solicite às crianças que apresentem algumas palavras encontradas nos dicionários, pedindo-lhes para dizerem se havia alguma ilustração. Auxilie as crianças que estejam com dificuldade.

Aula II – Reúna as crianças para uma aula sobre dicionários eletrônicos. Explique que os dicionários podem vir na forma de CD-ROMs, como uma obra independente ou como parte de uma enciclopédia. Mostre como encontrar palavras no dicionário eletrônico: clicando a palavra desejada na lista alfabética que aparece na tela ou digitando a palavra no espaço apropriado. Oriente as crianças a procurarem algumas palavras para saber seu significado. Em seguida, peça-lhes para dizerem o que encontraram.

Acompanhamento
Convide as crianças a ir à biblioteca para consultarem dicionários sempre que não souberem o significado de uma palavra. Avise ao professor sobre esse recurso.

▶▶ Revistas e jornais

5 *Explorando revistas infantis*

Esta atividade dá oportunidade para que as crianças se familiarizem com as revistas da coleção da biblioteca.

Duração
• Duas aulas de 30 minutos.

Materiais
- Revistas da biblioteca, tais como SUPERINTERESSANTE. São Paulo: Abril, 1987-; REVISTA HORIZONTE GEOGRÁFICO. São Paulo: Audichromo, 1988- etc., adequadas a esta faixa etária.

Preparação
Exponha as revistas, para permitir que as crianças as folheiem. Podem ser colocadas em mesas espalhadas em volta da sala ou no peitoril da janela.

Instruções
Aula I – Mostre às crianças onde são guardadas as revistas e como são organizadas na biblioteca. Explique que os fascículos mais recentes são mantidos nos mostruários para serem encontrados de maneira fácil e rápida e que os fascículos ou números antigos são mantidos em caixas nas estantes e que as caixas são organizadas, alfabeticamente, por título.

Observação
O arranjo das revistas varia de biblioteca para biblioteca. Descreva o arranjo da sua biblioteca.

Selecione duas revistas diferentes para demonstrar os vários assuntos que incluem. Por exemplo: *Superinteressante* inclui assuntos variados, sendo mais voltada para tópicos científicos; *Horizonte Geográfico* é dedicada a assuntos de geografia, *Infofácil* à informática.

Aula II – Para demonstrar a variedade de informação e a estrutura das revistas, estimule as crianças a folhearem-nas. Estimule-as a escolherem uma revista para levar para uma mesa e ler. Quando terminarem, podem escolher outra. Depois de 15 minutos, peça às crianças para compartilharem com a classe o que aprenderam nas revistas. Dê-lhes oportunidade de mostrarem a revista que estavam lendo, ler o título e citar algo interessante que encontraram. Estimule-as a fazerem comentários curtos, breves, de modo que todas tenham oportunidade de falar.

Acompanhamento

Esta atividade pode ser repetida várias vezes durante o ano.

▶▶ Material e equipamento audiovisuais

6 *Histórias em vídeo*

Esta atividade ajuda as crianças a descobrirem que a biblioteca tem outros materiais além de livros. Também as ajuda a compreender melhor apresentações audiovisuais, dando-lhes oportunidade de relacionar o que viram e ouviram com suas próprias experiências.

Duração
- 30 minutos.

Materiais
- Histórias infantis com versão em livro e em vídeo ou DVD, como por exemplo, UNGERER, Tomi. *Os três ladrões*. Petrópolis: Autores & Agentes e Associados, 1995. (Também disponível em vídeo); STEIG, William. *Doutor De Soto, o rato dentista*. Petrópolis: Autores & Agentes e Associados, 1992. (Também disponível em vídeo).

Instruções

Reúna as crianças para assistirem a uma história. Mostre o livro de história escolhido e explique que irão assistir ao filme da história. Leia o título do livro e antecipe ligeiramente o enredo, recomendando que observem alguns pontos importantes da história. Passe o filme. Ao final, encoraje as crianças a compartilhar suas ideias sobre ele. Explique que podem olhar o livro e tirar emprestado para ler.

Acompanhamento

Outros vídeos podem ser usados de forma semelhante. Recomende às crianças que observem algum detalhe durante a sessão, para que possam discutir posteriormente. Deixe o livro disponível para folhearem e levarem para casa.

Variações

Existem excelentes materiais audiovisuais disponíveis para serem usados nesta etapa. Ao usá-los, planeje atividades de acompanhamento que deem às crianças oportunidade de falar sobre o que viram e ouviram.

HABILIDADES DE INTERPRETAÇÃO

▶▶ **Técnicas de avaliação e seleção**

7 *Compartilhando leituras*

Esta atividade melhora a habilidade das crianças para escolher livros interessantes que sejam capazes de ler, através do contato com obras que seus colegas estejam lendo e apreciando.

Duração
- 30 minutos.

Materiais
- Livros que as crianças estejam lendo ou já leram.

Preparação
Para acompanharem bem esta atividade as crianças devem ter tido vários meses de experiência em escolher livros, com a ajuda do bibliotecário.

Instruções
Organize as crianças em círculo. Explique que podem compartilhar com os colegas o livro que estão lendo. Pergunte quem gostaria de contar aos colegas a história que leu.

Escolha um voluntário para levantar, mostrar o livro e citar o título, autor e algum trecho do qual se lembre especialmente.

Estimule-a a dizer onde encontrou o livro na biblioteca. Quando terminar, esta criança escolhe outro colega para compartilhar o seu livro com a classe.

Observação

Esta atividade pode ser repetida periodicamente durante o ano. Pode não haver tempo para todas as crianças participarem em uma única aula, portanto, devem ser planejadas tantas aulas quantas forem necessárias para que todas as crianças participem pelo menos uma vez. Essas aulas devem ser espontâneas e agradáveis. Evite o tom de um relato formal de leitura.

▶▶ **Elementos do livro**

8 *Que parte?*

Este jogo amplia os conhecimentos sobre os elementos do livro (capa, orelha, lombada, folha de rosto e bibliografia) e sobre as informações neles incluídas (título, autor, ilustrador, editora, local e data de publicação). Reforça as habilidades desenvolvidas na etapa anterior. Nesta etapa o jogo é ampliado, para incluir mais elementos e informações que compõem o livro. Os jogos são uma boa oportunidade para estimular o interesse em atividades de revisão.

Duração
- 30 minutos.

Materiais
- Fichas com o nome de diferentes elementos do livro.

Preparação

Durante várias semanas, no início da hora do conto, apresente os elementos do livro. Introduza um a cada semana, até que todos tenham sido identificados. Prepare as fichas com os nomes dos diferentes elementos do livro.

Instruções

Reveja com as crianças os elementos que compõem a estrutura física de um livro. Fale também sobre as informações que identificam um livro e em que locais são encontradas. Em seguida, divida a classe em grupos e peça-lhes para irem até as estantes, examinarem alguns livros e anotarem o que encontraram de diferente do que foi apresentado. Cada grupo deverá compartilhar suas observações com o restante da classe. A mesma observação apresentada por diferentes grupos soma um ponto para cada um. O grupo que apresentar maior número de observações é o vencedor.

Acompanhamento
Este jogo pode ser repetido várias vezes durante o ano.

Variação
Como no caso do jogo de adivinhação, pode-se fazer uma representação para apresentar as partes de um livro.

▶▶ Ver, ouvir e interagir

9 *Dramatizando a história*

Esta atividade desenvolve nas crianças, habilidades para prestar atenção às imagens e sons, numa situação de aprendizagem, na medida em que recordam, resumem e parafraseiam o que viram e ouviram. Permite também a prática no envio de mensagens, utilizando o correio eletrônico.

Duração
- Duas aulas de 30 minutos.

Materiais
- Uma história com vários personagens, que possa ser dramatizada, permitindo a participação de muitas crianças, como por exemplo, LOBO, A. *A verdadeira história dos três porquinhos*. São Paulo: Cia. das Letrinhas, 1993; ORTHOF, Sylvia. *Se as coisas fossem mães*. Rio de Janeiro: Nova Fronteira, 1984.
- Acesso ao correio eletrônico.

Instruções
Aula I – Reúna as crianças e leia a história. Explique que irão dramatizar a história e peça-lhes para imaginarem,

enquanto a história está sendo lida, como se desenvolverá a ação.

Aula II – Recorde a história, mostrando as ilustrações. Peça às crianças para se lembrarem dos personagens e escreva seus nomes no quadro à medida que forem citados. Depois que todas as personagens tiverem sido listadas, peça às crianças para escolherem seus papéis. Escreva no quadro o nome da criança ao lado do personagem que ela escolheu para representar.

Organize, então, a classe em um círculo ao redor do espaço onde a representação irá ocorrer. Oriente as crianças que irão atuar na mesma cena para sentarem-se próximas umas das outras. As que não vão participar de uma cena, constituirão o público.

Recorde a regra de que apenas a criança designada para o papel fala e representa. Se precisar de ajuda para recordar sua parte, deve escolher um colega para ajudar. Ao final, peça a algumas crianças para escolherem uma das cenas e comentarem sobre ela.

Acompanhamento

Essa atividade pode ser repetida durante o ano, com várias histórias. Existem muitos livros adequados para dramatização. Escolha livros com muitas personagens, de modo a assegurar que cada criança tenha um papel para representar. Em algumas sessões de representação pode-se convidar colegas de outras classes para assistirem a dramatização. Neste caso as crianças devem redigir convites, indicando dia, hora e local da representação, enviando-os através do correio eletrônico.

Observação

Em escolas que não contam com recursos de informática, as mensagens podem ser escritas em papel e entregues pessoalmente.

10 *Com a cara do personagem*

Esta atividade de dramatização ajuda as crianças a se concentrarem no que viram e ouviram, de forma que possam entender e interpretar melhor. Através da representação têm oportunidade de recordar, resumir e parafrasear o que viram e ouviram.

Duração
- 30 minutos.

Materiais
- Uma história que apresente personagens em situações contrastantes, como por exemplo ROCHA, Ruth, (Adapt.). *O rato do campo e o rato da cidade*. São Paulo: FTD, 1998; FRANÇA, Mary; FRANÇA, Eliardo. *Pato magro e pato gordo*. São Paulo: Ática, 1996.

Instruções
Reúna as crianças para ouvirem uma história. Peça para ficarem atentas aos sentimentos dos personagens. Leia a história com expressão, mostrando as ilustrações à medida em que lê. Depois da leitura, mostre a ilustração do começo do livro. Pergunte às crianças o que pensam que cada personagem sentia. Escolha algumas crianças para dramatizarem, através de palavras, gestos e expressão facial, como cada um dos personagens se sentia. Continue até que todas as crianças tenham tido oportunidade de representar os sentimentos demonstrados pelos personagens durante a história.

Acompanhamento
A dramatização pode ser usada para representar sentimentos e ações em histórias lidas durante todo o ano. Nem sempre é necessário dramatizar uma história inteira: pode-se representar apenas uma parte animada e intrigante da história, a fim de ajudar na sua compreensão.

11 *Desenhe o final!*

Esta atividade ajuda as crianças a se concentrarem no que viram e ouviram, a fim de compreender o conteúdo e interpretá-lo melhor. O desenho dá-lhes oportunidade de recordar, resumir e parafrasear o que viram e ouviram.

Duração
- Duas aulas de 30 minutos.

Materiais
- Uma história que possibilite vários finais.
- Papel para desenho.
- Lápis de cor.

Instruções
Reúna as crianças para ouvirem uma história. Diga-lhes para prestarem atenção, de modo que possam decidir o que vai acontecer no final. Leia a história com expressão, mostrando as ilustrações à medida em que lê. Em seguida, pergunte às crianças se terminariam a história da mesma maneira que o autor. Estimule-as a desenhar como teriam terminado a história. Dê de 10 a 15 minutos para esta tarefa. Peça a cada criança para mostrar o seu desenho e descrever o final da história que ilustraram.

Variações
Muitos livros se prestam a este tipo de atividade. Pode-se variar, interrompendo a leitura antes do final e pedindo às crianças que criem seu próprio final. Quando todos tiverem se manifestado, apresente e discuta a versão do autor. Nas escolas onde as crianças têm acesso a recursos de informática, ensine a elas como fazer ilustrações utilizando o computador.

▶▶ **Apreciação literária**

12 *Contos populares**

Esta atividade familiariza as crianças com uma variedade de livros. Também oferece oportunidade para que elas relacionem a história com suas próprias experiências, a fim de encontrar significados.

Duração
- 30 minutos.

---

* Esta atividade foi originalmente desenvolvida por Frankie Wideman, bibliotecário da Smith School, East Brunswick, New Jersey/EUA.

Materiais
- Contos populares de diferentes regiões brasileiras, como por exemplo, EBOLI, Terezinha. *A lenda da Vitória-Régia*. Rio de Janeiro: Ediouro, 1997; GUEDES, Hardy. *Nhandaru:* a lenda do sol e da lua. 2.ed. Curitiba: HGF, 1997; SOUZA, Flávio de. *Lendas e causos da Caipora*. São Paulo: Cia. das Letrinhas, Rede Cultura, 1998.
- Mapa do Brasil.
- Um novelo de lã colorida.
- Uma caixa de tachinhas.

Preparação
Selecione livros de contos populares de diversas regiões brasileiras. Escolha histórias curtas que as crianças possam ler durante o período da atividade. Faça um quadro expondo um mapa do Brasil. Escreva acima do mapa "Histórias de outros lugares".

Instruções
Reúna as crianças em círculo para ouvirem uma história. Escolha um dos livros selecionados e leia em voz alta, mostrando as ilustrações e chamando atenção para suas características peculiares. Em seguida, explique que aquela é uma história típica de determinada região do Brasil e que existem contos de outras regiões. Apresente os contos selecionados, dizendo em que região se originou. Divida as crianças em pequenos grupos, entregue um livro para cada um deles e peça para uma criança do grupo ler enquanto as outras ouvem. Dê de 10 a 15 minutos para cada grupo ler seu conto. Em seguida, peça a cada grupo para comentar o conto que leu e marcar no mapa do Brasil – utilizando a lã colorida e as tachinhas – o seu lugar de origem.

Acompanhamento
Contos populares de várias regiões podem ser lidos ao longo do ano. Cada história pode ser introduzida com um breve comentário sobre a cultura da região. Estas informações podem ser encontradas, geralmente, na orelha ou na introdução do livro. Durante a leitura do texto devem ser enfatizadas características peculiares das ilustrações. Depois da história, a discussão deve

ser encaminhada de forma a relacionar as situações da história com a experiência das crianças.

13 Jogo em versos

Este jogo estimula as crianças a juntarem palavras, utilizando a sonoridade e a rima.

Duração
- 30 minutos.

Materiais
- Poemas simples e curtos, com palavras que as crianças já conheçam.
- Fichas de cartolina.

Preparação
Selecione um poema para cada grupo de três a quatro crianças. Escolha poemas rimados. Cada poema deve ter versos com terminação diferente para permitir o jogo com as rimas. Escreva cada um dos versos dos poemas em uma ficha de cartolina.

Instruções
Leia em voz alta os poemas selecionados. Em seguida, distribua as fichas de forma desordenada entre os grupos, pedindo às crianças que as leiam. Passe em cada grupo para verificar se elas precisam de ajuda para ler as fichas. Em seguida, oriente as crianças a juntarem os versos que tenham a mesma rima, incentivando-as a trocá-los com os dos outros grupos. Dê 10 minutos para que os grupos combinem os versos. Em seguida, peça a cada grupo para apresentar o poema formado. Mostre o poema original caso algum grupo tenha feito a rima de forma diferente. Incentive-os a fazer novas experiências.

2ª Etapa

Expandindo os interesses pela leitura

Esta etapa, para crianças de oito anos, é um período de transição no uso da biblioteca. As crianças, que até então utilizavam apenas os livros infantis, passam gradualmente a usar toda a coleção da biblioteca. Durante esse período, elas se movimentam livremente nos diferentes setores da biblioteca, usando materiais de vários níveis de dificuldade e interesse. A criança se realiza sabendo que pode escolher tanto materiais da coleção de ficção como livros de não ficção.

Este capítulo inclui:

- A descrição das características do aluno, que têm ligação com o programa da biblioteca;
- Uma lista das habilidades para usar a biblioteca, a serem desenvolvidas nesta etapa;
- Sugestões de atividades para desenvolver as habilidades relacionadas na lista.

O programa

Para que as crianças possam localizar outros materiais que não os livros infantis, é necessário que tenham uma ideia geral de como estão classificados e onde estão localizados nas estantes. Evite apresentar nesse momento uma descrição detalhada da classificação utilizada na biblioteca. As crianças não são capazes de entender, nem estão interessadas, em fazer um estudo aprofundado da Classificação Decimal de Dewey, por exemplo. Precisam apenas ter uma ideia geral dos materiais disponíveis e sua localização.

Por volta dos oito anos as crianças estão iniciando um estágio durante o qual irão desenvolver a habilidade de lidar com classificação. Na fase inicial deste estágio, podem apenas entender o conceito geral de classificação e o uso de classes.

Livros de ficção e não ficção

É importante que as crianças saibam a diferença entre ficção e não ficção. Entretanto, nas histórias infantis, os limites entre as duas categorias costumam não ser muito precisos. Algumas histórias de ficção parecem ser verdadeiras e algumas histórias de não ficção, como os contos de tradição oral, podem apresentar características ficcionais, dificultando a distinção. A atividade **Índios e história** ajuda as crianças a desenvolverem a habilidade de distinguir entre ficção e não ficção. Dá-lhes oportunidade para determinarem a categoria do livro que estão lendo. Ao longo do ano chame atenção, continuamente, para este fato, tanto formal quanto informalmente.

Neste capítulo algumas atividades oferecem oportunidades para analisar a literatura no sentido de determinar que parte da história é baseada em fatos verdadeiros e que parte é criação do autor. Desta forma, as crianças podem aprender a interpretar o que leem e evitar mal entendidos que podem ocorrer a partir de definições simplistas, tais como a distinção de que livros de não ficção são verdadeiros e ficção é contrária a realidade. Isto pode resultar numa concepção errônea e numa confusão geral na distinção entre as duas categorias.

Números de chamada

As crianças devem entender que a finalidade do número de chamada é possibilitar a reunião de livros sobre um mesmo assunto e que os materiais são arranjados nas estantes de acordo com esses números.

Arranjo da coleção

Nesta etapa, as crianças aprendem como localizar um livro na biblioteca. Começam a usar o catálogo para procurar um assunto, anotar o número de chamada e localizar na estante o livro desejado. As atividades **Qual o caminho?** e **Busca por assunto** dão aos alunos oportunidade de praticar essas habilidades. À primeira vista parece complicado e é necessário que contem com ajuda e encorajamento. Não espere que sejam capazes de usar o catálogo de imediato e com independência.

Desenvolva nas crianças a confiança em sua habilidade de localizar materiais. Elas tornam-se menos confiantes quando não conseguem localizar o material rapidamente. Este sentimento de desalento volta frequentemente, quando tentam usar o catálogo em outras oportunidades. Caso tenham sucesso na busca de materiais, desenvolvem autoconfiança e atitude positiva com relação à habilidade de usar a biblioteca. Ajude a criança que está com dificuldade, orientando-a durante todo o processo.

A época mais adequada de se instruírem as crianças no uso do catálogo para localizar um livro é quando estiverem interessadas em um assunto e motivadas a encontrarem informação sobre ele. Isto as ensina a levar a cabo a tarefa de localizar informação, quando se deparam com um problema.

Nem todas as crianças irão aprender essa habilidade da mesma forma. Algumas serão capazes de localizar livros muito antes que outras tenham entendido o procedimento. Estimule aquelas que aprenderam rápido a ajudar seus colegas. Garanta que, durante o ano, todas sejam orientadas individualmente no processo de localizar um livro no catálogo. Se uma criança for sempre auxiliada por outra, poderá perder algum detalhe importante do processo. Ao final do ano, todas devem ter tido a experiência de localizar o número de chamada de um assunto no catálogo e achar o material correspondente na estante.

Biografias

A criança aprende que a coleção de não ficção da biblioteca inclui uma seção de biografia. As biografias são uma fonte peculiar, que contém informação interessante e frequentemente consultada nesta etapa.

Chame atenção para a seção de biografia, apresentando livros que a criança possa ler, sozinha, sobre pessoas que têm uma vida pouco comum ou memorável. Crianças de oito anos já têm consciência das diferenças individuais. Podem compreender que as pessoas têm uma variedade de oportunidades e fazem diferentes escolhas sobre como direcionarão suas vidas. Nessa etapa, a criança está interessada em pessoas famosas. Introduza biografias que estejam ao alcance da compreensão e da experiência da criança.

Revistas e jornais

O jornal é introduzido nesta etapa, embora atividades com textos jornalísticos possam ocorrer desde as séries iniciais, considerando-se a necessidade de se organizar situações de aprendizagem de leitura com base na diversidade textual.

O conhecimento das características dos portadores de texto é um elemento importante para a leitura competente e, portanto, a familiaridade com este meio de comunicação deve começar o mais cedo possível e avançar através da escolaridade até que os alunos dominem sua estrutura e conheçam as funções dos jornais e revistas noticiosas.

Coleção de referência

Nesta etapa a coleção de referência se torna cada vez mais importante como fonte de informação. Não se deve esperar que, nesse momento, as crianças façam trabalhos aprofundados, usando múltiplas fontes de informação. A competência de combinar informação de várias fontes é uma tarefa complexa, que se desenvolve aos poucos, ao longo da vida escolar. Inicialmente, devem usar apenas uma fonte para pesquisar informação sobre um tópico de interesse pessoal ou em resposta a uma questão. Esse é o primeiro passo para o desenvolvimento de habilidades de pesquisa e produção de texto.

Nessa idade aumenta o tempo que uma criança de oito anos consegue manter focalizado num assunto, bem como a habilidade de prestar atenção a detalhes. Os alunos nesta faixa etária estão interessados em coisas novas e ansiosos para aumentar seus conhecimentos. Quando um assunto é discutido em classe, as crianças normalmente querem ir à biblioteca para obter mais informação sobre ele. Naturalmente desejam saber mais, uma vez que seu interesse é intenso.

Nesta etapa os alunos já podem compreender que os livros de referência são feitos para busca de assuntos específicos e não para serem lidos do começo ao fim. Começam a usar livros de referência quando precisam de uma informação rápida e abrangente sobre um tema. As enciclopédias são uma fonte excelente para a criança usar a fim de ampliar sua compreensão sobre um assunto. Chame atenção para o fato de que as enciclopédias contêm informações sobre pessoas, lugares e coisas. Coisas, no caso, incluem eventos.

Nesta etapa, deve-se dar oportunidade aos alunos para levantar tópicos gerais e selecionar aqueles que consideram importantes ou interessantes. A pesquisa pode ser uma experiência enriquecedora. Não se preocupe em listar tópicos que restrinjam sua curiosidade natural. Eles necessitam de oportunidades para desenvolver uma compreensão ampla e não serem limitados por assuntos restritos. Permita que sigam seus próprios interesses, através dos quais possam levantar questões significativas. Nesta idade, uma criança que mostra interesse por determinado assunto quer saber tudo sobre ele, ampliando sua base geral de informações.

Dê oportunidades para que as crianças compartilhem aquilo que aprenderam com seus colegas. Crie uma atmosfera de aprovação quando a criança estiver relatando o que encontrou. Ocasionalmente, pode-se questionar um fato que não foi bem interpretado pela criança mas, em geral, deve-se aceitar qualquer informação que ela tenha considerado significativa e escolhido para compartilhar com seus colegas.

Quando se pede à criança para buscar informação sobre um assunto e produzir um texto, sua tendência inicial será a de copiar palavra por palavra do que encontrou. Sente que não poderá se expressar tão bem quanto o autor. Neste estágio inicial é necessário que desenvolvam confiança em suas próprias habilidades de selecionar o que é importante e para escrever usando suas próprias palavras. Um ambiente adequado para compartilhar a informação obtida garante sua autoconfiança. A atividade **Pesquisa e produção de texto** requer que a criança, depois de ler um verbete em uma enciclopédia, feche-a e escreva a informação que recorda. Desta forma, tem oportunidade de praticar a habilidade de recontar de memória. Para realizar a tarefa, aplica as habilidades de recordar, resumir e parafrasear.

Fazendo seus próprios livros

Até aqui as crianças já se familiarizaram com todas as partes de um livro. A atividade **Brincando de ser autor** ensina-as a fazer seus próprios livros, incorporando todas as partes que já conhecem. Desta forma, aprendem a função de cada uma, aplicando este conhecimento na criação de seu livro. Isto as prepara para usar as várias partes de um livro nas etapas seguintes. Se entenderem bem a função de cada parte e conhecerem a estrutura dos livros, poderão usar essa habilidade posteriormente. Por exemplo, na próxima etapa irão usar índices para localizar informações em livros de não ficção. Se na etapa atual tiverem feito índices simples para seus próprios livros, entenderão a função dos índices e os utilizarão com maior facilidade.

Além da aprendizagem estrutural e funcional que acontece quando as crianças fazem seus próprios livros, elas têm grande prazer em realizar a tarefa. Permita que escolham o tipo de livro que querem escrever. Algumas crianças podem querer escrever livros de não ficção, como por exemplo "Como fazer pizza" ou "Meu cachorro Piloto". Outros podem escrever um conto de fadas ou uma história humorística. Apresente diretrizes gerais e deixe a escolha para cada criança. Sugira-lhes, por exemplo, escrever um livro destinado a crianças mais novas.

Algumas vezes as crianças não sabem como iniciar uma história. Cabe então oferecer modelos na forma de desenhos que mostrem ação, por exemplo. Também podem ser sugeridas frases, como por exemplo, "Era uma noite escura quando..." ou "Tudo começou numa manhã de sol...". Espera-se que, aos poucos, os modelos oferecidos sejam substituídos por iniciativas próprias dos alunos.

Por outro lado, há o risco de as sugestões inibirem a criatividade, ao fazer com que a criança rejeite suas próprias ideias, interpretando as sugestões como obrigação. É preferível então dar assistência individual àquelas crianças que estão com dificuldade para começar a história.

Raramente as crianças mergulham na tarefa de imediato. Inclua o tempo para rascunharem, juntar ideias e planejar o trabalho antes de começar a escrever. A maioria começará a escrever após cinco a dez minutos. Mesmo após o início da produção do texto, ocasionalmente pararão para pensar e reler o que escreveram.

Certamente o tempo gasto para que cada criança escreva sua história irá variar, como também o tamanho do texto produzido. Considere estas diferenças. Embora as instruções das atividades determinem uma quantidade específica de tempo e de papel, seja flexível para acomodar as necessidades de todas as crianças.

É importante monitorar todo o processo de produção do texto desde o planejamento, de forma que o aluno aprenda a coordenar eficientemente os papéis de produtor, leitor e avaliador de seu próprio texto. O trabalho com rascunho e revisão de texto é necessário para que a criança perceba que o texto está sempre sujeito a mudanças que visem a torná-lo mais claro e compreensível e analise seu próprio processo de produção. Geralmente desejam que seu texto seja gramaticalmente correto, de forma que os outros possam entender o sentido. Por outro lado, podem se sentir desapontadas e mesmo ofendidas pela devolução de uma folha coberta de correções. Deve-se tentar ler todo o trabalho com a criança e ir corrigindo os erros durante a leitura. Para isto é necessário que se trabalhe individualmente com cada uma, o que é mais eficaz, mas nem sempre possível.

Pode-se explicar que todos os escritores têm um editor que faz correções antes do livro ser impresso. Você pode ser o editor dos livros escritos pelas crianças. Dê-lhes oportunidade de passar o texto a limpo. Entretanto, não insista caso não queiram recopiar seu trabalho. Isto pode ser tedioso e cansativo para crianças nessa idade e esfriar o entusiasmo dos jovens escritores.

Quando estiverem prontos dê às crianças oportunidade para que leiam os livros umas das outras. Elas costumam ter orgulho de seu trabalho e grande prazer em compartilhá-lo com os colegas.

Geralmente apreciam o trabalho das outras crianças, desde que tenham compartilhado a experiência e entendido o esforço envolvido na tarefa. Crie um ambiente agradável para a realização desta atividade.

Posteriormente, caso vejam resultados positivos em seu trabalho, as crianças levarão mais a sério atividades de produção de texto. Se os livros forem encadernados e incorporados à biblioteca como uma coleção especial as crianças poderão experimentar a sensação de realização de um autor. Esta oportunidade de se identificar com o autor dá à criança condições de apreciar o esforço e a criatividade envolvidos no processo de produção de texto e publicação de um livro e de valorizar a obra dos autores.

Leitura

Por volta dos oito anos a criança está em um período de crescimento vagaroso e estável muito propício à aprendizagem, e desenvolvendo habilidades básicas de comunicação (leitura, escrita, escuta e fala). Nessa idade a maioria das crianças está fisicamente pronta para períodos mais longos de concentração e capaz de realizar trabalhos mais minuciosos.

A escuta de histórias continua a ser uma parte importante do programa da biblioteca. À medida em que as crianças vão se tornando leitores mais competentes e independentes, precisam também se familiarizar com as características dos livros da coleção de ficção. Estes livros têm personagens bem retratados, cenários bem descritos e enredos extensivamente desenvolvidos. Os livros de ficção têm vários capítulos e as ilustrações, em menor número, são mais subjetivas.

Aos oitos anos, alguns alunos podem não estar motivados a ler um livro de ficção até o final. Lerão alguns capítulos e perderão o interesse. É uma boa ocasião para se ler para eles um livro em vários capítulos, possibilitando familiaridade com textos longos e às vezes difíceis, que por sua qualidade e beleza podem encantá-los, ainda que não sejam capazes de ler sozinhos. Desta forma, as crianças são encorajadas a ler um livro do começo ao fim. Uma vez que estejam mais familiarizadas com a extensão dos livros, algumas demonstram que não querem que o livro termine e podem até relê-lo ou procuram saber se há uma continuação.

Atividades para depois da leitura

Nesta etapa é extremamente importante utilizar as atividades de acompanhamento para fazer as crianças reagirem ao que foi lido e visto. Suas habilidades de leitura e escrita, como também as de linguagem oral, estão desenvolvidas num nível suficiente para serem aplicadas à aprendizagem. Crianças de oito anos são barulhentas e questionadoras, mas também alertas, amistosas e interessadas em pessoas. Os colegas tornam-se importantes e as crianças estão cientes de que existem diferentes pontos de vista.

Ao planejar atividades para depois da leitura deve-se levar em conta essas características. Em geral, numa discussão as crianças conseguirão se ater ao tema, ouvir os comentários uns dos outros e progredir com base neles. Oportunidades de falar sobre o que leram ou assistiram na televisão ou no cinema vai ajudá-las a entender e interpretar significados. A discussão, tanto formal quanto informal, prepara o caminho para os processos de análise e avaliação. Desta forma as crianças começam a adquirir habilidades para discernir e selecionar materiais.

Complementação

Na etapa anterior as crianças participaram de atividades destinadas a desenvolver habilidades para recordar, resumir e parafrasear. Na etapa atual, oportunidades de desenvolver a habilidade de complementar, ou seja, de usar suas próprias ideias são acrescentadas a essas três. Recordar é pensar no que foi visto e ouvido a fim de relembrar eventos, fatos e sentimentos. Resumir é pensar no que foi relembrado, sintetizando a informação numa forma que se possa lidar melhor com ela. Parafrasear é falar sobre o que foi relembrado e resumido, usando suas próprias palavras.

Complementar é levar a descrição verbal além do que foi relembrado, a fim de criar novas ideias ou pensamentos. É ampliar as ideias de outros, adicionando seus próprios pensamentos. A atividade **Uma história puxa outra** dá às crianças oportunidade para complementar o que leram. Após escutar uma história cujo final está em aberto, pede-se às crianças para criar seu próprio final.

Pode-se sugerir às crianças ao longo do ano letivo que complementem histórias de maneira menos formal. Considerando-se a importância deste tipo de habilidade, deve-se sempre buscar oportunidades para desenvolvê-la. Complementar é uma atividade agradável e criativa. A liberdade inerente a esta atividade encoraja a individualidade. Na complementação existe uma variedade quase ilimitada de ideias possíveis de serem usadas. As crianças podem criar complementações de várias formas, usando ficção científica, fantasia ou histórias realistas. Crianças de oito anos experimentam grande prazer em compartilhar seus trabalhos com os colegas.

Escrevendo e desenhando

Nesta etapa as atividades de produção de texto e desenho estão intimamente relacionadas. As crianças são cada vez mais capazes de usar a linguagem escrita para comunicar pensamentos, mas geralmente querem incluir um desenho para completar a comunicação. Nas atividades desta etapa deve-se estimular o desenho sempre que possível. Por exemplo, as crianças podem ilustrar o livro que escreveram. Quando usam uma enciclopédia para localizar informação sobre um assunto, pede-se que relatem o que leram através do desenho e da escrita.

Ao longo desta etapa proponha sempre às crianças que expressem as ideias sobre o que leram e viram, usando uma combinação de desenho e texto. Dê oportunidade para que compartilhem suas opiniões com os colegas.

Resumo

Esta etapa é uma fase de transição, durante a qual as crianças passam do uso quase exclusivo dos livros infantis e começam a explorar toda a coleção da biblioteca. Aprendem a organização geral dos materiais sem precisar conhecer em detalhes o sistema de classificação utilizado. Têm oportunidade de reagir ao que veem e ouvem, através de uma combinação de produção de texto e desenho que compartilham com os colegas. São encorajadas a complementar com suas próprias ideias o que veem e ouvem.

Fase II – 2ª Etapa [OITO ANOS]
Lista das habilidades

A seguir apresentamos os objetivos para esta etapa, na forma de uma lista sequencial de habilidades a serem desenvolvidas. A lista não é rígida, fornecendo apenas uma estrutura geral a partir da qual o programa da biblioteca poderá ser planejado. Pode ser usada como um cronograma das atividades correspondentes e compartilhada com professores e outros envolvidos no programa.

Classe: _____

HABILIDADES DE LOCALIZAÇÃO	Agenda
▶▶ **Arranjo da coleção**	
• Entende que cada livro, e a maioria dos outros materiais da biblioteca, têm pelo menos uma ficha correspondente no catálogo.	
• Sabe que o catálogo é organizado alfabeticamente pela primeira palavra da ficha.	
• Sabe que o catálogo têm fichas de assunto.	
• Sabe procurar um assunto no catálogo e identificar o número de chamada correspondente.	
• Sabe localizar na estante um livro sobre um assunto, usando o catálogo, com ajuda.	
• Sabe que o catálogo fornece informações sobre o livro.	
• Conhece os elementos que compõem o registro bibliográfico dos materiais da biblioteca.	
▶▶ **Ficção e não ficção**	
• Sabe distinguir entre ficção e não ficção.	
• Sabe que as duas principais categorias de materiais da biblioteca são ficção e não ficção.	
▶▶ **Sistema de classificação**	
• Está familiarizado com números de chamada e sua relação com a localização dos livros nas estantes.	

	Agenda
• Entende o arranjo dos materiais nas estantes da biblioteca.	
▶▶ **Coleção de referência**	
• Conhece a diferença entre a coleção de referência e a coleção geral.	
• Sabe localizar a coleção de referência.	
• Sabe que as fontes de referência são feitas para serem consultadas e não para serem lidas do começo ao fim.	
• Tem condição de localizar, com alguma ajuda, informação em enciclopédias e dicionários impressos e eletrônicos.	
• Sabe localizar dicionários na biblioteca.	
▶▶ **Fontes biográficas**	
• Sabe onde encontrar biografias na biblioteca.	
▶▶ **Revistas e jornais**	
• Está familiarizado com as revistas e jornais da biblioteca.	
• Começa a entender a estrutura geral e a função informativa dos jornais.	
▶▶ **Índices**	
• Sabe que o índice é uma parte importante do livro.	
• Sabe que alguns livros de não ficção têm índices.	
• Sabe que os índices estão no final do livro.	
▶▶ **Material e equipamento audiovisuais**	
• Sabe que a biblioteca tem outros materiais além de livros.	
• Entende apresentações audiovisuais.	
• Sabe que os diferentes formatos de materiais podem ser interrelacionados	
• Sabe localizar materiais não bibliográficos na biblioteca	
▶▶ **Internet**	
• Sabe que a Internet tem informações para estudo e lazer.	
• Sabe identificar e utilizar ícones e *links* para se mover na rede.	

HABILIDADES DE INTERPRETAÇÃO	Agenda
▶▶ Técnicas de avaliação e seleção	
• Está familiarizado com as várias formas de literatura.	
• Conhece alguns autores favoritos e suas obras.	
• Pode, com alguma ajuda, selecionar material que possa ler.	
• Mostra discernimento na seleção de livros.	
▶▶ Elementos do livro	
• Pode identificar o sumário.	
• Pode identificar a dedicatória.	
• Pode identificar o prefácio.	
• Pode identificar o glossário.	
• Pode identificar a bibliografia.	
• Pode identificar o índice.	
• Pode identificar a data do *copyright*.	
▶▶ Pesquisa e produção de texto	
• Sabe localizar informação sobre um assunto em uma enciclopédia e escrever sobre o que encontrou.	
• Pode localizar livros de não ficção sobre um assunto específico.	
• Está familiarizado com a bibliografia dos livros de não ficção.	
▶▶ Ver, ouvir e interagir	
• Participa de discussões, seguindo as regras combinadas: apenas uma pessoa fala de cada vez, todos ouvem o apresentador e as respostas às questões discutidas devem ser relevantes.	
• Pode entender as imagens e sons da situação de aprendizagem.	
• Pode entender e interpretar o que está sendo visto e ouvido.	
• Pode recordar, resumir, parafrasear e complementar o que foi visto e ouvido.	

	Agenda
▶▶ **Apreciação literária**	
• Está familiarizado com personagens, enredos e cenários de livros de ficção.	
• Está familiarizado com os diferentes tipos de literatura.	
• Consegue extrair significados de um texto, através da sonoridade e da rima.	

▶▶ Sugestões de atividades

A seguir, apresentamos sugestões de atividades que devem ser desenvolvidas de acordo com os objetivos definidos para esta etapa.

HABILIDADES DE LOCALIZAÇÃO

▶▶ Arranjo da coleção

1 *Qual o caminho?*

Esta atividade familiariza as crianças com o arranjo alfabético das fichas do catálogo da biblioteca.

Duração
• 30 minutos.

Materiais
• Livros da coleção da biblioteca.
• Fichas.

Preparação
• Faça um cartaz reproduzindo as etiquetas das gavetas do catálogo da biblioteca.

Instruções

Explique às crianças que o catálogo tem fichas para quase todos os materiais da biblioteca. Pergunte se sabem como as fichas são organizadas. Peça a várias crianças para descrever o arranjo alfabético das fichas. Se tiverem dificuldade descreva algumas das maneiras pelas quais o catálogo poderia ser organizado: pelo número que aparece na lombada ou pelo tipo de livro, como ficção, não ficção, livros infantis. Explique que a organização do catálogo não é assim, mas em ordem alfabética, pela primeira palavra que aparece na ficha. Mostre o cartaz com as etiquetas das gavetas. Escolha uma criança para ler cada etiqueta enquanto você vai mostrando. À medida em que as etiquetas vão sendo lidas, peça a uma criança para dizer o que poderia estar naquela gaveta.

Explique que irão agora participar de um jogo. Descreva algo que poderia estar em uma das gavetas sem dizer o que você está pensando. Diga por exemplo: "Estou pensando em alguma coisa muito grande, cinzenta, com uma tromba". Escolha uma criança para dizer o que é e para vir à frente e mostrar a gaveta em que aquele assunto seria encontrado. Peça então à criança que respondeu corretamente para descrever um assunto para que os colegas indiquem a gaveta em que ele se encontra. Continue com o jogo até que todas as crianças tenham tido oportunidade de descobrir e de descrever um assunto.

2 Busca por assunto

Esta atividade familiariza a criança com a busca por assunto no catálogo. Permite a prática em encontrar materiais por assunto e descobrir seus números de chamada. Exige também que a criança use o arranjo alfabético do catálogo.

Duração
- 30 minutos.

Materiais
- Tiras de papel.

Instruções

Explique às crianças que podem usar o catálogo para descobrir materiais sobre assuntos nos quais estão interessadas. Peça-lhes para pensarem em alguns assuntos sobre os quais gostariam de pesquisar. À medida em que forem citando os assuntos, escolha de seis a oito que poderiam constituir cabeçalhos de assunto encontrados no catálogo. Liste estes assuntos no quadro.

Divida a classe em grupos de três a quatro crianças. Escreva cada um dos cabeçalhos de assunto em uma tira de papel, dando a cada grupo uma das tiras. Peça às crianças para pesquisar no catálogo o assunto que receberam e anotar o número de chamada de dois livros. Uma criança de cada grupo pode escrever o número de chamada no quadro ao lado do assunto correspondente. Em seguida, oriente-as para irem às estantes e pegarem os livros correspondentes. Deixe-as folhear ou ler partes dos livros encontrados e verificar se combinam com os cabeçalhos de assunto.

3 *Elementos do registro bibliográfico*

Esta atividade ajuda as crianças a conhecer cada elemento que compõe o registro bibliográfico dos materiais da biblioteca.

Duração
- 30 minutos.

Materiais
- Cartolina.

Preparação

Elabore um cartaz reproduzindo exatamente o registro bibliográfico de um dos livros da coleção. Escolha o registro de um livro adequado para a faixa etária com a qual vai trabalhar e que contenha o maior número de elementos.

Instruções

Mostre o cartaz e pergunte às crianças se sabem dizer o que aquele conjunto de informações representa. Recorde a finalidade do catálogo. Chame atenção para cada um dos elementos do registro, começando por aqueles com os quais as crianças estão mais familiarizadas (como por exemplo autor e título) e pedindo que expliquem cada um. À medida que as explicações vão sendo dadas, vá anotando a categoria de cada um dos elementos no quadro usando setas (ver FIG. 3). Destaque o número de chamada, explicando sua utilidade e como ele é formado.

```
025.85    Gomes, Sonia de Conti
G633t       Técnicas alternativas de conservação : recuperação de
1997      livros, revistas, folhetos e mapas / Sonia de Conti Gomes,
          Rosemary Tofani Motta . – 2.ed. rev. – Belo Horizonte :
          Ed.UFMG, 1997.
               108p. : il. : 23 cm. – (Coleção Aprender)

          ISBN 85-85265-18-X

          1. Conservação – material bibliográfico I. Motta, Rosemary
          Tofani. II. Título. III. Série
```

Figura 3 - Registro bibliográfico de livro.

▶▶ Ficção e não ficção

4 *Índios e história*

Esta atividade ajuda as crianças a entender que a biblioteca possui materiais de natureza variada, que atendem a objetivos diferentes e, consequentemente, fornecem informações diferentes.

Duração
• Duas aulas de 30 minutos.

Materiais
• Livros, vídeos e outros materiais sobre índios do Brasil disponíveis na biblioteca.

Preparação
Prepare uma exposição de materiais sobre índios do Brasil. Inclua livros e outros materiais de ficção e contos populares sobre índios, além de materiais de não ficção que explorem a temática do índio no Brasil.

Observação
Esta atividade é mais eficaz quando integrada a uma disciplina em que este tópico esteja sendo estudado.

Instruções

Aula I – Peça às crianças para explicarem a diferença entre livros de ficção e não ficção. Encoraje-as a compartilhar suas ideias. Desenvolva a ideia de que na ficção o autor usa sua imaginação para criar uma história com personagens e enredo, enquanto que os livros de não ficção apresentam fatos e informação sobre determinado assunto. Explique que as diferenças entre livros de ficção e de não ficção costumam ser confusas porque, muitas vezes, na ficção os fatos parecem muito reais.

Estimule as crianças a escolherem e pegarem emprestado um livro da exposição para ler e apresentar para os colegas na aula seguinte. Explique que na exposição há livros de ficção e de não ficção.

Aula II – Faça uma breve revisão, pedindo às crianças para descreverem o que são livros ficção e de não ficção, detalhando as diferenças entre eles. Dê a cada criança a oportunidade de falar sobre o livro que tirou emprestado. Peça a cada uma para dizer se o livro é ficção ou não ficção e como deve ser usado. Por exemplo, uma criança pode dizer que o livro é usado para fornecer informação ou que é usado para ser lido por prazer. Encoraje então cada criança a falar brevemente sobre algum aspecto que achou interessante no livro.

Acompanhamento
Essa atividade pode ser repetida com outros assuntos. Escolha assuntos que as crianças estão aprendendo em sala de aula.

Variação
As crianças podem ser encorajadas a falar sobre as diferenças entre livros de ficção e não ficção sempre que tiverem lido um livro e quiserem comentar sobre ele.

▶▶ Sistema de classificação

5 *Jogo dos números de chamada*[1]

Esta atividade familiariza as crianças com os números de chamada e mostra sua relação com a localização dos livros nas estantes. Ajuda a entender o arranjo dos materiais na biblioteca.

Duração
- 30 minutos.

Materiais
- Fichas de cartolina (20 cm X 15 cm).
- Canetas hidrocor.
- Fita crepe.

Preparação
Copie em cada ficha um número de chamada completo. Procure incluir uma variedade de números, de forma a representar todas as classes do sistema de classificação usado na biblioteca. Lembre-se de incluir também um mesmo número de classificação com diferentes notações de autor.

Instruções
Explique às crianças que irão participar de uma brincadeira em que todos vão se transformar em livros. Distribua inicialmente 10 fichas (uma para cada criança) e peça às crianças que as receberam para prendê-las nas costas com a ajuda dos colegas. Estes "livros" vão para a frente e as outras crianças devem colocá-los em ordem. Terminada a tarefa, outras 10 fichas são distribuídas, continuando a brincadeira até que todos tenham participado.

Complementação
Esta brincadeira pode ser repetida ao longo do ano, usando-se números de chamada cada vez mais complexos.

---
[1] Esta atividade foi originalmente desenvolvida por Frankie Wideman, bibliotecário da Smith School, East Brunswick, New Jersey/EUA.

▶▶ Coleção de referência

6 *Comparando livros*

Esta atividade ajuda as crianças a compreender a diferença entre a coleção de referência e a coleção geral. Introduz a ideia de que livros de referência são usados para consulta rápida e não para serem lidos do começo ao fim. Também dá às crianças oportunidade de praticar a localização e interpretação de informações em enciclopédias.

Duração
- Duas aulas de 30 minutos.

Materiais
- Enciclopédias da coleção de referência da biblioteca (impressas e em CD-ROM).

Instruções

Aula I – Discuta a diferença entre um livro da coleção geral, que se lê do princípio ao fim e um livro de referência, que se utiliza para localizar uma informação pontual. Explique que essa é a razão pela qual os livros de referência são assim chamados. Esclareça que, na biblioteca, esses livros ficam separados. Mostre a localização da coleção de referência. Entregue um volume de uma enciclopédia para cada criança. Dê alguns minutos para que folheiem e observem tópicos interessantes. Perguntes às crianças como os tópicos são organizados. Chame atenção para a ordem alfabética usada. Descreva o uso das palavras guias explicando que são as palavras ordenadas alfabeticamente no alto de cada página e que ajudam a encontrar um tópico com maior rapidez. Peça as crianças para consultarem as enciclopédias e observar as diferentes formas em que a informação é apresentada: gravuras, mapas, gráficos, tabelas etc.

Aula II – Reúna as crianças para uma aula sobre enciclopédias eletrônicas. Recorde como encontrar assuntos numa enciclopédia eletrônica. Explique que este tipo de obra traz recursos diferentes e que podem ser usados para enriquecer seus trabalhos. Mostre como acessar os recursos multimídia da enciclopédia. Peça às crianças para localizarem sons e animação na enciclopédia. Dê 15 minutos para completarem a tarefa. Em seguida peça-lhes para contarem o que e como encontraram.

▶▶ Fontes biográficas

7 *Biografias*

Esta atividade familiariza as crianças com a coleção de biografias da biblioteca e as ajuda a entender como as biografias são organizadas na biblioteca. Faça-as praticarem na localização de biografias individuais e coletivas e encoraje-as a levar emprestados livros de biografia para leitura em casa.

Duração
- Duas aulas de 30 minutos.

Materiais
- A coleção de biografias da biblioteca.

Instruções
Aula I – Explique que as pessoas vivem suas vidas de diferentes maneiras. Livros que contam sobre as vidas de pessoas que fizeram coisas diferentes ou notáveis são especialmente interessantes. Pergunte às crianças se sabem como esses livros são chamados. Escreva a palavra "biografia" no quadro. Encoraje as crianças a dar exemplos de biografias que tenham lido ou assistido em programas de televisão ou filmes. Peça-lhes para descrever as diferenças entre personagens fictícios

e pessoas biografadas. Escolha diversas crianças para apresentarem suas experiências e darem exemplos. Escreva no quadro o número de chamada de um livro de biografia da biblioteca. Explique como as biografias são organizadas na biblioteca. Essa organização varia de biblioteca para biblioteca; descreva o arranjo utilizado na sua biblioteca. Mostre alguns livros de biografia. Fale um pouco sobre cada um, apresentando algumas das suas ilustrações. Leia um pequeno trecho de uma biografia. Direcione as crianças para que selecionem uma biografia da coleção da biblioteca para que leiam e apresentem na próxima aula. Oriente-as individualmente para localizar livros que sejam capazes de ler.

Aula II – Faça com que cada criança conte sobre a vida da pessoa sobre a qual leu.

▶▶ Revistas e jornais

8 *Notícias*

Esta atividade dá às crianças oportunidade de se familiarizarem com os jornais e compreender sua função de veicular notícias e fatos correntes. Permite que conheçam a estrutura do jornal, em cadernos e seções.

Duração
- 30 minutos.

Materiais
- Exemplares recentes de pelo menos dois jornais diferentes.

Instruções
Forme duplas e distribua um jornal para cada dupla, pedindo-lhes para observar os seguintes elementos: tamanho, qualidade do papel, características da primeira página, distribuição dos assuntos. Dê dez

minutos para que completem a tarefa. Em seguida, peça que cada dupla relate o que encontrou. Faça então uma síntese chamando atenção para a função informativa do jornal e da estrutura comum dos dois jornais estudados, observando as características de cada caderno e seção e ressaltando o fato de que alguns cadernos aparecem diariamente e outros apenas em determinado dia da semana. Lembre que os jornais não são emprestados para serem levados para casa: devem ser lidos na biblioteca.

▶▶ Material e equipamento audiovisuais

9 Formatos relacionados

Esta atividade familiariza as crianças com outros materiais disponíveis na biblioteca, além dos livros e com sua localização na biblioteca. Serve também para demonstrar que materiais de vários formatos são interrelacionados.

Duração
- Duas aulas de 30 minutos.

Materiais
- Um vídeo ou DVD que conte uma história baseada em fatos reais, também disponível em livro. Livros, mapas, cartazes e outros materiais sobre o assunto da história.

Preparação
Selecione livros de ficção, livros de não ficção, mapas, cartazes e outros materiais diretamente relacionados ao assunto do vídeo (ou DVD) a ser exibido.

Instruções
Aula I – Antes de exibir o vídeo explique que seu enredo é baseado em fatos reais. É uma história fictícia, passada num lugar real, baseada em eventos reais e mostrando pessoas que lá viveram. Veja se as crianças são capazes de dizer que parte da história é baseada em fatos

reais e qual parte é escrita a partir da imaginação do autor.

Mostre a primeira parte do vídeo. Em seguida, encoraje as crianças a discutir quais partes consideram que são fatos reais e quais partes são imaginação do autor.

Aula II – Coloque em exposição os livros e os outros materiais selecionados relacionados com o vídeo. Descreva e comente rapidamente cada um, mostrando ilustrações, chamando atenção sobre os pontos em que se relacionam e indicado onde ficam guardados na biblioteca. Peça às crianças para manusearem os materiais selecionados e observarem como são relacionados.

Mostre o final do vídeo. Encoraje as crianças a levarem emprestados os livros selecionados.

Acompanhamento

Essa atividade pode ser desenvolvida com outros materiais audiovisuais. Procure sempre dar oportunidade para que as crianças discutam os significados do que viram e ouviram.

▶▶ Internet

10 *Explorando a Internet*[2]

Essa atividade introduz a Internet como fonte de informação para estudo e lazer. Ensina a identificar e usar *links*.

Duração
• Duas aulas de 30 minutos.

---

[2] Para aprender a usar a Internet sugerimos os seguintes guias:
BARROS, José Augusto. *Pesquisa escolar na Internet*. Belo Horizonte: Formato, 2001;
ERCILIA, Maria. *A Internet*. São Paulo: Publifolha, 2000;
SOBRAL, Adail. *Internet na escola*: o que é, como se faz. São Paulo: Loyola, 1999.

Materiais
- Endereços de *sites* da Internet, como por exemplo:
  - http://www.uol.com.br/criancas;
  - http://www.start.com.br/criancas;
  - http://www.guri.com

Preparação
Selecione endereços de *sites* bem elaborados, de responsabilidade de organizações ou pessoas idôneas, que contenham informações de boa qualidade, atualizadas e de interesse dos estudantes.

Instruções
Aula I – Reúna as crianças para uma aula sobre a Internet. Pergunte se já usaram a Internet. Peça a algumas para descrever como e para que usaram. Explique que a Internet é uma grande biblioteca, mas não uma biblioteca formada por livros, mas por *sites*. Diga que os *sites* são formados por páginas. Explique que para ir de uma página a outra é necessário identificar e clicar os *links*: os *links* podem ser reconhecidos por certas características (as palavras ou expressões são em cores diferentes e os ícones têm bordas coloridas). Mostre alguns ícones tradicionais, isto é, que representam sempre a mesma coisa. (avançar, recuar, *home* etc) Abra um dos *sites* selecionados e faça as crianças identificarem os *links* que permitem navegar dentro do *site*. Peça a cada criança para abrir um deles e observar as informações. Em seguida, peça-lhes para relatar o que encontraram.

Aula II – Recorde com os alunos a função do *link*. Explique que nos *sites* também existem *links* que indicam outros *sites* relacionados: abrindo esses *links* você pode "navegar" na Internet. Mostre *sites* que remetem para outros *sites*. Peça às crianças para abrirem um deles e observarem as informações, relatando em seguida o que encontraram.

HABILIDADES DE INTERPRETAÇÃO

▶▶ **Técnicas de avaliação e seleção**

11 *Conheça o autor*

Esta atividade apresenta alguns autores e seus livros e dá oportunidade para que as crianças escolham seus autores preferidos.

Duração
- 30 minutos.

Materiais
- Diversos livros de um mesmo autor.

Instruções
Reúna as crianças para ouvir uma história. Mostre os livros e explique que todos foram escritos pelo mesmo autor. Diga às crianças que, provavelmente, serão capazes de ler os livros com alguma ajuda. Mostre alguns e fale brevemente sobre cada um deles, descrevendo uma passagem engraçada ou atraente da história. Escolha um livro bem interessante e leia para as crianças.

Descreva como localizar os livros na coleção, escrevendo os números de chamada no quadro e mostrando onde os livros estão. Encoraje as crianças a tirarem emprestado e a ler os livros. Provavelmente não haverá livros suficientes de um único autor para todas as crianças da classe lerem ao mesmo tempo. Oriente-as para encontrarem outros livros interessantes que sejam capazes de ler.

Acompanhamento
Depois que as crianças tiverem lido os livros, dê-lhes oportunidade para compartilhar algumas das coisas que gostaram, com o resto da classe. É bom organizar um sistema de reserva para os livros mais procurados. Se o livro trouxer alguma informação sobre o autor e/ou ilustrador peça as crianças para comentarem.

Variação

Pode-se ler trechos do mesmo livro durante várias aulas ou ler um livro inteiro, para dar às crianças uma ideia da extensão completa de um livro de literatura. Isso poderá motivá-las a concentrarem-se em um livro até que o tenham lido até o fim. Outros autores podem ser apresentados.

▶▶ Elementos do livro

12 *Brincando de ser autor*

Nesta atividade as crianças escrevem seus próprios livros, o que lhes dá oportunidade de recordar as várias partes de um livro já aprendidas nas etapas anteriores. Também possibilita uma experiência criativa, em que as crianças tornam-se autores e criam um produto final.

Duração
- Oito aulas de 30 minutos.

Materiais
- Papel A4 branco sem pauta (cinco a seis folhas por criança).
- Cartolina colorida.
- Papel pautado (duas ou três folhas por criança).
- Lápis, lápis de cor e réguas.

Preparação
As crianças devem ser capazes de identificar as seguintes partes e informações de um livro: sumário, dedicatória, prefácio, glossário, capa, folha de rosto, título, autor, ilustrador, editor, data de *copyright*, bibliografia e índice.

Instruções
Aulas I e II – Sugira às crianças escreverem uma história que elas gostariam de compartilhar com crianças menores. Pode-se preparar alguns começos de história, escrevê-los em cartazes e pregar nas paredes

Figura 4 - Sumário de livro.
CONTOS de Grimm.
Ilustrações de Elsbieta Gaudasinska.
São Paulo: Companhia das Letrinhas, 1996.

para ajudar as crianças que precisarem de ideias. Gravuras que mostram ação podem constituir sugestões de começos de histórias adequados para essa idade. Capas de revistas infantis e ilustrações em livros de imagem são boas fontes de gravuras deste tipo. Explique às crianças que podem usar suas próprias ideias e não precisam usar aquelas que você está sugerindo.

Observação

O excesso de sugestões pode inibir a criatividade individual nessa idade. As sugestões devem permitir que as crianças tenham uma grande variedade de modelos e assuntos para escolherem para suas histórias.

Algumas crianças podem querer escrever livros de não ficção, enquanto outras podem escrever um conto de fadas ou uma história de humor. Talvez seja necessário orientar individualmente aquelas que tenham dificuldade para começar.

Dê algum tempo para que façam o rascunho. Também é preciso tempo para despertar ideias e planejar antes de começar a escrever. Geralmente, a maioria das crianças começa a escrever após cinco ou dez minutos. Serão necessárias cerca de duas aulas de 30 minutos para que completem as histórias. É bom prever também um período para revisão do texto.

Aula III – Dê a cada criança duas folhas de papel sem pauta. Oriente-as para dobrar o papel ao meio e colocar uma folha dentro da outra. Peça que numerem as páginas de 1 a 8. Em seguida, peça para traçarem linhas na metade da parte inferior de cada página, medindo cinco centímetros de cima a baixo e traçando quatro linhas horizontais, com um centímetro de espaço entre elas. Peça-lhes então, para copiar suas histórias no livro. Encoraje-as a escrever em letra de forma bem caprichada, deixando a parte de cima de cada página livre para uma ilustração. Alerte-as para planejar a colocação de suas ilustrações antes de copiar a história, de modo que as páginas fiquem adequadamente organizadas.

Aula IV – Estimule as crianças a desenharem ilustrações coloridas em cada página.

Observação
Pode ser necessária uma aula extra para terminar os livros.

Aula V – Dê a cada criança um pedaço de folha branca sem pauta. Explique que irão fazer a folha de rosto para seus livros. Peça-lhes para dobrarem o papel pela metade e encaixá-lo na parte do livro que já está pronta. Recomende que, no alto, escrevam o título do livro. Em seguida, escrevam "escrito e ilustrado por...." e coloquem seu nome. Demonstre no quadro ou num cartaz como deverão proceder. Explique que esta é a *folha de rosto*. Na parte inferior da folha de rosto é onde aparece o nome do editor e recorde o fato de que o editor edita, imprime e distribui o livro. Sugira às crianças que coloquem o nome da biblioteca como editor.

Informe que no verso da capa, no centro, deve ser escrito um **c** com um círculo em volta e o ano corrente. Esta é a data de publicação ou de *copyright* (direitos autorais). Discuta brevemente o que é *copyright:* "*Copyright* significa que este trabalho é de sua autoria e que ninguém pode usá-lo sem sua permissão".

Em seguida, peça às crianças para escreverem no final do livro a palavra *Glossário*, no alto da página. Discuta a semelhança entre o glossário e um dicionário. Estimule as crianças a encontrar duas a quatro palavras em sua história que imaginam que uma criança mais nova não vá entender. Oriente-as como devem incluir essas palavras e seus significados ou sinônimos no glossário.

Aula VI – Dê às crianças um pedaço de papel branco, sem pauta, para ser dobrado ao meio e colocado após a folha de rosto. Discuta a função do sumário, mostrando que ele vai ajudar os leitores a ter uma visão geral do conteúdo do livro. Explique que, se o livro tem capítulos, o sumário lista os títulos dos capítulos e as páginas onde se encontram. Peça às crianças cujos livros têm capítulos, para fazerem o *Sumário* (ver FIG. 4).

Em seguida, discuta a função do *Índice*. Esclareça que o índice (ver FIG. 5) aparece em livros de não ficção para ajudar o leitor a encontrar um assunto dentro do livro. Peça às crianças para descobrirem de duas a cinco palavras nos seus livros para serem listadas no índice. Essas palavras devem ser escritas na página em branco, ao final do livro. Oriente para

Índice

bijuteria 30, 31
carimbos 4, 5
cartão 14, 15, 16, 24, 25
círculo 7, 9
colcha de retalhos 10, 11
cubos 24, 25
embalagens 22, 24, 28
figuras de encaixe 14, 15, 16, 17, 18, 19
hexágonos 10, 11
legumes 20, 21
oval 9
padrões 3, 4, 10, 11, 29
papel 5, 6, 7, 8, 9, 10, 11, 12, 13, 16, 30, 31
quadrados 6, 9
retângulos 9
tinta 5, 15, 16, 17, 26, 27, 29
triângulos 6, 9, 28
tubos 17, 18, 26, 27, 28, 29

Consultores
Wendy e David Clemson são professores e pesquisadores de enorme experiência. Escreveram diversos livros de sucesso sobre matemática e são colaboradores constantes do suplemento educativo do jornal "The Guardian". Atualmente Wendy desenvolve um trabalho junto ao currículo de ensino básico, além de desenvolver uma grande variedade de projetos de escrita para crianças, pais e professores, especialmente dirigido ao período de pré-alfabetização. David é especialista em Educação Básica na Universidade John Moores de Liverpool, na Inglaterra.

Produzido por Two-Can Publishing
Editor: Diane James
Assistente Editorial: Jacqueline McCann
Design: Beth Aves
Fotografia: Toby
Texto: Claire Watts

Colaboradores da edição brasileira
Coordenação: Martha Assis de Almeida Kuhl
Revisão: Lygia Maria Benelli Goulart
Tradução: Heloísa Prieto

Título do original em inglês: Shapes
© Two-Can Publishing Ltd. 1994

Direitos da edição brasileira
© Livros Studio Nobel Ltda., 1996
Alameda Itu, 174 sobreloja 1
01421-000 São Paulo - SP
Fone: (011) 265-5896 — Fax: (011) 287-7501

Impresso em Hong Kong

Proibida a reprodução total ou parcial desta obra sem a autorização do editor.

ISBN 85-85445-49-1

Figura 5 - Índice de livro.
BULLOCK, Ivan.
Formas: matemática é uma grande brincadeira.
São Paulo: Studio Nobel, 1996.

colocarem a palavra *Índice* no alto da página e, em seguida, escrever as palavras selecionadas e a página na qual ela pode ser encontrada.

Escreva a palavra *Dedicatória* no quadro. Leia várias dedicatórias de livros da biblioteca. Estimule as crianças a pensar em alguém a quem gostariam de dedicar seu livro. No verso do sumário, oriente as crianças para escreverem os nomes das pessoas para as quais elas estão dedicando seus livros. Se o sumário não foi incluído, a página em branco pode ser usada para a dedicatória.

Em seguida, vem o passo final do projeto: o desenho da capa. Deixe cada criança selecionar a cor da cartolina e dobre-a ao meio. Peça às crianças para colocarem a capa do lado de fora do livro, escrevendo o título de seu livro e a palavra *por*, seguida de seu próprio nome. Podem ilustrar as capas, se o desejarem. Grampeie ou costure as páginas ao longo do dorso, certificando-se de que estão bem presas.

Aula VII e VIII – Prepare uma exposição dos livros na biblioteca. As crianças podem querer ler seus livros para as classes mais novas ou emprestá-los como os livros da biblioteca.

Acompanhamento

Os livros feitos pelas crianças podem ser encadernados e incluídos na coleção geral da biblioteca ou em uma coleção especial. Uma maneira simples de encadernar é colar cartolina na parte de dentro da capa e uma fita adesiva na lombada do livro. Podem também ser usadas outras técnicas mais complexas e resistentes.

Pode-se convidar, para uma demonstração, pessoas que trabalhem com encadernação manual e também organizar visita a uma gráfica para que as crianças observem o processo de produção de livros em escala industrial.

▶▶ **Pesquisa e produção de textos**

13 *Pesquisa e produção de textos*

Esta atividade ensina as crianças a localizar informação sobre um assunto em enciclopédias e a produzir um texto, utilizando a informação encontrada. Também as ajuda a entender que a enciclopédia é uma fonte de informação sobre pessoas, lugares e assuntos. A atividade exige que as crianças recordem, resumam e parafraseiem a informação que encontraram e produzam um texto com ilustrações.

Duração
- Quatro aulas de 30 minutos.

Materiais
- Enciclopédias (impressas e em CD-ROM) da coleção da biblioteca.

- Papel pautado.
- Papel de desenho.
- Lápis.
- Lápis de cor.

Instruções

Aula I – Explique às crianças que a biblioteca é um bom lugar para descobrir informações sobre assuntos de seu interesse. Peça-lhes para falarem sobre assuntos que gostariam de conhecer melhor. Liste no quadro ou num cartaz os assuntos mencionados. Podem ser listados assuntos mais amplos, tais como cavalos, cachorros, Brasil, futebol e Monteiro Lobato, não sendo necessário, nesse estágio, detalhar muito os tópicos.

Explique que as enciclopédias são fontes adequadas para encontrar informação sobre esses tópicos. Escreva "Pessoas", "Lugares" e "Assuntos" no alto do quadro. Explique que as enciclopédias têm informação sobre pessoas, lugares e assuntos. Peça as crianças para encaixarem os tópicos da lista em uma dessas três categorias.

Estimule-as a escolher um tópico da lista para aprender mais sobre ele. Pergunte como encontrarão o tópico numa enciclopédia. Escolha várias crianças para explicarem a maneira de localizar um verbete tanto numa enciclopédia impressa quanto numa eletrônica. Explique que os assuntos nas enciclopédias são organizados alfabeticamente. Peça a cada criança para dizer o tópico que escolheu e em que verbete da enciclopédia espera encontrá-lo.

Oriente-as para selecionarem na coleção de referência o volume adequado de uma enciclopédia, procurar e encontrar um verbete sobre aquele tópico. Ajude as crianças que tenham dificuldade.

Dê aproximadamente 10 minutos para que descubram os verbetes relativos a seus tópicos. Chame a atenção para as diferentes maneiras em que a informação é apresentada, tais como gravuras, gráficos e mapas.

Aula II – Faça uma breve revisão de como localizar informações em enciclopédias, pedindo a várias crianças para explicar o processo. Peça-lhes para encontrar o volume da enciclopédia que usaram na aula anterior, localizar seu tópico e fazer a leitura.

Explique que devem prestar atenção nos trechos especialmente interessantes de que gostariam de lembrar. Dê de 10 a 15 minutos para lerem os verbetes. Peça para fecharem as enciclopédias. Algumas crianças podem precisar de mais tempo para ler seus verbetes. Dê tempo extra se for necessário. Distribua papel e lápis e peça às crianças para escreverem de memória sobre os tópicos que leram. Explique que podem escrever qualquer coisa que leram e de que recordam. Escrever sobre um tópico enquanto a enciclopédia estiver aberta pode ser uma tentação para a cópia.

Solicite as crianças a escreverem dois a três parágrafos ou aproximadamente uma página sobre seus tópicos. Auxilie individualmente aquelas com dificuldades. Recolha os textos.

Aula III – Devolva os textos para que façam a revisão e oriente as crianças que precisarem de ajuda.

Grampeie os textos na metade inferior do papel de desenho. Peça às crianças para fazer ilustrações no espaço acima do texto.

Aula IV – Encoraje cada criança a ler o que escreveu e mostrar a ilustração para o restante da classe. Depois de cada leitura dê oportunidade para discussão e perguntas sobre o assunto.

Acompanhamento

Exiba os textos no quadro de avisos da biblioteca, perto da coleção de referência, se possível. Pode-se dar o seguinte título para a exposição: "Enciclopédias contam sobre pessoas, lugares e assuntos".

▶▶ **Ver, ouvir e interagir**

14 *Uma história puxa a outra*

Essa atividade ajuda as crianças a entender e interpretar o que veem e ouvem, dando-lhes oportunidade de complementar a história, usando suas próprias ideias.

Duração
- Duas aulas de 30 minutos.

Materiais
- Um livro de história com final em aberto, como por exemplo, PAOLA, Tomie. *O cavaleiro e o dragão*. São Paulo: Moderna, 1999.

Instruções

Aula I – Reúna as crianças para uma história. Inicie comentando que devem prestar atenção ao final da história, que deixa algumas questões em aberto. Leia o livro e em seguida peça às crianças para pensarem em um final que resolva as questões deixadas em aberto pelo autor.

Aula II – Escolha várias crianças para recordar e parafrasear a história. Em seguida, peça a todas para escrever e ilustrar o final que escolheram. Dê tempo para completarem a tarefa. Solicite a cada criança que compartilhe o final criado com o resto da classe.

Acompanhamento
As complementações das histórias podem ser expostas num quadro na biblioteca.

Variação
Esta atividade pode ser adaptada para outras histórias. Escolha aquelas com conclusões abertas, que possam ser complementadas. As

complementações podem ser feitas apenas oralmente e também em grupos.

▶▶ Apreciação literária

15 Caça palavra

Esta atividade dá às crianças a oportunidade de extrair, através da sonoridade e da rima, os sentidos do texto.

Duração
- 50 minutos.

Materiais
- Cópias de poemas, trava-línguas e parlendas, como por exemplo, FURNARI, Eva. *Travadinhas*. São Paulo: Moderna, 1994; CIÇA. *Quebra-língua*. Rio de Janeiro: Nova Fronteira, 1998; SOUZA. Ângela Leite de (Adapt.). *A árvore da montanha*. São Paulo: Scipione, 1993.

Preparação
Recorte e retire uma palavra-chave de cada verso dos poemas escolhidos.

Instruções
Organize a classe em grupos e distribua um poema para cada um. Peça às crianças para ler o poema e tentar identificar que palavras foram retiradas. Cada grupo deve apresentar para a classe as palavras sugeridas. Depois que todos os grupos tiverem tido sua vez, leia os poemas em voz alta, observando se as palavras sugeridas foram as mesmas que o autor usou.

Variação
Pode-se utilizar nesta atividade letras de músicas populares, que se enquadrem na característica poética. As cópias das letras são distribuídas para os grupos, que se encarregam, eles mesmos, de escolher e recortar as palavras-chave. Em seguida, um membro do grupo lê a letra da música, omitindo a palavra e os colegas devem identificar as palavras retiradas.

3ª Etapa

Preparando para usar os recursos informacionais de maneira independente

Nesta etapa, para alunos de nove anos, aumentam as habilidades da criança de usar a biblioteca de forma independente. Elas familiarizam-se com uma grande variedade de materiais e acostumam-se a localizá-los e usá-los com o mínimo de ajuda do bibliotecário.

Este capítulo inclui:

- a descrição das características do aluno, que têm ligação com o programa da biblioteca;
- uma lista das habilidades para usar a biblioteca, a serem desenvolvidas nesta etapa;
- sugestões de atividades para desenvolver as habilidades relacionadas na lista.

O programa

Para que encontrem materiais de forma independente, as crianças têm que aprender a usar o catálogo efetivamente. Isso requer que conheçam regras de alfabetação letra por letra, usem cabeçalhos de assuntos e saibam que os materiais podem ser localizados por autor, título e assunto.

Arranjo da coleção

Alfabetação

Ao final desta etapa muitas crianças terão adquirido habilidades de alfabetação letra por letra. Alfabetar dessa forma exige concentração. Entretanto, nesta fase, por volta dos nove anos, as crianças costumam facilmente ficar distraídas e confusas. Nesses momentos, uma palavra de encorajamento é um estímulo para que tentem novamente. Com ajuda adequada as crianças desenvolverão autoconfiança e, ao mesmo tempo, competência naquela atividade. As atitudes das crianças relativas à biblioteca desenvolvem-se com base nas experiências que tiveram nas etapas anteriores. Se perceberam que localizar materiais pode ser algumas vezes difícil, mas que o esforço de encontrá-los vale a pena, é provável que continuem a desenvolver independência e confiança.

Cabeçalhos de assuntos

Nesta etapa os alunos geralmente procuram materiais por assunto na biblioteca e costumam ter dificuldade em localizá-los. O termo de busca que a criança usa pode não ser o termo usado no catálogo. Naturalmente pensam que o catálogo inclui todos os termos e costumam interpretar o fato de não encontrarem uma ficha sob determinado termo como um sinal de que não há material sobre aquele assunto na biblioteca. Referências e remissivas são úteis nesses casos mas, de maneira geral, o número de remissivas no catálogo é pequeno em relação a todos os possíveis termos que as crianças poderiam usar. Precisam aprender a pensar em sinônimos para os termos de busca que utilizam e a usar termos alternativos que seriam apropriados como cabeçalhos de assunto. A atividade **Qual é o assunto?** ajuda a praticar e pensar em palavras alternativas que sejam apropriadas como cabeçalhos de assunto. Depois que as crianças tenham tentado vários termos alternativos, encoraje-as a perguntar o que você sugere como um cabeçalho de assunto. É importante para elas saber quando devem pedir ajuda ao bibliotecário e quando continuar por conta própria.

Busca por autor, título e assunto

Nesta etapa as crianças aprendem que podem procurar livros no catálogo por autor ou título, além de assunto. O acesso por autor ou título é mais simples e mais direto do que o acesso por assunto.

É bom que as crianças estejam atentas para as ocasiões em que podem procurar por autor e título. Mostre quando devem procurar um livro desta maneira. Por exemplo, se leram um livro do qual gostaram de forma especial, podem querer saber se a biblioteca tem outros livros do mesmo autor; se sabem o título de um livro de história mas não o autor, podem localizar o livro pelo título.

Classificação Decimal de Dewey

Depois que as crianças aprendem a encontrar a ficha no catálogo e anotar o número de chamada, precisam ter uma ideia geral do que o número significa, a fim de localizar o material. Nessa etapa é importante que se familiarizem com a estrutura do sistema de classificação adotado na biblioteca.

Se as crianças conhecem as dez classes principais da Classificação Decimal de Dewey, por exemplo, e o lugar em que cada uma está localizada na biblioteca, podem ir à estante e encontrar os materiais. Nesta fase, a maioria das crianças não está pronta para aprender detalhes, tais como a maneira em que cada classe está dividida e subdivida ou a função do ponto que aparece no número de classificação. Estão aptas a entender que os materiais da biblioteca são divididos em dez classes e que cada uma corresponde a um campo do conhecimento.

Pode-se ensinar as classes de forma simples, de modo que as crianças tenham uma visão geral do sistema. Embora não devam ser solicitadas a memorizar cada classe, devem ter uma noção geral do assunto coberto por cada uma das classes principais e da sua localização na biblioteca. Não é necessário, por exemplo, saber que 500 corresponde a Ciência, mas será útil para a criança entender que existe uma classe sobre ciências e ter uma ideia geral onde os livros de ciências estão localizados.

Técnicas de pesquisa e produção de texto

Por volta dos nove anos as crianças passam por um período de crescimento lento e constante. São capazes de manter atenção e interesse por períodos mais prolongados de tempo. Diferenças individuais aparecem e as habilidades de leitura e escrita apresentam variação de criança para criança. Geralmente mostram um desenvolvimento rápido na habilidade de iniciar e terminar tarefas.

Nesta etapa os alunos usam a biblioteca para reunir informação sobre assuntos que estão estudando em classe. Precisam de oportunidades de aplicar suas habilidades de comunicação, tais como leitura, escrita, escuta e fala para aprender determinados assuntos. As atividades devem ter como objetivo desenvolver uma ampla variedade de habilidades: buscar, interpretar, registrar e organizar informação, utilizando-as para justificar suas ideias. As atividades devem ser estruturadas de forma a garantir o interesse e o sucesso de todas as crianças.

A biblioteca é um ambiente especialmente adequado para desenvolver uma variedade de habilidades através de atividades interessantes. As crianças devem ter oportunidade de obter uma visão ampla de um tópico ou aprofundar-se nos detalhes de um assunto. Pesquisas e produção de textos sobre determinado assunto podem ser suficientemente flexíveis para atender individualmente aos interesses e capacidades de cada criança.

Integração com o conteúdo curricular

É necessário elaborar um planejamento cuidadoso das atividades junto com os professores. Estes precisam conhecer as oportunidades de pesquisas e trabalhos que a biblioteca oferece. O bibliotecário precisa saber os tópicos que necessitam ser cobertos e as habilidades das crianças de cada classe.

Integrar o programa da biblioteca com os conteúdos curriculares não é uma tarefa fácil. Raramente existe um esquema formal de planejamento conjunto. Embora haja interesse em planejar junto em bases consistentes, o tempo limitado e as pressões de trabalho tornam as tentativas informais de planejamento imprevisíveis, inadequadas e frustrantes.

Para que o programa de biblioteca seja eficaz o planejamento conjunto é essencial. Não se pode esperar que as crianças aprendam a usar a biblioteca para pesquisar e fazer trabalhos sem integrar a aprendizagem com assuntos significativos. O melhor momento para ensinar os alunos a usar enciclopédias é quando tenham sido solicitados por um professor a buscar informação e precisam usar a enciclopédia para aquela tarefa.

A biblioteca oferece um vasto manancial de materiais que enriquecem a aprendizagem de muitos conteúdos. Pode também atender a uma gama de interesses e habilidades que são frequentemente negligenciados na aprendizagem de assuntos que utilizam textos. Nessa fase o aluno já pode compreender com maior desenvoltura o conteúdo dos textos de não ficção, o que representa uma grande vantagem com relação à fase anterior.

A integração do programa da biblioteca com os conteúdos curriculares compensa o esforço de ambos, bibliotecário e professor. Mas as crianças são as principais beneficiárias de um programa integrado. Aprendem a usar os materiais da biblioteca de forma a serem capazes de buscar informação independentemente, seguindo suas próprias inclinações e interesses. Começam a perceber que a aprendizagem é um esforço individual para toda a vida, no qual a biblioteca pode desempenhar uma função central.

Enciclopédias

Uma das técnicas de pesquisa e produção de texto que os alunos aprendem nesta etapa é o uso de enciclopédias. Um estudo mais detalhado de enciclopédias impressas e eletrônicas ocorre na atividade **Explorando enciclopédias**. As crianças familiarizam-se com as características das enciclopédias e aprendem técnicas de interpretar a informação apresentada. Esta análise leva a uma compreensão geral das fontes e constrói a base para usar outras fontes de referência.

Índices

Outra habilidade de pesquisa e produção de texto que os alunos aprendem nesta etapa é de usar índices de livros para localizar informação sobre um tópico. Frequentemente, quando não há na coleção da biblioteca um livro inteiro dedicado a um determinado assunto as crianças pressupõem que a biblioteca não tem informação sobre aquele assunto. A atividade **Procure a informação** dá-lhes oportunidade de localizar informação dentro dos livros, usando os índices. Esta habilidade de pesquisa tão útil é facilmente ignorada pelos estudantes.

Referências bibliográficas

Nesse estágio inicial de aprendizagem das técnicas de reunir informação para escrever sobre um tópico é importante para as crianças compreenderem que, quando usam a ideia de alguém devem citar o autor. Referências bibliográficas simplificadas são introduzidas na atividade citando o autor da ideia. Observar os autores e os títulos dos livros pode tornar-se uma parte natural da atividade de produção de textos nesta idade.

Pesquisa e produção de texto com duas fontes

Combinar informação de várias fontes em um texto coerente, coeso e eficaz é uma habilidade muito difícil. Por volta dos nove anos as crianças podem começar a desenvolver esta habilidade usando duas fontes, geralmente um verbete de uma enciclopédia e um livro. Muitas, entretanto, não estarão ainda prontas para combinar, nem mesmo duas fontes. Essas crianças devem continuar a usar uma única fonte até que tenham tido prática suficiente e dominem a habilidade. Encoraje-as constantemente a tentar usar duas fontes.

Trabalhando em grupo

Muitas das habilidades neste capítulo são planejadas para grupos pequenos ou duplas. Crianças nesta idade gostam de seus colegas. São cooperativas e capazes de trabalhar juntas. Através do trabalho em grupo as crianças aprendem paulatinamente a fazer contratos, a cumprir a palavra empenhada, a comprometer-se na elaboração de projetos coletivos e a estabelecer relações de reciprocidade. Entretanto, sua capacidade para planejar e desenvolver atividades coletivas é extremamente dependente de ajuda. O professor deve explicar as regras de uma relação de cooperação, em que todos devem participar, opinar, perguntar, ouvir e ajudar. Essas práticas, retomadas ao longo da escolaridade com desafios crescentes, permitirão que as crianças ampliem, gradativamente, suas habilidades no que se refere à autonomia, capacidade de análise e julgamento.

Grupos pequenos dão oportunidade para cada criança participar de uma atividade, ao contrário daquelas que incluem a classe toda, em que apenas algumas crianças podem participar ativamente. As crianças costumam exceder sua capacidade individual quando trabalham em grupo. Grupos pequenos permitem que as mais capazes ajudem as menos capazes. Cada criança pode contribuir para o grupo, de acordo com sua habilidade, interesse e experiência.

Usando a coleção da biblioteca

Nesta fase, os alunos usam uma grande variedade de materiais da biblioteca. Além de livros de ficção, não ficção e materiais de referência, começam a fazer uso mais consistente de revistas, jornais, biografias e materiais audiovisuais. A maior competência em relação à leitura e à escrita permite que sejam capazes de consultar e usar fontes de informação com mais independência.

Revistas e jornais

As crianças passam a ler todas as revistas da coleção da biblioteca, não ficando limitadas às revistas infantis. Muitas dessas revistas atendem a interesses pessoais que tenham desenvolvido. Uma vez que tomam conhecimento das revistas relativas a sua área de interesse, frequentemente acompanham sua publicação, lendo sistematicamente cada novo fascículo que aparece. Além disso, ampliam seu entendimento da função do jornal, como veículo de informações.

Biografias

Nesta etapa, as biografias interessam muito aos alunos. Por volta dos nove anos o culto aos heróis começa a emergir. As crianças gostam de ler sobre as vidas de pessoas famosas que admiram. Demonstram patriotismo e mostram interesse em biografias de figuras históricas.

Materiais audiovisuais

Muitas bibliotecas têm boas coleções de materiais audiovisuais, vídeos, filmes, discos, CD-ROMs, videotapes e cassetes. Alunos de nove anos podem usar esses materiais independentemente. O equipamento é simples de ser operado e relativamente resistente. Pode-se ensinar a algumas crianças a usar o equipamento e estas ensinam a outras que desejam aprender.

Quando as crianças estão reunindo informações sobre um assunto podem também querer assistir a um vídeo ou usar outros materiais especiais sobre o tópico. Se os registros catalográficos dos materiais audiovisuais estão incluídos no catálogo, as crianças podem facilmente descobrir o que existe sobre seu assunto. A armazenagem dos materiais audiovisuais varia de uma biblioteca para outra. Pode-se ter um sistema no qual as crianças conseguem localizar os materiais elas próprias, ou pode ser necessário ajudá-las a localizar esses materiais. Organize um espaço para os materiais audiovisuais que possa ser utilizado individualmente ou em pequenos grupos.

Leitura

Nesta etapa muitas crianças experimentaram o prazer de ler livros de literatura e já têm seus autores e livros preferidos. Continue a ler para elas. Escolha livros que tenham histórias vivas e imprevisíveis e que satisfaçam uma ampla variedade de gostos. Leia o começo das histórias para despertar o interesse e a curiosidade. Encoraje-as a continuar a leitura individualmente para descobrir o que acontece. Ocasionalmente leia um livro inteiro para proporcionar às crianças experiência de acompanhar a leitura contínua de uma história. Descrever vários livros sobre um tema ou de um autor constituem maneiras excelentes para as crianças tomarem conhecimento de novos livros e estimulá-las a ler.

Quando uma classe vem à biblioteca dê-lhes tempo para leitura silenciosa depois de terem selecionado os livros para levarem emprestados. Desta forma, as crianças se envolvem com o livro antes de deixarem a biblioteca. Uma vez interessadas, irão querer continuar a ler sozinhas. Este período de leitura silenciosa não precisa durar mais que cinco a dez minutos, tempo suficiente para que as crianças leiam o primeiro capítulo do livro.

Agenda de livros

A leitura silenciosa é uma atividade solitária que exige que a criança se isole. Esse tipo de leitura não agrada a todas. Crianças de nove anos gostam da companhia de outros. Formam fortes relacionamentos com os colegas que frequentemente mudam mas que, apesar disso, são muito importantes para elas. A atividade **Agenda de leituras** faz com que mantenham registros dos livros que leram e prevê que compartilhem sistematicamente experiências sobre eles, trocando e lendo as agendas umas das outras. Desta forma, a natureza solitária da leitura, que desagrada a crianças nessa idade é, de certa forma, atenuada.

A agenda de livros permite que cada criança tenha um registro permanente de suas leituras. As crianças facilmente esquecem o que leram e a agenda ajuda-as a recordar suas leituras. Não exija um registro muito detalhado. Ao invés disso, encoraje-as a escrever algo que descreva o livro, de maneira a distingui-lo de outros que tenham lido. Podem apenas parafrasear, escrevendo uma breve descrição sobre o livro, usando suas próprias palavras. Isto vai ajudá-las a avaliar os livros e a melhorar sua habilidade de fazer escolhas adequadas.

Espécies literárias – mistério e fantasia

Nesta etapa os alunos entendem que há diferentes espécies literárias, com características peculiares e costumam desenvolver preferência por uma. É quando deve-se enfatizar as características peculiares do mistério e da fantasia. A atividade **Lendo histórias de mistério** ajuda as crianças a aprofundarem sua compreensão e apreciação dessa espécie. Depois de ler livros de mistério e discutir suas características, escrevem suas próprias histórias de mistério. Escrevendo dentro dos limites de um gênero em particular, chegam a compreendê-lo melhor. Desta forma, aprendem através de sua própria experiência. Ao escrever, têm oportunidade de complementar o que leem, usando suas próprias ideias para criar uma história, através da observação das características de determinada espécie literária. Algumas crianças escreverão histórias que constituem repetição do que viram na televisão ou do que leram recentemente. Outras produzirão textos bastante originais. O objetivo da atividade não é transformar as crianças em autores (embora isso possa ocorrer eventualmente) mas dar-lhes oportunidade de usar os elementos do mistério para escrever uma história e para experimentar a literatura em primeira mão.

Quando as crianças leem livros de mistério, podem apreciar melhor a técnica e o talento do autor. Desta maneira, poderão compreender esta espécie literária e desenvolver habilidade de avaliar e selecionar suas leituras. Além disso, a possibilidade de conhecer o processo criador de autores de diferentes espécies literárias permite que, com o tempo, os procedimentos de análise aprendidos se incorporem à prática de reflexão do aluno, favorecendo um controle maior sobre seu processo criador.

Televisão e leitura

Um aspecto importante do programa da biblioteca é ajudar as crianças a usar efetivamente as fontes de informação. Uma das principais fontes de informação na vida de uma criança é a televisão. Nesta etapa, os alunos precisam entender que, da mesma forma que existem diferentes tipos de materiais na biblioteca, também há diferentes tipos de programas na televisão. Alguns materiais da biblioteca destinam-se a divertir e outros a informar. Alguns programas de televisão são voltados para diversão, outros oferecem material informativo. Deve-se mostrar que a televisão, da mesma forma que a biblioteca, apresenta materiais de ficção e não ficção. Para entender com clareza e usar os dois tipos de programa de televisão, as crianças precisam estar atentas às diferenças entre essas duas categorias. O tipo de atenção a ser dado a cada uma é diferente. Ao assistir programas de ficção, a criança envolve-se em seus sentimentos e sua imaginação flutua com pouco esforço consciente. A experiência vivida naquele momento, durante o programa, é importante. Em programas de não ficção, a atenção da criança deve estar mais concentrada e dirigida para o ponto central e para a informação apresentada. A ênfase situa-se no que é recordado depois do programa. Oportunidades de se tornarem atentas a essas diferenças farão as crianças usar a televisão de forma mais efetiva. A atividade **Os descobridores** dá oportunidade de recordar, resumir, parafrasear e complementar informação de programas de não ficção da TV.

Essas atividades podem também ser praticadas de maneira mais informal. Por exemplo, quando as crianças estão compartilhando suas experiências sobre as histórias de mistério que leram, podem falar sobre histórias de mistério que viram na televisão ou no cinema. Nesse ponto, pode-se pedir-lhes para descrever as diferenças entre assistir um filme de mistério e ler uma história de mistério. Dessa forma, elas têm oportunidade de comparar as experiências e de ficar atentas às diferenças.

Televisão e leitura têm também diferenças básicas que as crianças podem eventualmente compreender. Televisão é assistida num ritmo predeterminado. A criança não pode parar um programa de TV para refletir sobre certo ponto ou acelerar uma parte pouco interessante, embora isso seja possível com fitas de vídeo. Na leitura, o leitor ajusta o seu ritmo ao tipo de material que está sendo lido. A criança pode escolher ler mais rápido do que fala, diminuir o ritmo para pensar sobre um ponto ou saltar partes menos significativas. Desta forma, a leitura é mais compatível com o pensamento do indivíduo. Há outras diferenças que podem ser apontadas. Se começarem a comparar os dois tipos de mídia as crianças, com certeza, apresentarão muitas observações próprias.

Outro ponto sobre televisão e leitura: os dois tipos de mídia não estão em competição um com o outro. Cada um possibilita uma experiência diferente, porém compatível. A televisão pode estimular a leitura de livros e a leitura pode levar a criança a se interessar por um programa de televisão. Quando algum livro é adaptado para a televisão, as crianças que o leram geralmente mostram-se ansiosas para ver o programa. Depois que o programa vai ao ar, há sempre uma grande demanda pelo livro por parte de crianças cujo interesse é despertado.

Entretanto, há um aspecto em que as duas mídias estão em competição: o tempo de que a criança dispõe. Através do programa da biblioteca as crianças podem ser ajudadas a tomar decisões de que forma gastar o seu tempo e como fazer escolhas mais competentes do que irão assistir.

> **Resumo**
>
> Nesta etapa as crianças desenvolvem habilidades de encontrar e usar materiais independentemente. Aplicam suas habilidades de comunicação em leitura, escrita, escuta e fala para aprender. Começam a usar a biblioteca para pesquisar e produzir textos sobre assuntos dos conteúdos curriculares. Tornam-se mais capazes de avaliar e selecionar materiais para informação e lazer.

Fase II – 3ª Etapa [NOVE ANOS]
Lista das habilidades

A seguir apresentamos os objetivos para esta etapa, na forma de uma lista sequencial de habilidades a serem desenvolvidas. A lista não é rígida, fornecendo apenas uma estrutura geral a partir da qual o programa da biblioteca poderá ser planejado. Pode ser usada como um cronograma das atividades correspondentes e compartilhada com professores e outros envolvidos no programa.

Classe: _____	
HABILIDADES DE LOCALIZAÇÃO	Agenda
▶▶ **Arranjo da coleção**	
• Entende que o catálogo é um instrumento para acessar os materiais da coleção da biblioteca.	
• Sabe usar o catálogo para localizar materiais por autor, título e assunto.	
• Sabe localizar materiais nas estantes, usando números de chamada identificados no catálogo.	

	Agenda
• Entende a ordem alfabética das etiquetas das gavetas do catálogo.	
• Sabe converter sua linguagem para a terminologia usada nos cabeçalhos de assunto.	
• Sabe ser específico no momento da busca de um assunto.	
• Sabe interpretar as informações dos registros bibliográficos do catálogo (tipo de material, data de publicação, número de páginas, se é ilustrado etc.).	
• Sabe usar a informação do catálogo para compilar uma bibliografia simples.	
▶▶ **Ficção e não ficção**	
• Compreende a diferença entre ficção e não ficção.	
• Sabe que ficção e não ficção são as duas principais categorias de materiais da biblioteca.	
▶▶ **Sistema de classificação**	
• Compreende que a finalidade do sistema de classificação é reunir materiais sobre um mesmo assunto ou forma literária.	
• Sabe localizar materiais usando números de chamada.	
• Está familiarizado com as classes principais do sistema de classificação da biblioteca.	
▶▶ **Coleção de referência**	
• Sabe que os livros de referência têm a finalidade de consulta e não são para ser lidos do princípio ao fim.	
• Sabe usar uma enciclopédia para responder à questões, para encontrar informação básica e como ponto de partida para pesquisa.	
• Sabe usar uma enciclopédia para obter uma visão geral sobre um tópico.	
• Está familiarizado com o arranjo alfabético de uma enciclopédia e é capaz de localizar informações com um mínimo de ajuda.	
• Pode usar recursos de lógica booleana para encontrar informação em enciclopédias eletrônicas.	

	Agenda
• Sabe localizar recursos multimídia em enciclopédias eletrônicas.	
• Sabe que as enciclopédias são uma fonte para guias de estudos, tabelas, mapas, ilustrações, fotografias, gráficos e bibliografias.	
• É capaz de usar o índice de uma enciclopédia para localizar informação sobre um tópico específico.	
• Sabe encontrar definições em um dicionário.	
• É capaz de usar a ordem alfabética e as palavras guia em um dicionário.	
• Reconhece as diversas informações em um verbete de dicionário.	
▶▶ **Fontes biográficas**	
• Sabe definir biografia.	
• É capaz de localizar com ajuda, informação sobre uma pessoa, utilizando diversas fontes.	
▶▶ **Revistas e jornais**	
• Está familiarizado com as revistas e jornais da biblioteca.	
• É capaz de usar as revistas e jornais da biblioteca para obter informação e para lazer.	
• Sabe que os jornais são uma fonte de informação corrente.	
• Sabe localizar informação nos cadernos e seções dos jornais.	
• Sabe que existem jornais disponíveis na Internet.	
▶▶ **Índices**	
• Compreende que qualquer livro pode ser usado como um livro de referência desde que tenha um índice.	
• Sabe localizar informação sobre um assunto através do índice.	
• Sabe usar índices para encontrar informação, quando não houver, na biblioteca, nenhum livro dedicado totalmente ao assunto.	
• É capaz de localizar informação em enciclopédias usando índices.	

	Agenda
▶▶ Material e equipamento audiovisuais	
• Sabe que a informação se apresenta numa variedade de formatos.	
• Sabe localizar materiais não bibliográficos na biblioteca.	
• É capaz de operar o equipamento para usar os materiais audiovisuais.	
▶▶ Internet	
• Conhece a função do endereço do *site* (URL) na Internet.	
• Começa a distinguir as diferentes categorias dos *sites* a partir de seu endereço.	

HABILIDADES DE INTERPRETAÇÃO

▶▶ Técnicas de avaliação e seleção	
• Compreende as várias formas de literatura.	
• Pode selecionar materiais com um objetivo específico.	
• Está familiarizado com autores e seus trabalhos.	
• Começa a avaliar a qualidade de um livro.	
▶▶ Elementos do livro	
• Sabe usar as partes de um livro para determinar sua abrangência, organização e utilidade	
• Sabe usar as partes de um livro para localizar e registrar informação	
▶▶ Pesquisa e produção de texto	
• É capaz de pesquisar um tópico usando uma fonte e compilar suas descobertas em um texto.	
• Sabe o que é uma bibliografia e sua finalidade	
• É capaz de fazer uma bibliografia simples de autor e título para seus trabalhos.	

	Agenda
▶▶ **Ver, ouvir e interagir**	
• É capaz de reagir aos sinais e sons de uma situação de aprendizagem.	
• Interpreta e compreende o que é ouvido e visto.	
• Pode recordar, resumir, parafrasear e complementar o que é ouvido e visto.	
▶▶ **Apreciação literária**	
• Está familiarizado com as várias formas literárias	
• Pode interpretar os significados de um texto literário e relacioná-lo com experiências anteriores	

▶▶ Sugestões de atividades

A seguir, apresentamos sugestões de atividades que devem ser desenvolvidas de acordo com os objetivos definidos para esta etapa.

HABILIDADES DE LOCALIZAÇÃO

▶▶ Arranjo da coleção

1 *Números de chamada*

Esta atividade dá oportunidade para as crianças se familiarizarem com os números de chamada e as prepara para usá-los a fim de localizar materiais na biblioteca.

Duração
- 30 minutos.

Materiais
- Papel.
- Canetas.

Preparação
Elabore um mapa com layout da biblioteca. Faça cópias individuais para cada aluno da classe e uma cópia em tamanho grande.

Instruções
Explique para as crianças o que é o número de chamada, porque ele é usado e onde é encontrado. Encoraje as crianças a citar exemplos de suas experiências relacionadas ao arranjo da coleção.

Mostre que os números de chamada incluem tanto números quanto letras. Escreva alguns números de chamada no quadro (não mais do que 4 números), procurando incluir livros de literatura, obras de referência e materiais especiais.

Solicite às crianças que copiem os números do quadro e anotem no mapa da biblioteca onde poderão localizar cada um deles.

Quando terminarem passe as respostas para o mapa grande, que deve estar preso no quadro, e discuta as dúvidas que houver.

2 Busca por autor, título e assunto

Esta atividade ensina a usar o catálogo para localizar materiais por autor, título e assunto.

Duração
30 minutos

Materiais
- Livros de não ficção da coleção da biblioteca
- Papel
- Lápis

Preparação

Selecione um livro de não ficção para cada grupo de 2 alunos. Escolha livros que tenham cabeçalhos de assunto óbvios, tais como PÁSSAROS, CACHORROS, FUTEBOL etc.

Instruções

Explique que existem três maneiras de se procurar um livro no catálogo: por autor, por título e por assunto. Forme duplas e entregue um livro para cada uma. Peça-lhes para localizar no catálogo as três fichas do livro recebido (autor, título e assunto). Diga-lhes para copiarem a primeira linha de cada ficha, exatamente como está impressa na ficha. Dê de 15 a 20 minutos para que completem a atividade. Lembre às crianças de usar o catálogo em turnos. Podem também retirar as gavetas, levando-as para as mesas, a fim de evitar congestionamento. As gavetas devem ser recolocadas em seus locais, tão logo cada dupla tenha terminado a tarefa, para permitir aos outros usarem a mesma gaveta. Peça às as crianças para relatarem para a classe o que encontraram. Cada dupla deve ler a primeira linha de cada ficha e identificar se é uma ficha de título, autor ou assunto. Chame atenção para o fato de que os cabeçalhos de assunto são impressos em maiúsculas. Oriente as crianças para observar que o último nome do autor aparece em primeiro lugar, seguido por uma vírgula e o primeiro nome.

Variação

Em bibliotecas que possuem catálogos automatizados, deve-se explicar às crianças as formas de se localizar os materiais, mostrando as etapas a serem seguidas para cada tipo de busca. Distribua livros informativos para as crianças e oriente-as a localizar as informações de autor, título e assunto no computador. Chame atenção para a disposição dos dados na tela.

3 *Encontre a gaveta certa*

Esta atividade dá às crianças oportunidade de entender o arranjo alfabético das etiquetas das gavetas do catálogo.

Duração
- 30 minutos.

Materiais
- Uma folha reproduzindo exatamente as etiquetas das gavetas do catálogo da biblioteca e uma lista de exercícios para localização de materiais. (ver modelos no final desta atividade).

Preparação
Reproduza a folha de exercício em número suficiente para todas as crianças da classe.

Instruções
Distribua as folhas de exercício. Leia e discuta as instruções, para garantir que cada criança compreenda o que deve fazer. Dê cerca de 20 minutos para que completem o exercício. Acompanhe individualmente as crianças que estão com dificuldades. Recolha as folhas de exercício ao final da seção.

Acompanhamento
Numa aula subsequente corrija e discuta os exercícios. Dê às crianças oportunidade para fazer perguntas sobre questões que não tenham entendido. Repita o exercício, usando outros livros, caso considere necessário um pouco mais de prática.

Modelo

Aluno:	Etapa:	Data:

Etiquetas das gavetas do catálogo

A-AQ	D	I	N
AR-AZ	E	J	O
B-BH	F-FH	K	P
BI-BZ	FI-FZ	L	Q
C-CH	G	M-ME	R
CI-CZ	H	MF-MZ	S-SM

Em que gaveta do catálogo você vai encontrar uma ficha dos livros seguintes? Copie a etiqueta da gaveta no espaço após cada livro.

Um livro de Ana Maria Machado   _____

Um livro sobre morcegos   _____

Um livro sobre automóveis   _____

A festa no céu   _____

Chapeuzinho vermelho   _____

A bolsa amarela   _____

Um livro sobre pescaria   _____

Um livro de Ruth Rocha   _____

Um livro sobre esportes   _____

Um livro de Cecília Meireles   _____

4 Qual é o assunto?

Esta atividade ensina a maneira de converter a linguagem da criança para a terminologia usada nos cabeçalhos de assunto.

Duração
- 30 minutos.

Materiais
- Papel.
- Lápis.

Preparação
Escreva alguns termos no quadro, como por exemplo:
- Carros
- Trens
- Aviões
- Fazenda
- Piadas.

Instruções
Explique que, se alguém quiser informação sobre os tópicos listados acima, poderá ter alguma dificuldade em localizá-los no

catálogo. Isto porque eles não constituem cabeçalhos de assunto usados no catálogo. Peça as crianças para pensarem em outros termos que têm o mesmo significado e que possam ser cabeçalhos de assunto existentes no catálogo. Divida a classe em grupos de 2 ou 3 crianças para encontrarem os termos alternativos. Dê 15 minutos para completarem a tarefa. Peça as crianças para dizer quais são os cabeçalhos de assunto apropriados e descrever como foram encontrados. Escreva os cabeçalhos de assunto corretos no quadro após cada termo.

> Carros → Automóveis
> Trens → Ferrovias
> Aviões → Aeronaves
> Fazenda → Agricultura
> Piadas → Humor

Variação
Este exercício pode ser feito individualmente. Pode-se repetir esta atividade usando outros termos.

▶▶**Sistema de classificação**

5 *Classes de assunto*

Esta atividade ajuda o estudante a compreender que a finalidade de um sistema de classificação bibliográfica é possibilitar a localização de materiais na coleção, bem como agrupá-los por elementos que têm em comum, como por exemplo assunto ou forma literária. Envolve as crianças na localização de materiais usando números de chamada e familiariza-as com as classes do sistema de classificação adotado pela biblioteca.

Duração
- Três aulas de 30 minutos.

Materiais
- 10 folhas de cartolina
- Revistas velhas
- Tesouras
- Cola
- Folhas em branco.

Preparação

Copie, em uma folha em branco, o nome de cada uma das dez classes do sistema de classificação usado na biblioteca: uma classe em cada folha.

Instruções

Aula I – Divida os alunos em 10 grupos e explique que cada um vai explorar uma classe do sistema de classificação usado na biblioteca. Entregue a cada grupo uma folha com o nome de uma classe. Peça-lhes para encontrar a definição daquele assunto e exemplos de tópicos que ele abrange. Sugira que examinem onde os livros daquela classe estão localizados na biblioteca. Dê de 10 a 15 minutos para que os grupos reúnam e anotem as informações. Recolha as anotações e mantenha-as separadas para serem usadas na aula seguinte.

Aula II – Organize os grupos e distribua o material que cada grupo reuniu. Entregue uma folha de cartolina para cada grupo e coloque as revistas em uma mesa próxima. Oriente cada grupo para elaborar um pôster, ilustrando a classe com a qual trabalhou, fazendo uma montagem com o material retirado das revistas e das informações reunidas.

Aula III – Convide cada grupo a exibir seu pôster, fazendo uma apresentação do assunto e respondendo às perguntas dos colegas.

Acompanhamento

Afixe os pôsters próximos às seções correspondentes da biblioteca.

▶▶ **Coleção de referência**

6 *Explorando enciclopédias* (1)

Esta atividade ajuda as crianças a entender o arranjo alfabético de uma enciclopédia e dá oportunidade para a prática de localizar informação sobre um assunto, utilizando o recurso da lógica booleana (ver glossário, p. 297) em enciclopédias eletrônicas.

Duração
• Duas aulas de 30 minutos.

Materiais
• Um volume de uma enciclopédia para cada criança da classe e enciclopédias em CD-ROM.

Instruções
Aula I – Peça as crianças para citarem alguns assuntos que podem ser encontrados numa enciclopédia e, à medida que forem falando liste os assuntos citados num canto do quadro. Em seguida, escreva *Pessoas, Lugares e Coisas* no alto do quadro. Peça às crianças para identificarem a que categoria pertence cada um dos assuntos. Explique que as enciclopédias incluem informações sobre pessoas, lugares e coisas (eventos) e servem como ponto de partida para pesquisas. Entregue a cada criança um volume de uma enciclopédia dando alguns minutos para que o folheiem. Enquanto isso, oriente as crianças para observarem os recursos que as ajudarão a encontrar determinado assunto: o arranjo alfabético dos verbetes e as palavras-guia. Peça para encontrarem informações sobre um animal. Dê 5 minutos para localizarem o tópico e fazerem uma leitura rápida do verbete. Estimule cada criança a compartilhar com os colegas como encontrou o assunto e expor um ou dois fatos interessantes sobre o animal.

Aula II – Reúna as crianças para uma aula sobre enciclopédias eletrônicas. Explique que há várias formas de se encontrar um assunto nas enciclopédias eletrônicas. Elas já aprenderam duas dessas formas: localizando o verbete na lista alfabética que aparece na tela e digitando o assunto desejado no espaço apropriado. Explique que para encontrar assuntos mais complexos podem usar o recurso de combinar palavras. Demonstre as possibilidades de combinar palavras, utilizando o quadro a seguir:

Procurando por:

abelhas encontram-se todos os verbetes com a palavra *abelhas* ou variações como *abelha*.

abelhas* encontram-se todos os verbetes ou partes de verbetes que começam com a palavra *abelhas*.

abelhas *and* **mel** encontram-se todos os verbetes que contêm as palavras *abelhas* e *mel*.

abelhas *or* **mel** encontram-se todos os verbetes que contêm as palavras *abelhas* e os que contêm a palavra *mel*.

abelhas *not* **mel** encontram-se todos os verbetes que contêm a palavra *abelha* e não contêm a palavra *mel*.

"abelhas produzem mel" encontram-se todos os verbetes que contêm a frase *abelhas produzem mel*.

Os recursos acima são usados na *Encarta 97 Encyclopedia*. Analise e apresente os recursos das enciclopédias disponíveis na sua biblioteca.

7 *Explorando enciclopédias* (2)

Nesta aula as crianças irão usar uma enciclopédia para aprender que esta fonte fornece uma visão geral de um assunto. Possibilitará que se familiarizem com cabeçalhos e subcabeçalhos.

Duração
- 30 minutos.

Materiais
- Cópia de um mesmo verbete de enciclopédia para cada criança da classe.

- Papel.
- Lápis.

Instruções

Dê a cada criança a cópia de um mesmo verbete de uma enciclopédia. Chame a atenção para o fato de que o verbete apresenta uma visão abrangente sobre o tema. Escreva *cabeçalho e subcabeçalho* no quadro. Peça às crianças para darem vários exemplos de cabeçalhos retirados do verbete. A seguir, peça-lhes para determinar vários subcabeçalhos para cada cabeçalho. Leve as crianças a discutirem a função de cabeçalhos e subcabeçalhos. Oriente-as para observarem a diferença na leitura sem estes recursos. Peça às crianças para listarem os cabeçalhos em uma folha de papel, deixando um espaço razoável após cada um. A seguir peça às crianças para listarem os subcabeçalhos, de forma que eles fiquem abaixo da terceira letra do cabeçalho. Quando todos completarem suas listas peça às crianças para numerarem os cabeçalhos com números romanos e os subcabeçalhos com letras. Explique que elas agora têm um sumário do tópico. Dê mais 10 minutos para que a tarefa seja completada e ajude aquelas crianças que estão com dificuldade. A criança que terminar sua tarefa rapidamente poderá ajudar aquelas que estão com dificuldade. Peça a várias crianças para apresentarem os cabeçalhos e os subcabeçalhos que encontraram, enquanto os outros corrigem os erros que, porventura, tenham ocorrido.

8 *Explorando enciclopédias* (3)

Esta atividade possibilita às crianças aprenderem que as enciclopédias são uma fonte para se obter dados em forma de tabelas, mapas, gravuras, fotografias, diagramas, gráficos, além de conter planos de estudo[1], bibliografias e outros recursos que vão ajudar a entender melhor os assuntos pesquisados.

---

[1] Algumas enciclopédias não possuem planos de estudo; discuta essas diferenças com as crianças.

Duração
- Duas aulas de 30 minutos.

Materiais
- Enciclopédias (impressas e em CD-ROM).
- Papel.
- Lápis.

Instruções

Aula I – Dê a cada criança um volume de uma enciclopédia, uma folha de papel e um lápis. Diga-lhes para examinar um verbete, procurando seis tipos diferentes de ilustrações. Peça-lhes para listar os tipos de ilustrações e os números das páginas onde foram encontradas. Dê de 5 a 10 minutos para completarem a tarefa. Peça-lhes para compartilhar o que encontraram, dando exemplo de cada tipo de ilustração. Liste no quadro os tipos de ilustrações à medida que forem mencionadas. Chame atenção para as legendas de cada ilustração. Solicite a várias crianças que leiam os exemplos. Peça para examinarem o final do verbete. Dê alguns minutos para que elas possam olhar o plano de estudo e a bibliografia. Conduza uma breve discussão sobre cada um desses recursos.

Aula II – Reúna as crianças para uma aula sobre enciclopédias eletrônicas. Explique que vão explorar uma enciclopédia eletrônica para descobrirem os recursos que oferecem e que são diferentes dos das enciclopédias impressas. Forme duplas e oriente-as para identificar um recurso e explorá-lo até entender seu potencial. Certifique-se de que todos os recursos sejam examinados por pelo menos uma dupla. Peça às crianças para anotarem suas observações, pois irão relatar para a classe o que descobriram. Dê 15 minutos para completarem a tarefa. Organize as apresentações de forma que todas as duplas tenham oportunidade de fazer o relato.

9 Explorando enciclopédias (4)

Esta atividade permite que as crianças localizem e interpretem informação numa enciclopédia com um mínimo de ajuda. Familiariza-as com o formato dos verbetes da enciclopédia que, em alguns casos, pode apresentar um sumário dos tópicos que serão abordados.

Duração
- 30 minutos.

Materiais
- Enciclopédias.

Instruções
Forme os grupos e dê a cada um o volume de uma enciclopédia. Explique que cada verbete trata o assunto de forma abrangente e que, algumas enciclopédias, apresentam um sumário dos tópicos que serão abordados no verbete. O sumário fornece uma visão geral do que será tratado. Oriente as crianças para escolher em suas enciclopédias um verbete sobre animal. Peça-lhes para lerem o sumário e o verbete, procurando identificar detalhes a serem compartilhados com os colegas. Dê de 10 a 15 minutos para que terminem a tarefa. Peça a uma criança em cada grupo para ler o sumário para a classe e aos outros membros do grupo para citarem um detalhe do verbete.

10 Conhecendo dicionários

Esta atividade permite que as crianças localizem e interpretem informações em um dicionário com um mínimo de ajuda. Familiariza as crianças com as informações contidas nos verbetes dos dicionários.

Duração
- 30 minutos.

Materiais
- Um exemplar de um dicionário da língua portuguesa.

Instruções
Forme os grupos e dê a cada um dicionário. Explique que em cada verbete há um conjunto de informações sobre uma palavra. Inicialmente, aparece a etimologia, a categoria gramatical, o gênero, a definição e os diversos significados e usos da palavra. Oriente cada criança para consultar em seu dicionário a definição de uma palavra à sua escolha. Peça-lhes para ler o conjunto de informações, procurando identificar aspectos a serem compartilhados com os colegas. Dê 10 a 15 minutos para terminarem a tarefa. Peça a uma criança de cada grupo para ler o gênero da palavra e aos demais membros do grupo para citar um dos significados da palavra.

▶▶ Fontes biográficas

11 *Quem é o assunto?*

Esta atividade familiariza as crianças com os vários tipos de fontes biográficas da biblioteca. Dá oportunidade para localizarem informação sobre uma pessoa e as estimula a ler biografias.

Duração
- 30 minutos.

Materiais
- Fontes biográficas da coleção da biblioteca.

Preparação
Selecione biografias de uma pessoa que esteja sendo estudada em sala de aula, incluindo diversas fontes: biografias individuais e coletivas, dicionários biográficos e enciclopédias.

Instruções
Faça as crianças discutirem a definição de *biografia*. Recorde como as biografias são organizadas na biblioteca. Escolha diversas crianças para explicarem como encontraram uma biografia na biblioteca. Explique que há diferentes tipos de biografias. Se queremos conhecer a vida de uma pessoa em detalhes, devemos procurar um livro inteiro sobre essa pessoa; são as biografias individuais. Algumas vezes queremos saber apenas porque essa pessoa é famosa.

Faça as crianças citarem algumas fontes que são usadas para encontrar informação resumida sobre uma pessoa. Explique que enciclopédias contêm informação sobre pessoas. Descreva outros livros de referência como por exemplo os dicionários biográficos que dão informação sobre pessoas famosas. Explique que as biografias coletivas dão informação sobre as vidas de um grupo de pessoas que têm alguma coisa em comum. Chame a atenção para a localização das biografias coletivas na biblioteca. Divida a classe em grupos de três ou quatro e dê a cada grupo uma das fontes biográficas selecionadas. Dê dez minutos para que as crianças folheiem e discutam a biografia. Faça com que cada grupo descreva a biografia e explique se é um livro inteiro sobre uma pessoa, um livro sobre várias pessoas ou um livro de referência com informação biográfica resumida. Estimule-as a mostrar onde a biografia está localizada na biblioteca e contar diversos fatos interessantes que encontraram sobre a vida da pessoa escolhida.

Acompanhamento
Encoraje as crianças a tirar emprestado, ler biografias e usar as fontes de referência biográficas.

▶▶ Revistas e jornais

12 *Coleção de revistas*

Esta atividade familiariza as crianças com a coleção de revistas. Dá-lhes oportunidade de ler revistas por prazer e para obter informação.

Duração
- Duas aulas de 30 minutos.

Materiais
- A coleção de revistas da biblioteca.

Instruções
Selecione os últimos fascículos das revistas que você considera que as crianças não conheçam. Apresente cada uma e descreva

rapidamente seu conteúdo e formato, mostrando diversas ilustrações. Chame atenção para a especialidade de cada revista, tal como esportes, vida animal, informática ou carros. Encoraje as crianças a folhearem a revista observando a variedade dos tópicos cobertos. Estimule-as a pegar emprestada uma revista para ler.

Observação
O empréstimo de revistas pode ser diferente em cada biblioteca. Algumas preferem não emprestá-las, disponibilizando-as apenas para leitura no local. Para esta atividade, se for o caso, faça uma exceção no regulamento de empréstimo, de modo que as crianças possam levá-las emprestadas por um período curto.

Acompanhamento
Esta atividade pode ser repetida ocasionalmente, durante o ano.

13 *Se é jornal é atual*

Esta atividade amplia a compreensão de que os jornais são uma fonte de informação corrente, além de ensinar as crianças a localizar informações nos diversos cadernos e seções de jornais. Também dá às crianças oportunidade de conhecer os jornais disponíveis na Internet.

Duração
- Duas aulas de 30 minutos.

Materiais
- Exemplares recentes de pelo menos dois jornais diários diferentes.
- Endereço eletrônico de um jornal diário.
- Fichas sem pauta.

Preparação
Escolha, em diversos cadernos e seções dos jornais, assuntos e informações que tenham aparecido nas últimas semanas e anote um em cada ficha.

Instruções

Aula I – Divida a classe em grupos pequenos e distribua um jornal para cada grupo. Recorde que o jornal é uma fonte de informação atualizada e que as matérias estão organizadas em cadernos e seções. Distribua uma ficha para cada grupo, pedindo-lhes para localizar aquele assunto ou informação. Dê dez minutos para que realizem a tarefa. Em seguida, peça a cada grupo que relate em que parte do jornal encontrou o assunto ou informação. Anote no quadro os nomes dos cadernos e seções identificados. Chame atenção para o fato de que cada jornal dá títulos diferentes para os cadernos, mas que a estrutura geral de todos é semelhante. Mostre que as seções são representadas geralmente por logotipos, que são símbolos que permitem sua identificação rápida.

Aula II – Reúna as crianças para uma aula sobre jornais na Internet explicando que existem vários jornais disponíveis na rede. Acesse um jornal e mostre os vários recursos existentes para localização das notícias. Faça-as observar que os nomes das seções do jornal *online* são iguais aos do jornal impresso. Peça a cada criança para explorar uma seção e escolher uma notícia interessante para relatar para os colegas.

Observação

Esta atividade pode ser repetida várias vezes durante o ano, com variações nos assuntos e informações a serem localizados.

▶▶ **Índices**

14 *Procure a informação*

Esta atividade ajuda as crianças a compreenderem que todo livro que tem um índice pode ser usado para pesquisa. Dá-lhes oportunidade de praticarem a localização de informação sobre um assunto usando o índice de um livro.

Duração
- 30 minutos.

Materiais
- Papel.
- Lápis.
- Doze a quinze livros que contenham índices.

Preparação
Identifique nos livros informações específicas que estejam representadas no índice e anote cada uma em uma ficha. Tenha o cuidado de anotar em separado o livro de onde retirou cada informação.

Instruções
Organize as crianças para trabalharem em duplas, dando a cada dupla um livro com um índice. Peça às crianças para descrever o que fariam se tivessem que encontrar informação sobre um assunto e a biblioteca não tivesse um livro inteiro dedicado àquele assunto. Em seguida, escolha algumas crianças para explicarem a diferença entre um índice e um sumário. Esclareça que o sumário lista os capítulos e partes do livro na ordem em que aparecem no livro, ao passo que um índice lista, em ordem alfabética, os vários assuntos do livro e as páginas nas quais eles são encontrados. O sumário está no início e o índice no final do livro. Mostre exemplos de sumários e de índices. Entregue a cada dupla a ficha previamente preparada com o assunto e peça-lhes para usarem o índice do livro para encontrar informação sobre aquele assunto, copiando a citação que encontraram no índice. Estimule cada dupla a compartilhar com a classe o que encontrou.

Acompanhamento
Recolha as folhas e verifique se todas as crianças entenderam como localizar informação em um livro usando índice. Planeje orientação individual para aquelas que necessitarem de mais ajuda.

15 *Índices de enciclopédias*

Esta atividade permite a prática em usar o índice de uma enciclopédia para localizar informação sobre um tópico específico.

Duração
- 30 minutos.

Materiais
- Índices de enciclopédias, como o da *Nova Barsa* e outras da coleção da biblioteca

Preparação
Prepare cópias das páginas dos índices, em número suficiente para grupos de três crianças. Selecione assuntos de interesse das crianças que constem no índice e que não apareçam como verbetes na enciclopédia. Liste os assuntos no quadro ou numa folha de cartolina.

Instruções
Recorde com as crianças a função de índices de livros. Pergunte-lhes em que situação precisarão usar um índice de enciclopédia. Explique que é preciso consultar o índice quando não encontramos na enciclopédia um assunto que estamos procurando pela ordem alfabética. Divida a classe em grupos de três alunos e dê a cada grupo uma cópia de uma página do índice da enciclopédia. Peça às crianças para escolherem um assunto da lista do quadro e procurarem informação sobre ele no índice da enciclopédia, orientando-as para que anotem a informação encontrada. Lembre que, se não acharem o assunto, devem procurar pelos sinônimos da palavra. Em seguida, peça-lhes para localizarem a informação no corpo da enciclopédia, dando de 10 a 15 minutos para completarem o trabalho. Oriente os grupos que estejam tendo dificuldades. Peça para cada grupo relatar o procedimento que seguiu e a informação que encontrou, mostrando aos colegas tanto a citação no índice quanto a informação no volume da enciclopédia.

▸▸ Material e equipamento audiovisuais

16 *Buscando ilustrações na Internet*

Esta é uma atividade a ser realizada em pequenos grupos, dando oportunidade para que crianças preparem ilustrações para seus trabalhos. Elas entendem que a informação é apresentada em uma variedade de formatos e têm a oportunidade de trabalhar com formato visual.

Duração
- Uma aula de 30 a 40 minutos com a classe inteira e aulas complementares de 30 a 40 minutos com grupos de três a quatro crianças.

Materiais
- Microcomputador.
- Impressora.
- Ligação com a Internet.

Preparação
Esta atividade deverá ser coordenada com uma pesquisa e apresentação de trabalho de uma disciplina.

Instruções
Explique às crianças que podem obter na Internet gravuras para ilustrar um trabalho ou uma apresentação oral. Demonstre como usar a Internet para encontrar e imprimir imagens. Mostre os recursos de copiar e colar, lembrando às crianças que deverão salvar as ilustrações escolhidas. Demonstre como usar o editor de imagens, mostrando como estas poderão ser adaptadas para se adequarem ao trabalho. Lembre que as ilustrações não têm como objetivo apenas embelezar o trabalho, mas esclarecer pontos em que a imagem pode ajudar a melhor compreensão do texto.

Peça às crianças para localizarem ilustrações sobre o tema de seu trabalho. Explique que ilustrações claras e sem muitos detalhes, de tamanho moderado irão apresentar os melhores resultados. Ajude as crianças a encontrarem ilustrações adequadas. Recorde que todas as ideias de um autor usadas no trabalho devem ser citadas. Isto vale também para as ilustrações. Recorde a maneira de se referenciarem *sites* da Internet.

Observação
As crianças já devem ter aprendido a fazer referências bibliográficas simplificadas na atividade **Citando o autor da ideia**.

Planeje para que voltem à biblioteca em pequenos grupos para imprimirem as ilustrações que escolheram.

Variação
Caso devam realizar uma apresentação oral de seu trabalho, as crianças podem fazer transparências das ilustrações para serem mostradas no retroprojetor.

▶▶ Internet

17 Pesquisando na Internet

Essa atividade dá às crianças oportunidade de aprender como usar endereços de *sites* da Internet.

Duração
- 30 minutos.

Materiais
- Endereços de *sites* da Internet, como por exemplo:
  - www.uol.com.br/ecokids
  - www.uninet.com.br/melhordaweb/crianca.htm
- Ligação com a Internet.

Preparação
Selecione endereços de *sites* bem elaborados, de responsabilidade de organizações ou de pessoas idôneas, que contenham informações de boa qualidade, atualizadas e de interesse dos estudantes.

Instruções
Apresente as diversas categorias de endereços da Internet (.gov, .br, .com), chamando atenção para a necessidade de se distinguirem essas categorias a fim de se avaliarem as informações que fornecem. Discuta com as crianças a definição de *site* e página da Internet. Explique que cada *site* é identificado por um conjunto de letras e sinais chamado de endereço eletrônico ou URL. O endereço eletrônico é que vai possibilitar a abertura de um *site* da Internet.

Mostre o campo onde deve ser digitado o endereço e explique que, para abrir o *site*, depois de digitado o endereço, é só pressionar a tecla *enter* do computador. Entregue um endereço eletrônico a cada criança e oriente-as a digitá-lo no campo adequado, abrindo, em seguida, o *site*. Peça às crianças para anotar os *links* da página e abrir um deles. Dê 10 minutos para completarem a tarefa. Leve-as a relatarem para os colegas o que encontraram.

HABILIDADES DE INTERPRETAÇÃO

▶▶ **Técnicas de avaliação e seleção**

18 *Agenda de leituras*

Esta atividade ajuda as crianças a se familiarizarem com vários autores e suas obras e escolher autores favoritos. Ajuda-as a comparar e a avaliar os livros que leram.

Duração
- Duas aulas de 30 minutos e aulas complementares ao longo do ano.

Materiais
- Cadernos de anotação (um para cada criança).
- Lápis.

Instruções

Aula I – Sugira às crianças que mantenham uma agenda com anotações dos livros que leram.

Faça-as prepararem as agendas: inicialmente devem elaborar a folha de rosto na primeira página, incluindo o título "Minha agenda de leituras", seus nomes e a data. Explique que é difícil lembrar-se dos livros que leram depois de certo tempo. A agenda vai ajudá-las a lembrarem das leituras que fizeram durante o ano.

Peça às crianças para anotarem autor, título e número de chamada dos livros que leram. Estimule-as a escreverem um pequeno trecho que identifique cada livro lido, resumindo a história. Peça-lhes para fazerem uma ou duas anotações sobre os livros que leram recentemente e, caso não tenham lido nenhum livro que queiram anotar, sugira que escolham um livro para ler e anotem na próxima aula.

Aula II – Dê dez minutos para que as crianças anotem as informações sobre os livros em suas agendas. Faça com que compartilhem os livros que leram, trocando suas agendas com os colegas.

Observação

As agendas podem ser mantidas na biblioteca ou com as próprias crianças. Se elas permanecerem com as crianças há a possibilidade de que as percam, mas, por outro lado, possibilita-lhes fazerem anotações sobre livros sem estarem limitados a atividades na biblioteca.

Continue com as anotações durante o ano, organizando aulas ocasionais para anotações e compartilhamento. Ao final do ano peça às crianças para fazerem capas para suas agendas e exponha-as na biblioteca. Devolva as agendas de modo que as crianças possam levá-las para casa. Estimule-as a guardarem suas agendas para se lembrarem do que leram naquele ano.

▶▶ **Pesquisa e produção de textos**

19 *Citando o autor da ideia*

Esta atividade familiariza as crianças com a função de uma bibliografia. Dá-lhes oportunidade de preparar uma bibliografia simples para um trabalho que tenham feito, elaborando referências bibliográficas normalizadas.

Duração
- Duas aulas de 30 minutos.

Materiais
- A coleção da biblioteca.
- Um livro que contenha bibliografia no final.
- Papel.

Preparação

Esta atividade deve ser integrada a uma tarefa dada pelo professor. Prepare um cartaz com modelos de referências bibliográficas de livro, verbete de enciclopédia e *site* da Internet. Use uma referência bibliográfica simplificada, apenas com o autor e o título do livro ou do verbete, título e volume da enciclopédia, autor, título e endereço do *site*.

Instruções

Aula I – Peça às crianças para imaginarem que inventaram um novo tipo de automóvel que utiliza combustível muito barato. Oriente-as para descreverem como protegeriam sua ideia, de forma que ninguém mais pudesse usá-la. Discuta brevemente o conceito de patente.

Em seguida, peça às crianças para imaginar que são autores e que escreveram um livro. Estimule-as a discutir como protegeriam suas ideias de serem tomadas por outra pessoa. Discuta o papel das citações e da bibliografia. Escreva "Bibliografia" no quadro.

Pergunte às crianças se já ouviram falar de plágio. Explique que o plágio ocorre quando uma pessoa se apropria do trabalho de um autor e apresenta-o como sendo de sua autoria. Explique que quando se usam trechos ou ideias de um autor deve-se citar a fonte. Quando alguém deseja usar as palavras exatas do autor deve escrevê-las entre aspas. Apresente o cartaz com os modelos de referências e verifique se as crianças conseguem identificar cada um dos elementos. Mostre o local onde a bibliografia aparece, explicando que é uma lista de livros escritos por outros autores, cujas ideias o autor usou para escrever seu livro. Peça às crianças para fazerem referências bibliográficas de um verbete de uma enciclopédia, de um livro e de um *site* que estejam usando. Recolha-as ao final da aula.

Aula II – Durante a segunda aula reveja as referências bibliográficas individualmente, orientando cada criança.

Acompanhamento

Peça aos professores para solicitarem que os trabalhos incluam sempre referências normalizadas e para orientarem as crianças a procurar ajuda do bibliotecário para elaborá-las.

▶▶ Ver, ouvir e interagir

20 *Os descobridores*

Esta atividade dá às crianças oportunidade de observar as imagens e sons de uma apresentação audiovisual e interpretar o que é visto e ouvido. Possibilita-lhes compreender o que viram e ouviram, por meio de recordação, resumo, paráfrase e complementação.

Duração
- 40 minutos.

Material
- Programa de televisão ou vídeo com duração de até 15 minutos, que mostre um fato histórico, permitindo às crianças observarem mudanças ocorridas até o presente.

Preparação

Esta atividade deve ser integrada a um conteúdo da área de História.

Instruções

Faça uma pergunta antes de mostrar o vídeo, a fim de concentrar a atenção das crianças em certos aspectos do programa. Mostre o programa e, em seguida, peça às crianças para recordarem e descreverem as várias características observadas na época retratada pelo filme. Liste as características no quadro. Estimule-as, então, a citar algumas mudanças que aconteceram depois dessa época. Liste as mudanças no quadro, ao lado da característica correspondente. Analise as listas, discutindo algumas das causas das mudanças.

Acompanhamento

O professor de História deve continuar a chamar atenção para outros detalhes do programa. Encoraje as crianças a lerem mais sobre o assunto.

Variação

Esta atividade pode ser adaptada para conteúdos de outras áreas, como Ciências Naturais e Geografia, e desenvolvida nas etapas seguintes, procurando sempre abordar tópicos que estejam sendo estudados em sala de aula.

▶▶Apreciação literária

21 *Lendo histórias de mistério*

Esta atividade familiariza as crianças com os livros de mistério, dando-lhes oportunidade de ler, discutir e escrever histórias de mistério, de forma que possam entender e interpretar o que leram.

Duração
- Cinco aulas de 30 minutos.

Materiais
- Livros de mistério da coleção da biblioteca.
- Uma folha de cartolina.
- Canetas hidrocor.
- Papel.
- Lápis.

Instruções

Aula I – Encoraje as crianças a discutirem as seguintes questões: O que é o mistério? Como o mistério é diferente de outro tipo de ficção? Desenvolva as seguintes ideias: o livro de mistério contém um crime não solucionado, uma vítima, suspeitos, alguém que investiga e soluciona o crime e pistas que levam a uma solução. Explique que o mistério pode ser comparado a um quebra-cabeças.

Peça às crianças para identificarem esses elementos enquanto você lê uma história de mistério. Leia com expressão para criar uma atmosfera de suspense e intriga. Estimule as crianças a pegarem emprestado na biblioteca esse tipo de ficção. Pode-se expor alguns desses livros numa estante ou mesa separada, para ajudar na escolha.

Aula II – Recorde e discuta a história rapidamente. Peça às crianças para citarem as características que distinguem um mistério de outro tipo de ficção. Escreva as características no cartaz à medida que forem sendo citadas.

1. Crime não solucionado

2. Vítima

3. Suspeitos

4. Alguém para investigar e solucionar o crime

5. Pistas que levam a uma solução.

Peça às crianças para pensarem sobre uma história que escreveriam, usando aquelas características. Dê de 5 a 10 minutos para se reunirem em pequenos grupos e conversarem, compartilhando suas ideias. Isso vai permitir-lhes planejar suas histórias e juntar ideias.

Aula III – Apresente o cartaz com as características de um livro de mistério. Oriente as crianças para escreverem uma pequena história usando essas características. Ao final da aula, peça a várias crianças que leiam suas histórias para a classe. Isso ajuda as que estejam tendo dificuldades a formularem ideias a partir dos trabalhos de outras crianças.

Aula IV – Oriente as crianças para continuarem a escrever as histórias. Ajude aquelas que precisam de orientação.

Aula V – Organize uma sessão de leitura e compartilhamento: em primeiro lugar, proponha às crianças trocarem e lerem silenciosamente as histórias umas das outras e apresentarem sugestões sobre ortografia e uso de palavras. Depois da revisão, estimule cada criança a ler sua história para a classe.

Acompanhamento

Algumas histórias podem ser escolhidas pela classe para ser exibidas em um quadro. Essas histórias podem ser copiadas e montadas numa folha de papel, com ilustrações características das histórias de mistério. Pode-se; também, colocar em exposição alguns livros de mistério, acompanhados de uma lista de livros desse gênero existentes na coleção da biblioteca.

Variações

Contos de fadas podem ser usados da mesma maneira. Primeiro, leia um em voz alta para as crianças. Em seguida, estimule as crianças a tirar emprestado e ler contos de fadas da coleção. Oriente-as a discutir o que é peculiar sobre este tipo de ficção e sobre como escrever contos de fadas. Conclua a atividade fazendo as crianças compartilharem suas histórias com os colegas. Livros de poesia também podem ser selecionados para esta atividade. Escolha livros cujos poemas sejam de interesse das crianças, isto é, que se aproximem mais de suas experiências, o que vai facilitar a execução da atividade. Leia um ou mais poemas em voz alta para as crianças. Estimule-as a levar livros de poesias emprestados para ler em casa. Peça-lhes para se prepararem para apresentar seus poemas preferidos na aula seguinte, comentando o que lhes chamou mais a atenção. Incentive-as a escrever poemas e compartilhá-los com os colegas. Pode-se encerrar a atividade com um varal de poesias escritas pelas crianças.

4ª Etapa

Buscando informação para trabalhos escolares

Nesta etapa, aos 10 anos de idade, os alunos usam amplamente os materiais da biblioteca para informação e entretenimento. Analisam a Classificação Decimal de Dewey, como exemplo de um sistema de organização de materiais em uma biblioteca, e a comparam a outras formas de organização da informação. Pesquisas e produção de textos sobre assuntos do currículo tornam-se centrais no programa da biblioteca.

Este capítulo inclui:

- a descrição das características do aluno, os quais têm ligação com o programa da biblioteca;
- uma lista das habilidades para usar a biblioteca, a serem desenvolvidas nesta etapa;
- sugestões de atividades para desenvolver as habilidades relacionadas na lista.

O programa

Por volta dos dez anos, as crianças saem de um período relativamente tranquilo de crescimento lento e constante para entrarem em uma época de crescimento rápido e desigual, que resulta num estágio instável e diferente. Essa fase de crescimento continua por quatro ou cinco anos até a criança atingir a maturidade. Os padrões de crescimento variam bastante durante esse período. As meninas geralmente começam este estágio cerca de dois anos antes em relação aos meninos. Nesta faixa etária os alunos apresentam uma grande variedade de diferenças individuais, tanto em termos de maturidade quanto de habilidade. Ao planejar o programa da biblioteca, é necessário considerar tais características. A biblioteca deve ser bem equipada para atender a várias habilidades, níveis de maturidade e interesses pessoais diversificados.

Integração com o currículo

À medida que os alunos avançam na escolaridade, é cada vez mais importante que, gradativamente, o programa da biblioteca seja integrado com os conteúdos curriculares. Se os alunos veem a biblioteca como algo isolado, é difícil entenderem sua função. Podem pressupor que a biblioteca é responsável por ensinar determinados conteúdos, os quais serão obrigados a estudar e com base nos quais serão avaliados. Esse equívoco impede que desenvolvam hábitos persistentes de usar a biblioteca e os recursos informacionais. A compreensão da interrelação com os conteúdos e do papel da biblioteca como um centro de informação ocorre através da forte integração das habilidades aprendidas na biblioteca com as questões e conteúdos estudados em classe. Muitas das atividades neste capítulo são previstas para serem desenvolvidas em conjunto com uma tarefa solicitada por um professor. Esta integração é altamente benéfica para a aprendizagem de um assunto, bem como para o ensino de habilidades para usar a biblioteca. A biblioteca pode atender à crescente variedade de habilidades, de níveis de maturidade e de interesses pessoais das crianças e jovens, de uma maneira que não é possível mesmo na aula mais bem planejada.

Pode não ser necessário integrar o programa da biblioteca com o currículo em todos os assuntos. Escolha um ou dois assuntos dos conteúdos que se prestem a um planejamento cooperativo da aprendizagem, considerando, também, o nível de cooperação do professor.

Para planejar a aprendizagem integrada, reúna-se com o professor, a fim de definir os objetivos. Explique claramente o que os alunos estarão aprendendo na biblioteca durante esta etapa. Informe-se sobre os assuntos que o professor estará ensinando e as metas comuns que vocês compartilham. Essas metas estarão provavelmente na área de técnicas de pesquisa e produção de texto. Estabeleçam claramente quais habilidades cada um deverá introduzir, ensinar e reforçar. Continue a manter conversas informais e reuniões de planejamento ocasionais, ao longo do ano. Essas reuniões devem ser breves, objetivas e produtivas para ambos, uma vez que reuniões frequentes e longas tendem a desestimular até mesmo o professor mais entusiasmado.

Classificação Decimal de Dewey

Nesta etapa os alunos já aprenderam a usar decimais em matemática. É, portanto, uma boa ocasião para ensinar a função do decimal na Classificação Decimal de Dewey, caso esta seja usada na biblioteca. Para localizarem materiais nas estantes, eles precisam entender que 596.15 vem antes de 596.2. Devem, também, saber que o ponto decimal é usado para criar maior possibilidade de subdivisão dentro de cada uma das dez categorias do sistema. A atividade **Entre um número e outro** as instrui a usar os decimais, possibilitando sua prática.

Os alunos são levados a compreender que há muitas maneiras de organizar a informação. A Classificação Decimal de Dewey é a estrutura mais conhecida e aceita para organizar pequenas coleções de bibliotecas. Se visualizam a Classificação Decimal de Dewey como modelo para se classificar informação e materiais, de modo que a informação e os materiais possam ser recuperados, serão capazes de se adaptar a outros sistemas. A biblioteca pode ser um laboratório para testar uma forma de organizar e localizar materiais. Os alunos podem ser estimulados a pensar em outros sistemas de classificação que conhecem, tais como a organização de um supermercado, de uma loja de departamentos, de um jornal ou de uma revista. Podem inventar seus próprios sistemas de classificação para organizar suas coleções de selos, pedras, bonecas e outros objetos.

Este procedimento, usado para explicar o funcionamento de um sistema de classificação, prepara as crianças e jovens para serem pesquisadores da informação durante sua vida adulta. Compreender o ambiente da informação e como os recursos informacionais se estruturam é um dos objetivos básicos do programa da biblioteca.

Os estudantes não devem ser solicitados a memorizar a Classificação Decimal de Dewey. Ao invés disso, devem compreender claramente como o sistema funciona, isto é, como os materiais são divididos em dez classes, que podem ser subdivididas em mais dez subclasses, as quais podem ser subdivididas em tópicos cada vez mais específicos. Deve-se fazê-los entender como as categorias de biografia e ficção são acomodadas dentro das dez categorias. Este tipo de questão aumenta a compreensão dos alunos sobre o sistema. Quando entendem que biografias são incluídas na classe 900 e que ficção é classificada na classe 800, revelam compreensão desta forma de organizar materiais.

Discussão e reflexão sobre o sistema de classificação não são suficientes, por si só, para ensinar a usar a biblioteca. Nada pode substituir a aprendizagem ativa, através de atividades que levem o aluno a localizar as informações de que necessita.

Técnicas de pesquisa e produção de texto

Por volta dos dez anos, os alunos usam os materiais da biblioteca para pesquisarem e produzirem textos sobre tópicos dos conteúdos curriculares. Precisam ter uma compreensão clara de como agir. Além da habilidade de localizar informação sobre um tópico, necessitam ter habilidade de combinar informação de várias fontes, em um texto coerente. Esta não é uma tarefa fácil.

Os alunos têm tendência para começar a tomar notas tão logo abrem o livro. Geralmente, copiam palavra por palavra, sem entender os significados do que estão escrevendo. É importante que entendam a diferença entre ter uma noção abrangente de um tópico, e dominar seus detalhes. A atividade **Combinando informação** dá oportunidade para os estudantes seguirem os passos do processo de coletar informação para um trabalho. Nesta atividade, têm inicialmente uma noção geral de seu tópico, sem tomar notas. A partir daí, selecionam vários subtópicos importantes. Aí, então, tomam notas sobre detalhes de cada subtópico. Desta maneira, aprendem o valor de obter uma noção ampla de um tópico, antes de se envolverem demasiadamente com os detalhes.

O exemplo usado é o de um visitante andando na rua de uma cidade desconhecida. O visitante fica absorvido pela quantidade de sinais e sons da vizinhança e não tem uma noção do que é a vida na cidade como um todo. Este mesmo visitante teria uma ideia mais real da cidade se fosse para o topo de um edifício alto e tivesse uma visão panorâmica, ao invés de andar nas ruas. Os detalhes da área estariam, então, numa perspectiva adequada em relação aos outros aspectos da cidade. Os detalhes completam a visão ampla e dão-lhe significados.

Uma vez que a informação tenha sido reunida e as anotações feitas, os alunos costumam ter dificuldade em transformá-las em um texto coerente. A atividade aqui apresentada ajuda a organizar as anotações. Os alunos são solicitados a ler seus subtópicos e a ordená-los de forma lógica. Em seguida, escrevem um parágrafo sobre cada subtópico, usando os detalhes que anotaram. Desta forma, trabalham passo a passo o processo de pesquisa e produção de texto.

Durante o processo é importante compreenderem que a produção de texto não é uma tarefa fácil. É bom saberem que o fato de um texto ser bem escrito não significa necessariamente que o escritor teve facilidade de escrevê-lo. O texto pronto não deixa traços de sua produção e não revela o processo penoso pelo qual foi produzido. Assim, os alunos aprendem que escrever, embora possa ser gratificante, não é tarefa fácil. O texto precisa passar por um processo de revisão para tornar-se claro, compreensível, além de bonito e agradável de ler.

Os métodos usados na pesquisa e produção de textos variam de um indivíduo para outro. Os alunos devem ser encorajados a adaptarem os procedimentos aqui sugeridos ao seu estilo individual e a desenvolverem sua própria metodologia para reunir informação e produzir um texto. O objetivo é dar-lhes um ponto de partida, oferecendo algumas sugestões práticas sobre técnicas a serem usadas. Essas sugestões não devem ser consideradas como a maneira mais correta, ou o único método. A meta é dar a todos os alunos oportunidade de experimentar o sucesso na pesquisa e produção de texto e ganhar confiança nas suas próprias habilidades.

Referências bibliográficas

A habilidade de listar as fontes usadas para produzir um texto é aprofundada nesta etapa, para incluir outros materiais, que devem ser referenciados com mais precisão. Os estudantes aprendem a citar o editor e a data de *copyright* de um livro, além do título e do autor. Aprendem a referenciar materiais audiovisuais e periódicos. Aprendem regras para grifar e para usar pontuação nas referências bibliográficas. Faça-os praticar essas habilidades sempre que possível, orientando-os para nunca deixarem de incluir nos seus textos as fontes utilizadas.

Fontes de referência

Nesta etapa os alunos aprendem a usar uma variedade de fontes da coleção de referência. Começam a perceber que os livros de referência são fontes sobre pessoas, lugares e coisas e a determinar qual deles tem informação sobre cada uma dessas categorias. Aprendem a selecionar a fonte apropriada para responder a uma questão específica e para fornecer certo tipo de informação.

Algumas atividades neste capítulo dão oportunidade aos alunos de usar dicionários biográficos, atlas e almanaques, familiarizando-os com estas fontes e começando a utilizar o tipo específico de informação que contêm. Precisarão ser lembradas e encorajadas a usar estas fontes independentemente. Ao invés de direcioná-las sempre para uma enciclopédia quando tiverem que buscar a resposta para qualquer pergunta de referência, recomende uma variedade de fontes.

Materiais audiovisuais

Nesta fase os alunos geralmente gostam de complementar suas pesquisas com materiais audiovisuais, tais como vídeos, discos e fitas cassete. Equipamentos audiovisuais são simples de operar e podem ser usados individualmente ou por um grupo pequeno.

Os alunos podem compreender que materiais audiovisuais não substituem a informação detalhada e aprofundada dos livros. Os primeiros apresentam a perspectiva visual de um tópico, que dificilmente pode ser dada através de materiais impressos. Uma apresentação audiovisual geralmente clareia a compreensão e fornece uma imagem a que se pode recorrer numa situação de aprendizagem posterior. Os estudantes precisam compreender a diferença de função entre os materiais impressos e os não impressos, a fim de determinar quando cada um deve ser utilizado.

Produzindo materiais audiovisuais

Ser alfabetizado visualmente significa dominar a habilidade de interpretar o que é visto e expressar ideias visualmente. Através do programa da biblioteca, gradualmente os alunos expressam suas ideias por meio do desenho e têm oportunidade de usar recursos visuais na produção de textos.

A atividade **Apresentando trabalhos oralmente** ensina os estudantes a prepararem ilustrações para as apresentações de seus trabalhos, utilizando recursos de informática. Dessa forma, apresentam a informação que coletaram e relatam-na para os colegas, usando, além das habilidades visuais, habilidades verbais. Há muitos outros tipos de recursos visuais que os alunos podem elaborar, desde cartazes até uma apresentação utilizando transparências.

Trabalhando em pequenos grupos os alunos podem produzir materiais audiovisuais com competência. O trabalho em grupos maiores geralmente interfere no desenvolvimento da tarefa. Por outro lado, trabalhando sozinho o aluno pode ficar sobrecarregado e desencorajado com os vários passos necessários ao planejamento e à exibição de um produto final. A interação grupal é, em todo o período de escolaridade, um importante recurso pedagógico. Trabalhar em colaboração possibilita maior produtividade na aprendizagem. Esse recurso didático deve sempre ser utilizado, e deve ser seguido de uma análise de como os alunos procederam em relação à tarefa, como se relacionaram durante sua realização, quais os resultados obtidos com relação aos objetivos propostos. Essa avaliação permite identificar pontos para aperfeiçoar o processo, em futuras atividades.

Oportunidades para desenvolver técnicas de produção e experiências na elaboração de recursos visuais para exprimir ideias são importantes para o desenvolvimento de habilidades visuais. Ao produzirem esse tipo de recurso, os alunos têm oportunidade de conhecê-los internamente. Dessa forma, tornam-se mais capazes de compreender mensagens visuais. Nesta fase, recorrem muito à televisão, não só para obter informações mas, também, como forma de lazer. Desenvolver habilidades para compreender e interpretar o que viram e ouviram constitui uma parte importante do programa da biblioteca.

Interpretando mensagens televisivas

Nesta etapa os alunos já distinguem os programas de ficção dos de não ficção e têm oportunidade de desenvolver técnicas para encontrar significados nos dois tipos de programas de televisão. Através de discussões, compreendem como devem assistir a cada tipo de programa. Em programas de ficção são importantes a experiência vivenciada e as emoções sentidas durante a exibição. Em programas de não ficção a ênfase é na informação obtida. Depois de se assistir a um programa de não ficção, devem ser observados o ponto principal da apresentação e seus detalhes. Os alunos começam a entender a linguagem televisiva e a desenvolver uma postura crítica diante da natureza das informações veiculadas pela televisão. Nos programas de ficção, analisam os sentimentos das personagens e os relacionam com suas próprias experiências. Em ambos os casos, usam suas habilidades de recordar, resumir, parafrasear e complementar, a fim de compreender o que viram.

Revistas e jornais

Nesta etapa os alunos se familiarizam com as revistas semanais noticiosas e entendem sua função de consolidar o conhecimento dos fatos ocorridos durante a semana e comentá-los. Na atividade **Notícias em revistas** os alunos aprendem a identificar as diversas seções de uma revista e a conhecer o tipo de informação que incluem. Aprendem que as revistas são uma fonte de informação atualizada. Estimule-os a conhecer uma variedade de revistas e acompanhar aquelas pelas quais tenham interesse especial.

Apreciação literária

Os alunos se familiarizam com as várias espécies literárias e começam a reconhecer as características peculiares de cada uma. Muitos já desenvolveram preferência por certas espécies. Essas preferências, entretanto, não duram muito. O aluno que lê apenas mistério pode, repentinamente, interessar-se por poesia. Fatores diferentes podem atrair o interesse para uma espécie literária: um programa de televisão, a sugestão de um amigo ou uma aula de literatura.

Palestras sobre livros

Palestras sobre livros são uma forma excelente de introduzir novos livros nesta etapa. Pode-se falar sobre livros de um determinado tema ou autor. Ocasionalmente pode ser organizada uma palestra variada, que inclua uma breve descrição de diferentes tipos de livros que atraiam uma ampla gama de habilidades e interesses pessoais. Uma palestra variada sobre livros é uma das atividades sugeridas para esta etapa.

Escrevendo para compreender um tipo de literatura

A técnica de escrever uma espécie literária para compreendê-la melhor foi introduzida na etapa anterior, usando o mistério e a fantasia. Na atual etapa, esta atividade é ampliada para incluir ficção científica e biografia.

Ficção científica

A atividade **Ficção científica** faz com que os alunos escrevam histórias de ficção científica. Aprendem, assim, a analisar essa espécie para determinar qual é a informação científica em que a história se baseia. Combinam fatos científicos que aprenderam através de personagens, cenários e enredos, a fim de escrever uma história de ficção científica. Dessa forma, compreendem a diferença entre ficção e não ficção e tornam-se capazes de avaliar e selecionar essas espécies de literatura. Começam a apreciar o conhecimento e a habilidade dos escritores de ficção científica. Escrever histórias de ficção científica é uma atividade criativa e desafiadora para os alunos e eles gostam de compartilhar suas próprias histórias com os colegas.

Biografia

Por volta dos dez anos, os alunos estão conscientes dos interesses individuais e da variedade de estilos de vida das pessoas.

A biografia é uma espécie particularmente interessante para alunos nessa faixa etária. As atividades deste capítulo ajudam os alunos a compreender como as informações são reunidas para se transformarem em biografias e autobiografias. Escrevendo esboços biográficos e autobiografias, aprendem como esta espécie de literatura é pesquisada e compilada. Dessa forma, podem apreciá-la e avaliá-la.

Nesta etapa, aplicar habilidades de escrever para melhor apreciar e compreender o que se lê é uma prática recomendada. Muitos alunos gostam de escrever. Alguns necessitarão de ajuda para começar. Faça com que conversem sobre suas ideias – ou falta de ideias – com você ou com um colega. Isto ajuda a superar a dificuldade inicial. Algumas vezes, pode-se sugerir a um aluno que tem dificuldade em começar que escreva o meio da história e deixe o início para mais tarde. Uma vez começada a história, as ideias geralmente vêm rapidamente. Não deixe que se preocupem muito com a correção ortográfica e com a pontuação. Sugira que escrevam como se estivessem falando com outra pessoa. Estimule-as a escrever as ideias principais e, posteriormente, pensar em outros detalhes. Recomende que façam revisão de seus textos para correções e acréscimos.

Quando os alunos compartilham suas histórias, criam uma atmosfera de apreciação e aceitação. Eles reconhecerão uma história excepcionalmente bem escrita, mas não se deve constranger aqueles que não tenham atingido a excelência. Lembre-se de que o propósito é dar a todos oportunidade de serem autores.

Aprendendo em grupos

Por volta dos dez anos os alunos gostam da companhia de colegas e amigos de sua própria idade. Procuram sua aprovação e necessitam de um sentimento de pertencimento. Têm tendência a serem críticos, tanto de si mesmos quanto de outros e, geralmente, demonstram preconceito. São mais capazes de trabalhar com outros. Começam a desenvolver habilidades de liderança, bem como a de seguir a liderança de outros. Os alunos estão preparados para atividades de grupo. Embora devam ter oportunidades de desenvolver suas habilidades individuais para localizar e usar os materiais da biblioteca, precisam também ter espaço para trabalhar em grupos pequenos.

O trabalho em grupo deve ser utilizado sistematicamente, pois oferece situações ricas de participação, nas quais os alunos expressam suas opiniões, assumem responsabilidades, resolvem problemas e conflitos e refletem sobre as consequências de seus atos.

Pesquisa e produção de texto são áreas nas quais o trabalho em grupo pode ser especialmente produtivo. Os alunos estão começando a desenvolver habilidades de obter informações e de combiná-las em textos coerentes. Nesta etapa, projetos para levantar e organizar dados – feitos em pequenos grupos – podem desenvolver as habilidades individuais. Cada aluno pode participar, alguns emergindo como líderes, outros como seguidores. Combinando os esforços, nenhum participante ficará sobrecarregado. Algumas vezes pode ser necessário moderar e acalmar uma situação, oferecendo-se assistência para auxiliar o grupo a chegar a uma conclusão satisfatória.

Resumo

Nesta etapa, os alunos usam a coleção da biblioteca para pesquisarem e produzirem textos sobre vários assuntos e também para divertimento. Analisam a Classificação Decimal de Dewey como um protótipo ou modelo de organização e recuperação de informações. Aprendem técnicas para obter e combinar informações em um texto coerente, além de aumentarem suas habilidades de avaliar e selecionar materiais.

Fase II – 4ª Etapa [10 ANOS]
Lista das habilidades

A seguir apresentamos os objetivos para esta etapa, na forma de uma lista sequencial de habilidades a serem desenvolvidas. A lista não é rígida, fornecendo apenas uma estrutura geral a partir da qual o programa da biblioteca poderá ser planejado. Pode ser usada como um cronograma das atividades correspondentes e compartilhada com professores e outros envolvidos no programa.

Classe: _____	
HABILIDADES DE LOCALIZAÇÃO	Agenda
▶▶ **Arranjo da coleção**	
• Entende que o catálogo é um instrumento para possibilitar o acesso aos materiais da coleção da biblioteca.	
• Sabe localizar materiais nas estantes, usando números de chamada identificados no catálogo.	
• Sabe usar o catálogo para localizar materiais por autor, título e assunto.	
• Sabe localizar uma variedade de materiais na biblioteca.	
• Entende a ordem alfabética das etiquetas das gavetas do catálogo.	
• Sabe converter sua linguagem para a terminologia usada nos cabeçalhos de assunto.	
• Sabe ser específico no momento da busca de um assunto.	
• Sabe interpretar as informações dos registros bibliográficos do catálogo (tipo de material, data de publicação, número de páginas, se é ilustrado etc.).	
• Compreende e usa remissivas no catálogo.	
▶▶ **Ficção e não ficção**	
• Compreende as diferenças entre ficção e não ficção.	
• Conhece os vários tipos de ficção: científica, realista, mistério, histórica, fantasia.	
• Já leu diversos tipos de ficção.	
• Pode usar livros de não ficção como uma fonte de informação.	

	Agenda
▶▶ **Sistema de classificação**	
• Compreende que a finalidade do sistema de classificação é reunir materiais sobre um mesmo assunto ou forma literária.	
• Sabe localizar materiais usando números de chamada.	
• Está familiarizado com as classes principais do sistema de classificação da biblioteca.	
▶▶ **Coleção de referência**	
• Pode distinguir as características de diversas obras de referência.	
• Pode determinar as fontes de informação mais apropriadas para cada objetivo específico.	
• Pode usar referências cruzadas para localizar informação em enciclopédias.	
• Pode usar índices para localizar informação em enciclopédias.	
• Sabe usar *links* com a Internet em enciclopédias eletrônicas.	
• Pode usar a ordem alfabética e palavras guias ao consultar um dicionário.	
• Sabe encontrar definições em um dicionário.	
• Pode usar dicionários especiais da língua portuguesa.	
• Pode usar almanaques para encontrar fatos e informações estatísticas.	
• Pode usar atlas para localizar lugares.	
▶▶ **Fontes biográficas**	
• Pode localizar informação sobre uma pessoa.	
• Conhece os diferentes tipos de materiais biográficos e pode localizar informação em cada um deles.	
▶▶ **Revistas e jornais**	
• Sabe que revistas e jornais são fontes de informação corrente.	

	Agenda
• Começa a entender a função das revistas semanais de notícias.	
• Sabe aque existem revistas na Internet.	
▶▶ Índices	
• Sabe que os índices permitem acesso a informação em livros e obras de referência.	
• Pode localizar informação sobre um assunto, usando o índice de um livro.	
• Pode localizar informação em uma enciclopédia, usando o índice.	
• Pode usar referências cruzadas para localizar informação em um índice.	
• Sabe localizar informação, usando o índice de revistas.	
▶▶ Material e equipamento audiovisuais	
• Sabe que a informação aparece em uma variedade de formatos.	
• Pode localizar materiais não bibliográficos na biblioteca.	
• Pode manusear equipamento para usar os materiais audiovisuais.	
• Pode produzir materiais audiovisuais próprios quando apropriado, por exemplo, para ilustrar uma redação.	
▶▶ Internet	
• Conhece e usa alguns motores de busca.	
• Sabe encontrar endereços eletrônicos em jornais e revistas.	
• Sabe adicionar *sites* no marcador.	
HABILIDADES DE INTERPRETAÇÃO	
▶▶ Técnicas de avaliação e seleção	
• Compreende as várias formas de literatura.	
• Está familiarizado com autores e suas obras.	

	Agenda
• Pode selecionar materiais para leitura.	
• Pode usar as várias partes de um livro para determinar sua abrangência, formato e utilidade e para localizar e registrar informação.	
▶▶ **Pesquisa e produção de texto**	
• É capaz de pesquisar um assunto em mais de uma fonte e elaborar um texto.	
• Pode realizar e concluir uma pesquisa.	
• Pode apresentar informação na forma escrita ou oralmente.	
• Pode elaborar uma bibliografia normalizada para acompanhar um trabalho escrito.	
▶▶ **Ver, ouvir e interagir**	
• Presta atenção aos sons e imagens de uma situação de aprendizagem.	
• Interpreta o que é visto e ouvido.	
• Pode recordar, resumir, parafrasear e complementar o que foi lido e ouvido.	
▶▶ **Apreciação literária**	
• Está familiarizado com as várias formas literárias.	
• Pode interpretar os significados de um texto literário e relacioná-lo com suas experiências.	

▶▶ Sugestões de atividades

A seguir, apresentamos sugestões de atividades que devem ser desenvolvidas de acordo com os objetivos definidos para esta etapa.

HABILIDADES DE LOCALIZAÇÃO

▶▶ **Arranjo da coleção**

1 *Encontrando o equivalente*

Esta atividade dá oportunidade para os alunos usarem remissivas a fim de encontrarem cabeçalhos de assuntos apropriados, ampliando sua compreensão das características dos cabeçalhos de assunto utilizados no catálogo.

Duração
- 30 a 45 minutos.

Materiais
- Lápis.
- Papel.
- Quadro.

Preparação
Escolha 10 remissivas usadas no catálogo da biblioteca e liste-as no quadro. Inclua nessa lista apenas a primeira palavra da remissiva.

Instruções
Explique que existem no catálogo algumas fichas chamadas *remissivas*, que remetem para o cabeçalho de assunto adequado para encontrar determinados assuntos. Diga que, se estiverem procurando materiais sobre estes assuntos, precisarão seguir a instrução *veja* e encontrar a palavra indicada, para, então, acharem o número de chamada do material que procuram. Divida a classe em duplas. Peça para cada dupla escolher um assunto do quadro e procurar o assunto no catálogo. Oriente-as para copiar o cabeçalho indicado e, em seguida, localizá-lo e copiar o número de chamada encontrado.

Dê 20 minutos para completarem a tarefa. Ofereça ajuda aos estudantes que tiverem dificuldade.

Quando terminarem a tarefa, peça-lhes que compartilhem o que encontraram. Escreva o cabeçalho de assunto no quadro, ao lado da remissiva correspondente.

Variação
Os alunos podem ser solicitados a localizar um livro na estante, usando os números de chamada identificados.

2 *Caça ao tesouro*

Esta atividade dá oportunidade para os estudantes descobrirem os vários tipos de materiais não bibliográficos existentes na biblioteca (recortes, fotografias, folhetos, mapas, vídeos, slides, CD-ROMs etc.).

Tempo
- 40 minutos.

Materiais
- A coleção de materiais não bibliográficos da biblioteca.
- Papel.
- Lápis.

Instruções
Divida a turma em quatro grupos. Explique que eles farão uma caça ao tesouro, procurando materiais não bibliográficos na biblioteca. Esclareça que deverão localizar os materiais e anotar onde se encontram, para relatarem para os colegas. Dê 10 minutos para a tarefa. O grupo com o maior número de itens listado será o vencedor da caça ao tesouro. Peça a cada grupo para relatar o que encontrou, dando exemplos de quando este material poderá ser útil para suas pesquisas. Explique que alguns desses materiais não se encontram registrados no catálogo da biblioteca, pois trata-se de material efêmero, como panfletos e recortes.

Acompanhamento
Encoraje os estudantes a usar os materiais não bibliográficos em suas pesquisas e apresentações.

Variação
Você pode elaborar questões específicas, usando material não bibliográfico, para serem respondidas pelos alunos na atividade de caça ao tesouro. Esses materiais variam de biblioteca para biblioteca: questões deverão ser preparadas a partir do material disponível na sua biblioteca.

▶▶ Ficção e não ficção

3 Ficção científica

Esta atividade ajuda os estudantes a compreender a diferença entre livros de ficção e não ficção e a identificar as várias espécies literárias.

Observação
A atividade é mais efetiva quando integrada ao currículo de literatura e ciência.

Duração
- Cinco aulas de 30 minutos.

Materiais
- A coleção de ficção científica da biblioteca, como por exemplo, *ET- O extraterrestre* e *O parque dos dinossauros*, ambos de Steven Spielberg.
- Um filme de ficção científica adequado para esta idade.
- Projetor de vídeo.
- Papel.
- Lápis.

Instruções
Aula I – Organize uma discussão de modo que os estudantes desenvolvam uma definição para ficção científica. À medida que eles compartilham suas ideias, escreva-as no quadro. Peça a um dos estudantes para encontrar e ler, em um dicionário, a definição de ficção científica.

Discuta como localizar ficção científica na biblioteca. Explique que os livros de ficção científica estão na coleção de literatura. Peça a dois estudantes para olharem o assunto ficção científica no catálogo e lerem os números de chamada para a classe anotar. Oriente então a classe a localizar livros de ficção científica para ler.

Aulas II e III – Mostre o filme. Antes de começar a exibição, oriente os estudantes para observarem, no filme, as características peculiares da ficção científica, para serem discutidas depois. Sugira que observem, além do enredo e dos personagens, termos e conceitos científicos.

Terminada a exibição, estimule os estudantes a relatarem os elementos de ficção científica observados, apresentando exemplos para ilustrá-los. Ao final da discussão, peça-lhes para refletirem e planejarem uma história de ficção científica que gostariam de escrever.

Aula IV – Estimule os estudantes a escreverem sua própria história de ficção científica. Lembre que devem incluir princípios e termos científicos, além dos personagens e enredo.

Aula V – Peça a alguns dos estudantes para lerem suas histórias, chamando a atenção da classe para os elementos típicos de uma história de ficção científica. Certifique-se de que todos os estudantes que queiram compartilhar sua história tenham sua vez de falar.

Variação

Esta técnica pode ser adaptada para outras espécies literárias. A leitura de um livro de determinada espécie literária pode substituir a exibição do filme.

▶▶ Sistema de classificação

4 *Diferentes formas de organizar*

Esta atividade aprofunda a compreensão de que o objetivo do sistema de classificação é reunir materiais sobre o mesmo assunto e forma literária.

Duração
- 50 minutos.

Materiais
- Quadro de giz.
- A coleção da biblioteca.

Instruções
Através de uma conversa rápida, discuta a respeito da finalidade de um sistema de classificação. Faça os alunos pensarem em sistemas de classificação que conhecem, como, por exemplo, o que é usado em supermercados e lojas de departamento. Discuta como produtos similares são organizados em seções, o que facilita para os clientes encontrá-los. Escreva em colunas, no quadro, os números referentes às classes principais do sistema utilizado na biblioteca, deixando um espaço abaixo de cada um, de forma que possam ser preenchidos com os assuntos de cada classe: por exemplo, se o sistema adotado for a Classificação Decimal de Dewey, escreva: 000, 100, 200, 300, 400, 500, 600, 700, 800, 900.

Divida a classe em grupos de dois ou três alunos, designando um número para cada grupo e fazendo os estudantes irem até as estantes para verificar o assunto ou assuntos principais incluídos em cada classe. Peça a cada grupo para escrever o assunto abaixo do número, no quadro. Depois que cada grupo tiver completado a tarefa e colocado seu assunto na lista, reveja todos os números e os assuntos correspondentes com a classe.

Acompanhamento
Após esta atividade, introduza a ideia de que há outras maneiras de organizar materiais e informação. A Classificação Decimal de Dewey é um sistema muito utilizado em bibliotecas do mundo inteiro. Sistemas mais eficientes podem ser criados, em alguns casos. Peça à classe para sugerir formas nas quais os materiais da biblioteca podem ser organizados.

5 *Entre um número e outro*

Esta atividade desenvolve a compreensão de que as dez classes principais do sistema de classificação podem ser divididas e subdividas em assuntos mais específicos. Nesta etapa os alunos já conhecem os decimais, em matemática, e estão preparados para compreender a função do decimal na Classificação Decimal de Dewey.

Duração
- 30 minutos.

Materiais
- Quadro de giz.
- A coleção da biblioteca.

Preparação
Elabore um cartaz conforme modelo abaixo. Lembre-se de escolher um assunto que seja interessante para os estudantes nessa idade.

Modelo

796	Esportes atléticos e ao ar livre
796.3	Jogos de bola
796.31	Bola jogada com a mão
796.312	Handebol
796.33	Bola jogada com o pé
796.334	Futebol
796.34	Jogos de raquete
796.346	Tênis de mesa
796.352	Golfe
796.357	Beisebol

Instruções
Apresente o cartaz e explique a função do decimal no sistema de classificação da biblioteca. Divida a classe em grupos de dois ou três alunos. Designe para cada grupo um dos números de classificação acima. Solicite que localizem um livro com o número de chamada correspondente. Organize turnos alternados, de forma que os alunos não fiquem aglomerados nas estantes ao mesmo tempo.

Peça a cada grupo para relatar como os livros foram encontrados nas estantes. Oriente para mostrarem o livro e dizerem o título, autor e número de chamada.

Acompanhamento
Esta atividade pode ser repetida usando-se uma variedade de outras sequências decimais do sistema de classificação.

▶▶ Coleção de referência

6 *Referências cruzadas*

Esta atividade ensina os alunos a ampliar as informações encontradas em enciclopédias, utilizando referências cruzadas e *links* com a Internet.

Duração
- Duas aulas de 30 minutos.

Materiais
- Enciclopédias (impressas e em CD-ROM).
- Papel.
- Lápis.

Instruções
Aula I – Dê a cada estudante um volume de enciclopédia. Explique que nem todos os aspectos de um assunto estão representados no próprio verbete. Assuntos tratados em outros verbetes podem apresentar algum aspecto que tem relação com o que se está pesquisando. Para não repetir o mesmo assunto em dois verbetes, as enciclopédias remetem o leitor para outros verbetes que tenham relação com o tema. Após essa explanação, peça aos estudantes para encontrar um verbete que apresente uma referência cruzada. Dê 10 minutos para completarem o trabalho. Oriente aqueles que estejam tendo dificuldades. Estimule

cada um a relatar para a classe o procedimento que seguiu e a informação que encontrou, e se ela ajudou a complementar o assunto.

Aula II – Reúna a classe para uma aula sobre enciclopédias eletrônicas. Explique que as enciclopédias eletrônicas possuem um recurso semelhante à referência cruzada, que permite ampliar o estudo de um assunto. Mostre, num verbete da enciclopédia eletrônica, as palavras que indicam *links* para outros verbetes. Peça aos alunos para escolherem um verbete sobre um assunto que já conhecem e para examinarem os *links*. Dê 15 minutos para realizarem a tarefa. Em seguida, peça-lhes para relatarem o que encontraram e como essas informações seriam úteis para ampliar o conhecimento do assunto.

Acompanhamento
Estimule os alunos a ampliarem suas buscas, sempre que encontrarem referências cruzadas e *links*.

7 *Explorando dicionários*

Esta atividade introduz os dicionários especiais, mostrando sua utilidade para ajudar a resolver problemas que os dicionários de língua geralmente não abordam.

Duração
- 30 minutos.

Materiais
- Dicionários especiais da coleção da biblioteca, como por exemplo LUFT, Celso Pedro. *Dicionário prático de regência nominal*. 4.ed. São Paulo: Ática, 1999 e dicionários da língua portuguesa.
- Papel.
- Lápis.
- Folhas em branco.

Preparação

Anote em cada folha uma palavra encontrada nos dicionários especiais.

Instruções

Recorde quais são as informações encontradas em um dicionário da língua portuguesa. Explique que existem outros tipos de dicionários que dão informações diferentes, não encontradas num dicionário de língua. Distribua os dicionários especiais e dê a cada grupo uma folha com a palavra a ser buscada. Peça a cada grupo para localizar a palavra e anotar a informação encontrada. Dê 15 minutos para que completem a tarefa. Peça a alguns grupos para relatar o que encontraram e explicar a diferença que há entre a informação do dicionário especial e a do dicionário de língua. Caso encontrem dificuldade em explicar a diferença, peça-lhes para localizar a palavra também no dicionário de língua. Faça uma síntese das diferenças e semelhanças entre os dois tipos de dicionários.

Variação

Esta atividade pode ser repetida com diversos tipos de dicionários especiais.

8 *Usando almanaques*

Esta atividade introduz o almanaque como uma obra de referência. Ajuda os alunos a entenderem a função do almanaque e a usarem-no para localizar fatos correntes e dados estatísticos.

Duração
- Duas aulas de 30 a 40 minutos.

Materiais
- Um exemplar de um almanaque (por exemplo, *Almanaque Abril*) para cada aluno e um almanaque em CD-ROM.
- Papel.
- Lápis.

Observação

Nas atividades com materiais de referência, geralmente os alunos podem compartilhar um exemplar de uma obra com colegas em pequenos grupos. Entretanto, o formato menor e os dados compactos dos almanaques tornam muito difícil seu uso por mais de uma pessoa, ao mesmo tempo. É mais fácil aprender a usar um almanaque se cada estudante estiver com uma cópia. Edições em capa mole têm preços relativamente acessíveis e podem ser usadas para o aprendizado dos alunos durante vários anos. Um conjunto de almanaques pode ser compartilhado pelos bibliotecários, em uma mesma cidade.

Instruções

Aula I – Explique que os almanaques, publicados anualmente, são utilizados para se localizarem fatos correntes e dados estatísticos do ano anterior, além de uma variedade de outras informações, de forma resumida. Dê a cada aluno um exemplar de um almanaque e peça-lhes para folheá-lo com o objetivo de identificar as várias seções. Liste os títulos das seções no quadro, à medida que forem identificados e leia a lista para que os alunos entendam a abrangência da obra[1]. Peça-lhes para localizarem o índice. Explique que, dada a quantidade de informações que o almanaque contém e por não estarem estas em ordem alfabética, o índice é o principal ponto de acesso à informação em um almanaque. Oriente os alunos a usarem o índice para encontrarem um fato dentro de cada uma das seções listadas no quadro. Dê 15 minutos para completarem a tarefa. Peça para dizerem o que encontraram e para

---

[1] O *Almanaque Abril*, na sua edição de 2002, por exemplo, apresenta-se em dois volumes (Brasil e Mundo) com as seguintes seções: BRASIL: Retrospectiva 2001, Calendário 2002, Política, Segurança Pública, Economia, População, Educação, Saúde, Meio ambiente, Regiões, Estados, Cultura popular, Comunicação, Prêmios, Esportes, Brasil em mapas, Cronologia: história, artes e ciências e Guia da cidadania. MUNDO: Retrospectiva 2001, Organizações internacionais, Economia, População, Meio ambiente, Continentes, Países, Mundo em mapas e História Geral.

descreverem a maneira como o tópico foi apresentado. Escolha vários alunos para relatarem o procedimento que seguiram para localizar informação.

Aula II – Reúna os alunos para uma aula sobre almanaques eletrônicos. Mostre a eles os diversos recursos disponíveis para localizar informações, identificando cada ícone e sua função. Discuta as semelhanças entre o almanaque e a enciclopédia. Explique que as duas fontes têm recursos parecidos para localização de informação, mas que o nível da informação é diferente: na enciclopédia, ela é mais detalhada e no almanaque, é bem concisa, porém mais atualizada. Divida a classe em duplas e peça-lhes para escolher um dos ícones para acessar e pesquisar um assunto de sua escolha. Certifique-se de que todos os ícones tenham sido escolhidos por pelo menos uma das duplas. Dê 15 minutos para que completem a tarefa. Em seguida, peça para cada dupla relatar como localizou o assunto e contar um fato interessante que descobriu.

Acompanhamento

Estimule os alunos a usar almanaques individualmente para responder a questões sobre fatos correntes ou dados estatísticos.

9 Usando atlas

Esta atividade introduz o atlas como uma fonte de referência, e dá aos estudantes oportunidade de aprenderem a localizar lugares, nesse tipo de obra. Esta atividade não pretende desenvolver, em profundidade, a habilidade para usar mapas o que é, geralmente, aprendido na área de Geografia. Esta atividade deve ser integrada à referida disciplina. Os alunos devem ter um conhecimento básico de atlas, antes de participarem desta atividade.

Duração
- Duas aulas de 30 minutos.

Materiais
- Atlas da coleção de referência da biblioteca (impressos e em CD-ROM). Também podem ser usados atlas que vêm em enciclopédias eletrônicas.
- Papel.
- Lápis.

Instruções

Aula I – Discuta a definição de um atlas e pergunte quando ele deve ser usado. Mostre aos estudantes os diferentes atlas da coleção e leia o título de cada um. Divida a classe em pequenos grupos e dê um atlas para cada um. Deixe-os folhear os mapas por alguns minutos e peça-lhes para descreverem como encontrariam um determinado lugar, em um atlas. Estimule cada grupo a examinar o índice, chamando atenção para a ordem alfabética. Peça para procurarem no índice a cidade em que vivem e para descreverem a informação ali apresentada. Oriente-os para olharem a página indicada pelo índice. Discuta as informações relativas à longitude e latitude. Solicite a cada grupo que localize a cidade no mapa. Dê oportunidade para que cada grupo descreva como localizou a cidade no atlas que utilizou. Compare as semelhanças e as diferenças de organização dos atlas.

Aula II – Reúna a classe para uma aula sobre atlas em CD-ROM. Explique que existem atlas em CD-ROM e que algumas enciclopédias eletrônicas trazem um atlas. Mostre como encontrar lugares nos atlas eletrônicos: clicando o nome do lugar na lista que aparece na tela ou digitando-o no espaço apropriado. Mostre o recurso que permite visualizar o lugar em relação ao país e ao mundo. Peça para localizarem uma cidade que já visitaram e verificar sua localização em relação à cidade em que vivem. Dê 15 minutos para realizarem a tarefa. Peça-lhes para relatarem para os colegas o que encontraram.

Acompanhamento
Estimule os estudantes a usarem os atlas individualmente para localizar e encontrar outras informações sobre lugares.

▶▶ Fontes biográficas

10 *Fontes de biografias*

Esta atividade dá oportunidade de rever os vários tipos de fontes biográficas da coleção da biblioteca. Ajuda os alunos a entenderem o tipo de informação contido em fontes tais como: biografia individual, biografia coletiva, autobiografia e dicionário biográfico.

Duração
- 30 minutos.

Materiais
- Papel.
- Lápis.

Preparação
Elabore 10 questões sobre a vida de pessoas famosas e escreva-as em uma folha, fazendo uma cópia para cada aluno. (Ver modelo no final da atividade)

Instruções
Liste no quadro os vários tipos de biografia existentes na biblioteca (conforme modelo abaixo) e faça uma breve revisão sobre cada um.

Modelo

	Código de resposta
Biografia individual	B
Autobiografia	A
Biografia coletiva	C
Dicionário biográfico	D

Distribua as folhas com as questões: uma para cada aluno. Peça-lhes para escolher a melhor fonte de informação para cada uma das questões, utilizando o código de resposta escrito no quadro.

Dê 15 minutos para completarem a tarefa. Chame vários estudantes para apresentarem suas respostas e sua razão para a escolha de cada fonte.

Acompanhamento
Usando outras questões, repita esta aula, se perceber que os alunos não entenderam completamente a diferença entre as diversas fontes biográficas.

Modelo
Pontos sugeridos como base para a elaboração das questões:

1. Compare as carreiras de várias personalidades de uma mesma área.
2. Descreva o início da carreira de uma pessoa famosa.
3. Compare as realizações de vários presidentes do Brasil.
4. Descubra por que determinada pessoa é famosa.
5. Reúna alguns fatos curiosos sobre algum escritor.
6. Descreva a vida de um líder político.
7. Descubra em que época viveu uma pessoa famosa.
8. Descubra onde nasceu um pintor famoso.
9. Descubra se existem duas pessoas famosas com o mesmo nome.
10. Descubra a data de nascimento de uma pessoa famosa.

Obs. *A lista apresentada deve incluir os nomes das pessoas a serem pesquisadas.*

11 *Comparando biografias*

Esta atividade permite aos estudantes praticar na localização de informação sobre uma pessoa. Requer que encontrem tanto biografias individuais como coletivas e comparem a informação, em cada uma. Deve-se chamar atenção para as biografias coletivas, que são uma fonte facilmente subestimada pelos estudantes. Nesta atividade os alunos trabalham com um colega para que a combinação de informação e a discussão das descobertas sejam estimuladas, a fim de aumentar a compreensão.

Duração
- Duas aulas de 30 minutos ou uma aula completa de 45 minutos a uma hora.

Materiais
- Biografias individuais e coletivas da coleção da biblioteca.
- Lápis.
- Papel.

Preparação

Escreva o nome de uma pessoa famosa no alto de cada folha de papel. Assegure-se de que informação sobre cada pessoa possa ser encontrada tanto na biografia individual quanto na coletiva. Você pode utilizar nomes de pessoas que os alunos já estudaram ou estão estudando em sala de aula.

Instruções

Aula I – Faça os alunos trabalharem em duplas. Distribua as folhas com os nomes das pessoas famosas, explicando que irão buscar informações sobre aquela pessoa em uma biografia individual e em uma biografia coletiva. Oriente-as para buscarem, primeiro, uma biografia individual. Recorde como localizar uma biografia na biblioteca. Mostre como usar a biografia individual para descobrir por que a pessoa é famosa. Discuta o uso de cabeçalhos de assunto, no catálogo, para se localizar uma biografia coletiva. Descreva o que é classificado sob o número 920. Enquanto os estudantes estão localizando as biografias, ajude àqueles que apresentam dificuldades. Assim que os estudantes encontrarem ambas as fontes, faça-os escrever o título e o número de chamada de cada fonte nas suas folhas. Peça-lhes para examinarem ambas as fontes e discutirem com seus colegas a diferença da informação em cada uma. Peça-lhes para tomarem notas de exemplos de diferenças.

Aula II – Dê aos estudantes dez minutos para prepararem um texto a ser lido para a classe. Dê oportunidade para cada dupla relatar suas descobertas. Peça-lhes para explicar quem eram as pessoas que pesquisaram e por que eram famosas. Faça-os mostrar como localizaram cada biografia e peça-lhes para descreverem as diferenças que encontraram entre as duas fontes.

Leve os estudantes a concluírem que uma biografia individual descreve a vida de uma pessoa em detalhes, enquanto uma biografia coletiva apresenta informação resumida sobre a pessoa.

Acompanhamento
Estimule-os a usarem a coleção de biografias coletivas.

▶▶ Revistas e jornais

12 *Notícias em revistas*

Esta atividade dá aos alunos oportunidade de se familiarizarem com as revistas semanais de notícias, nas versões impressa e *online*, e de perceberem sua função de consolidar e comentar os fatos da semana.

Duração
- Duas aulas de 40 minutos.

Materiais
- Fascículos recentes de revistas semanais, como *Época*, *Veja*, *Isto é*.
- Endereços eletrônicos de revistas semanais.

Instruções
Aula I – Apresente as revistas impressas e explique sua função de consolidar os fatos que apareceram nos jornais diários. Recorde que as revistas são organizadas de acordo com uma estrutura comum, em seções cujos títulos variam de revista para revista. Divida a classe em grupos e distribua um fascículo para cada grupo, pedindo-lhes para identificar e anotar os títulos de cada seção e o tipo de informação que incluem. Dê quinze minutos para completarem a tarefa. Peça a cada grupo para relatar o que observou. Anote no quadro os diferentes nomes das seções de cada revista, mostrando as semelhanças e o tipo de informação que cada uma contém. Chame atenção para peculiaridades de cada revista.

Aula II – Recorde a função e a organização das revistas semanais. Acesse uma delas e mostre a *home page*. Mostre as semelhanças das seções com as das revistas impressas e indique os recursos de pesquisa disponíveis.

▶▶ Índices

13 *Índices de revistas*

Esta atividade ajuda os alunos a compreenderem os elementos das citações dos índices. Ensina, também, que algumas revistas possuem índices que permitem às informações publicadas ao longo do ano serem encontradas facilmente.

Duração
- 30 a 40 minutos.

Materiais
- Índices de revistas, como por exemplo SUPERINTERESSANTE INDICE. São Paulo: Abril, 1989- .
- Papel.
- Lápis.

Preparação
Prepare cópias de páginas dos índices das revistas, se você não tiver o próprio índice em número suficiente para toda a classe.

Instruções
Faça com os alunos uma revisão sobre a utilidade dos índices para encontrar informação que não está listada no sumário de um livro ou, alfabeticamente, como verbete de uma enciclopédia. Explique que as revistas, embora sejam uma fonte de informação atual, também podem ser usadas para pesquisa, se possuírem índices. Oriente para trabalharem em duplas. Distribua as cópias dos índices e peça-lhes para identificar um assunto de seu interesse, examinar como ele está apresentado no índice e anotar. Dê dez minutos para que completem a tarefa. Ajude os alunos que tenham dificuldade. Peça então que cada dupla explique o que encontrou. Escreva

alguns exemplos no quadro e explique que o número de páginas para cada assunto mostrado no índice é um indicador do tamanho do artigo. Por exemplo: BOMBA NUCLEAR 7 jul 95 56-67 é um artigo que aparece em 12 páginas, ao passo que ASTERÓIDE 7 jul 95 8 tem apenas uma página.

▸▸ Material e equipamento audiovisuais

14 *Apresentando trabalhos oralmente*

Esta atividade deverá ser realizada em pequenos grupos, dando aos alunos oportunidade de prepararem a apresentação oral de um trabalho, utilizando recursos visuais. Pretende-se com isso que os alunos entendam que os recursos visuais apoiam a apresentação, tornando-a mais eficaz.

Duração
- Duas aulas de 30 a 40 minutos, com a classe inteira, e aulas complementares, de 30 a 40 minutos, com grupos de três a quatro alunos.

Materiais
- Microcomputador.
- Impressora.
- Ligação com a Internet.
- Disquete.

Preparação
Esta atividade deverá ser coordenada com uma pesquisa e apresentação de trabalho de uma disciplina.

Instruções
Aula I – Explique aos alunos que podem utilizar o gerenciador de apresentações para apoiar a apresentação de um trabalho oral. Lembre que os recursos visuais servem de apoio à apresentação oral e são usados para facilitar aos ouvintes o acompanhamento da apresentação, para reforçar pontos importantes do trabalho ou

ilustrar aspectos que exijam imagens. Oriente os grupos para planejar a apresentação de seus trabalhos, listando os tópicos que serão abordados. Em seguida, peça-lhes para decidirem se precisarão de ilustrações. Em caso positivo, estas deverão estar escolhidas para a aula seguinte. Ao final desta aula o planejamento da apresentação deverá estar concluído.

Aula II – Ensine como usar o gerenciador de apresentações e, em seguida, oriente os grupos na produção de suas apresentações, de acordo com o planejamento feito na aula anterior. Reforce a ideia de que não se deve colocar muita informação em uma página, para não sobrecarregar sua visualização. Acompanhe a elaboração das páginas, orientando cada grupo. Combine com cada grupo o retorno à biblioteca para finalizar suas apresentações.

Variação

Esta atividade pode ser realizada substituindo-se os recursos de informática por transparências e retroprojetor. As transparências podem ser feitas à mão, usando canetas coloridas, ou em editor de texto, e xerocopiadas.

▶▶ **Internet**

15 *Navegando na Internet*

Esta atividade dá aos alunos a oportunidade de aprender a usar motores de busca para identificar *sites* na Internet. Ensina também a adicionar seus *sites* preferidos em seus marcadores.

Duração
- 30 minutos.

Materiais
- Endereços de diversos motores de busca tais como o *http://www.google.com.br; http://www. cade.com.br; http://www.yahoo.com.br* etc. Revistas e jornais com seções que indicam *sites* de interesse para os leitores.

Instruções

Recorde que os endereços eletrônicos são necessários para a localização de *sites* na Internet. Explique que eles podem ser encontrados em seções especializadas de jornais e revistas. Mostre algumas dessas publicações. Diga que na Internet existem recursos que ajudam a identificar endereços de *sites* sobre qualquer assunto. São os chamados "motores de busca". Explique que, para pesquisar nos motores de busca, terão que escolher palavras e expressões que representem o assunto desejado. Recorde as estratégias de busca aprendidas na atividade **Explorando enciclopédias (2)**. Abra um dos motores de busca. Peça aos alunos para escolherem um assunto e demonstre como pesquisá-lo. Solicite que abram um dos *sites* identificados e verifique se ele corresponde exatamente ao assunto pesquisado. Peça para relatarem o que encontrou. Mostre que é possível "guardar" *sites* para usá-los mais tarde, sem precisar fazer a pesquisa novamente. Ensine os passos para que incluam os *sites* que acharam especialmente interessantes em seus marcadores.

HABILIDADES DE INTERPRETAÇÃO

▶▶ **Técnicas de avaliação e seleção**

16 *Falando sobre histórias e livros*

Esta atividade familiariza os alunos com uma variedade de livros da biblioteca e estimula-os a selecionar alguns dos livros para lerem.

Duração
- 30 a 40 minutos.

Materiais
- Livros da coleção da biblioteca.

Preparação
Prepare uma exposição de dez a vinte livros interessantes. Inclua aqueles que possam atrair uma variedade de gostos e ensejar uma ampla diversidade de habilidades de leitura. Selecione tanto livros de ficção como de não ficção.

Instruções
Descreva brevemente cada livro, explicando se é ficção ou não ficção. Faça comentários sobre as personagens e o enredo ou sobre a informação que o livro contém. Diga apenas o suficiente para despertar a curiosidade e estimular o interesse. Descreva de dez a vinte livros dessa maneira, usando aproximadamente um minuto por livro.

À medida que você fala sobre os livros, faça os alunos anotarem os números de chamada daqueles que lhes despertem interesse. Estimule-os a escolher um dos livros em exposição para ler. Auxilie os estudantes que tenham dificuldade em encontrar um livro que lhes interesse. Aconselhe-os a conservarem a lista dos números de chamada dos livros que lhes interessam de maneira que possam utilizá-la futuramente, quando estiverem procurando livros para ler.

Depois de selecionados os livros, dê de cinco a dez minutos para leitura silenciosa. Nesta ocasião, os alunos começarão a leitura do livro; tal começo estimula-as a continuar a leitura por conta própria.

Acompanhamento
Depois que tiverem lido os livros, dê-lhes oportunidade para expressar sua ideias sobre eles. Esta atividade de apresentação e leitura de livros pode ser seguida por outra atividade, na qual os alunos fazem cartazes para divulgação de livros que tenham lido recentemente.

17 *Multiplicando as leituras*

Esta atividade permite aos alunos compartilharem seu conhecimento sobre autores e livros que apreciaram e aprenderem com a experiência dos colegas.

Duração
- 30 minutos.

Materiais
- Cartolina de cores variadas.
- Lápis de cor.
- Lápis.
- Canetas hidrocor.
- Cola.
- Tesoura.

Instruções
Estimule os alunos a escolher um livro que tenham lido recentemente e que recomendariam para outras crianças. Podem escolher livros de ficção ou não ficção, da coleção da biblioteca.

Explique que irão preparar um cartaz que será exibido na biblioteca para divulgar o livro. Cada cartaz deve incluir o título, autor e número de chamada do livro. Estimule-os a escreverem uma breve descrição do livro, de tal maneira que outras crianças desejarão lê-lo. Faça-os ilustrar seus cartazes de forma a atrair a atenção dos alunos que vêm à biblioteca. Mostre exemplos de anúncios de livros publicados em revistas, catálogos de editoras ou em outras fontes.

Quando todos tiverem terminado seus cartazes faça com que cada um o mostre e fale sobre ele.

Acompanhamento
Exiba os cartazes na biblioteca.

▶▶ Pesquisa e produção de textos

18 Combinando informação

Esta atividade permite que seja praticada a combinação de informação de diferentes fontes para ser apresentada em um texto. Ajuda os alunos a compreenderem melhor as funções das anotações e dos esquemas.

Duração
- Três aulas de 30 minutos.

Materiais
- Livros de não ficção da coleção da biblioteca.
- Enciclopédias (impressas ou em CD-ROM).
- *Sites* da Internet.
- Ligação com a Internet.
- Papel.
- Lápis.

Preparação
- Esta atividade deve ser integrada a um trabalho dado pelo professor.

Instruções
Aula I – Solicite aos alunos que localizem duas fontes sobre um tema: um verbete de enciclopédia e um livro de não ficção ou um *site* da Internet. Explique que vão extrair informação de duas fontes e combiná-las em um texto.

Estimule-os a pensar sobre a diferença entre caminhar pelas ruas de uma cidade desconhecida e ir ao topo de um edifício alto para ter uma visão abrangente da cidade. Discuta a vantagem de se ter uma visão abrangente, antes de se envolver com detalhes. Explique que uma visão abrangente ajuda a colocar os detalhes em uma perspectiva apropriada.

Peça aos alunos para ler rapidamente o verbete que escolheram, a fim de ter uma visão abrangente do tema. Explique que, no início, não deverão se preocupar com detalhes. Advirta para não tomarem notas. Direcione-os para gastar algum tempo a fim de se familiarizarem com o assunto. Dê de 15 a 20 minutos para leitura, de modo que possam obter uma visão abrangente.

Terminada a leitura, oriente-os a definir e anotar três ou quatro subtópicos dentro do tópico escolhido. Por exemplo, se escolheram o tópico *Índios* poderão escolher como subtópicos: tribos, vestimentas, alimentação, habitação, rituais etc. Instrua-os a deixar um espaço depois de cada subtópico para preencher com os detalhes ou informações que encontrarem sobre o assunto. Estimule os que têm dificuldade em determinar subtópicos a conversar sobre o que leram e auxilie-os na escolha.

Aula II – Explique que, agora que têm uma visão abrangente de seus tópicos e que determinaram alguns subtópicos, estão prontos para encontrar detalhes sobre eles. Oriente-os a utilizarem ambos, o verbete de enciclopédia e o livro de não ficção ou o *site* da Internet, para encontrar detalhes e anotá-los sob o subtópico relacionado. Explique que não precisam escrever frases, mas devem anotar palavras ou expressões que expressam as ideias. Auxilie aqueles que precisarem de ajuda.

Aula III – Explique que agora estão prontos para produzirem o texto, utilizando as informações que encontraram. Peça-lhes para lerem seus subtópicos e numerá-los na ordem em que desejam escrever sobre eles.

Oriente-os a escrever um parágrafo sobre cada subtópico, utilizando suas anotações. Lembre que devem começar cada parágrafo com uma frase, introduzindo o subtópico.

Depois que tiverem completado os parágrafos, peça-lhes para escreverem um parágrafo introdutório, apresentando o assunto do texto e, em seguida, um parágrafo final que conclua o texto.

Acompanhamento

Estimule os alunos a reverem e passarem a limpo seus textos, incluindo as referências bibliográficas das fontes que utilizaram. Esta atividade pode ser repetida com outros tópicos.

19 *Citando a fonte*

Esta atividade faz uma revisão das habilidades de elaborar referências bibliográficas, aprendidas na etapa anterior. Elaborar uma bibliografia é uma habilidade difícil de ser dominada. Os alunos precisarão praticar e ter oportunidade de fazer revisões. Esta atividade amplia o modelo de referência bibliográfica aprendido na etapa anterior, incluindo autor, título, editora e data. O hábito de usar uma bibliografia normalizada como modelo deve ser estimulado. Esta atividade deve ser planejada em conjunto com uma atividade de pesquisa e produção de textos de uma disciplina.

Duração
- 30 minutos.

Materiais
- Cópias de exemplos de referências bibliográficas para cada aluno.
- Papel.
- Lápis.

Preparação
Elabore e duplique uma lista de referências bibliográficas que servirá como modelo, incluindo a referência de um livro, um verbete de enciclopédia, um artigo de revista, uma fita de vídeo e um *site* da Internet. Lembre-se de usar normas bibliográficas reconhecidas, como a NBR-6023 da ABNT (veja exemplos no final da atividade).

Instruções
Reveja a função de uma lista bibliográfica. Desenvolva a ideia de que uma bibliografia é uma lista de referências bibliográficas de materiais que têm algo em comum. Peça-lhes para descreverem ocasiões em que elaboraram referências bibliográficas de fontes que usaram em um texto. Discuta a questão do plágio e as consequências de não citarem a fonte de trechos ou ideias de um autor que utilizaram em seus trabalhos. Recorde em que ocasiões precisaram usar aspas. Leve-os a entender que, se usam as palavras exatas de um autor, precisam colocá-las entre aspas.

Lembre que já aprenderam a fazer bibliografias listando autores e títulos. Explique que agora irão ampliar as referências bibliográficas para incluírem outras informações sobre a fonte. Distribua o modelo de bibliografia, pedindo-lhes para observarem e apontarem os elementos que foram acrescentados. Faça uma lista dos acréscimos no quadro à medida que forem indicados:

– Todos os títulos são grifados.

– São incluídos os nomes da editoras e as datas.

– São listadas fitas de vídeo.

– É incluída pontuação.

Discuta esses novos elementos e responda às perguntas e dúvidas.

Dê a cada aluno um livro de não ficção. Peça-lhes para elaborarem a referência bibliográfica do livro, usando o exemplo de bibliografia como modelo. Recolha os exercícios no final da aula.

Acompanhamento

Corrija os exercícios para verificar quem precisa de orientação individual. Repita o exercício com uma variedade de materiais: vídeos, revistas, documentos da Internet e enciclopédias. Combine com os professores para exigir sempre a citação das fontes utilizadas nos trabalhos. Ao longo do ano, ofereça assistência individual aos alunos, quando estiverem elaborando bibliografias.

Exemplos de referências

Livro
JAMES, Bárbara. *Lixo e reciclagem*. Scipione, 1992. 47 p.

Verbete de enciclopédia
POLUIÇÃO. In: Nova Enciclopédia Barsa. Encyclopaedia Britannica do Brasil, 1997. p. 158.

Vídeo
VIDA de inseto. Direção de John Lasseter. Walt Disney Pictures, 1999. Fita de vídeo.

Artigo de revista
BRANDIMARTE, Ana Lúcia. Crise da água. *Ciência Hoje*, v. 26, n. 154, p. 36-42, 1999.

Site **da Internet**
WEBER, Bertholdo. Cidadania ecológica. Disponível em www.agirazul.com.br/artigos. Acesso em 30/12/99.

▶▶ Apreciação literária

20 *Autobiografia*

Esta atividade dá aos estudantes oportunidade de se familiarizarem com as autobiografias como uma espécie literária. Escrevendo sobre suas lembranças, irão compreender que um conjunto de lembranças compiladas para contar a história de sua própria vida constitui uma autobiografia.

Duração
- Duas aulas de 30 minutos.

Materiais
- Lápis.
- Papel.

Instruções

Aula I – Peça aos alunos para lembrarem algo que lhes aconteceu e que está gravado em suas memórias. Explique que pode ser alguma coisa engraçada, alegre ou triste, uma ocasião em que estavam muito sozinhos ou especialmente sensibilizados pela gentileza de alguém. Dê tempo para refletirem e relembrarem. Sugira que revolvam seus pensamentos até que tenham uma lembrança sobre a qual desejem escrever. Explique que não precisa ser uma história completa, mas um acontecimento que consideram que não deve ser esquecido.

Dê aproximadamente 20 minutos para escreverem. Auxilie os estudantes que têm dificuldade para começar, conversando sobre como utilizam seu tempo; isto geralmente os ajuda a se lembrarem de algo que valha a pena ser escrito.

Aula II – Convide-os a compartilharem suas lembranças com os colegas. Peça-lhes para lerem em voz alta ou entregarem seus textos a um amigo em especial, para ser lido em silêncio.

Explique que, se continuarem a escrever suas lembranças, terão uma coleção de lembranças e o começo de uma autobiografia.

Acompanhamento
Leia partes de autobiografias de personalidades contemporâneas.

21 Escrevendo biografia

Esta atividade permite aos estudantes familiarizarem-se com biografias como uma espécie literária. Escrevendo biografias, colocam-se na perspectiva do autor e começam a compreender melhor esta espécie literária.

Duração
- Quatro aulas de 30 minutos.

Materiais
- Papel.
- Lápis.

Instruções
Aula I – Peça aos alunos para escreverem uma história sobre uma pessoa conhecida. Diga que podem escolher uma pessoa famosa ou alguém que conheçam pessoalmente. Esclareça que os textos biográficos devem ser interessantes, ter um ponto principal, um começo, meio e conclusão. Lembre-lhes que uma biografia não é ficção e o que é descrito nela deve realmente ter acontecido.

Explique que devem contar apenas um ou dois acontecimentos da vida da pessoa, não sendo necessário contar toda a história de sua vida.

Use o restante da aula para levá-los a buscarem informações sobre a pessoa escolhida. Discuta possíveis formas de reunir informação usando fontes biográficas da biblioteca, entrevistando pessoas ou relembrando acontecimentos que tenham testemunhado. Recomende que tomem notas para serem utilizadas quando estiverem escrevendo os textos.

Aula II – Peça aos alunos para escrever um texto curto sobre a pessoa que escolheram, usando a informação reunida durante a aula anterior. Auxilie os que encontram dificuldade.

Aula III – Escreva a seguinte definição de uma biografia no quadro: "Uma biografia é composta de fatos verdadeiros sobre uma pessoa". Proponha aos alunos trocarem seus textos uns com os outros. Sugira que perguntem ao colega que leu o seu se combina com a definição do quadro.

Dê tempo para que façam quaisquer mudanças que desejem, antes de compartilhar os textos com a classe. Dê a cada um oportunidade de ler seu texto em voz alta.

Aula IV – Continue a leitura conjunta até que todos tenham lido seu texto.

Acompanhamento

Escolha um livro de biografia e leia em voz alta, estimulando os alunos a pegar emprestado e ler outras biografias da coleção da biblioteca.

Fase III

Vivendo na sociedade da informação

1ª Etapa

Usando os recursos informacionais de maneira independente

Nesta etapa, dos 11 aos 12 anos de idade, os alunos se tornam mais independentes para usarem a biblioteca. As técnicas de pesquisa e produção de texto estão desenvolvidas através da prática. Todas as habilidades para usar a biblioteca e os recursos informacionais previamente aprendidas são revistas e, quando necessário, planejam-se atividades complementares. Os estudantes preparam-se para fazer a transição dos limites da biblioteca do ensino fundamental para o uso mais independente de coleções de bibliotecas maiores, no nível médio.

Este capítulo inclui:
- a descrição das características do aluno, as quais têm, neste estágio, ligação com o programa da biblioteca;
- uma lista das habilidades para usar a biblioteca, a serem desenvolvidas nesta etapa;
- sugestões de atividades para desenvolver as habilidades relacionadas na lista.

O programa

A faixa etária de 11 aos 12 anos é marcada por um crescimento acelerado que aponta o início da adolescência. Existem diferenças marcantes nesta fase de pré-adolescência. Algumas crianças ainda não entraram no período de crescimento rápido e permanecem no estágio que o precede. Outras estão no meio do estágio mais complicado deste período irregular de crescimento. Outras estão próximas de completar este crescimento e saindo deste estágio.

Aqui há uma diferença entre meninos e meninas. Estas costumam apresentar um comportamento mais precoce, isto é, desenvolvem-se primeiro, não só nos aspectos sexuais mas, também, no que diz respeito à consciência de si em relação ao seu passado, presente e futuro e em relação ao outro.

Começam a desenvolver características sexuais secundárias. Impaciência, preguiça e falta de jeito são resultados comuns do crescimento rápido e irregular. Por volta dos onze anos o pré-adolescente é, às vezes, indiferente, mas, regra geral, é bastante ativo. Suas brincadeiras tendem a ser barulhentas e grosseiras. Têm senso de humor, são volúveis e demonstram pouco bom senso. Quando se planejam atividades nesta etapa, é importante considerar esse comportamento característico. Este estágio é marcado por um comportamento extremamente crítico, imprevisível e rebelde. É uma fase de constante oscilação: ao mesmo tempo em que querem aprovação e compreensão por parte dos adultos, os adolescentes desejam também oportunidade para serem independentes, realizando tarefas por si só.

Revisão de habilidades através de jogos

Uma das atividades mais importantes nesta etapa é a revisão completa das habilidades já aprendidas. Rever aprendizagem passada pode ser extremamente enfadonho e aborrecido para os alunos, pois nessa idade tendem a cooperar pouco. O jogo é uma excelente maneira de mobilizar a participação dos alunos na revisão. A competição em equipes motiva-os a participar. À medida que se tornam envolvidos no desafio e no divertimento dos jogos, o assunto é revisto sem resistência.

As atividades **Jogo de revisão das habilidades de localização** e **Agrupando assuntos** são jogos competitivos em equipes, planejados para rever as habilidades aprendidas. Varie as questões de revisão a cada vez que for realizar o jogo, para abranger as diversas habilidades de localização. Pode-se optar por rever cada uma das habilidades separadamente, o que possibilita verificar cada uma, à medida que está sendo revista.

Aprendizagem complementar

À medida que os jogos de revisão estão sendo jogados e que os alunos usam a biblioteca, observe quais habilidades ainda não foram dominadas e quais alunos irão precisar de aulas complementares para desenvolvê-las. Pode-se planejar atividades complementares adaptando-se algumas de etapas anteriores ou planejando exercícios individuais.

Existem maneiras formais para determinar se os alunos precisam de aprendizagem complementar em certas habilidades. Pode-se elaborar um teste para determinar as habilidades que não foram aprendidas adequadamente e que precisam de reforço. Este tipo de teste poderá servir como um instrumento de diagnóstico individual, não como uma medida de avaliação. Um aluno aprendeu com êxito as habilidades para usar a biblioteca e os recursos informacionais se é capaz de localizar e interpretar os materiais da biblioteca, para informação e lazer. Não há nenhum sentido em fazer a avaliação formal dessas habilidades. Por outro lado, um teste pode ser útil para o planejamento de aprendizagem individual.

O melhor é observar os alunos à medida que estão revendo habilidades e usando a biblioteca, a fim de verificar quais habilidades precisam ser reforçadas. As listas de habilidades que aparecem em cada capítulo deste livro são úteis para isso.

Deve-se evitar avaliação detalhada de habilidades que a maioria dos estudantes conhecem, apenas para identificar alguns que não aprenderam estas habilidades. Os alunos que precisam de ajuda complementar provavelmente não irão aprender através de trabalhos em grupo se não tiverem aprendido determinada habilidade no tempo certo. Aulas individuais e em pequenos grupos são as técnicas mais eficientes nesse caso. O interesse pessoal é a chave do êxito na aprendizagem dessas habilidades. Se se explora o interesse especial de um estudante é provável que ele fique mais motivado para aprender habilidades relacionadas à localização e interpretação de materiais.

O relacionamento com os colegas é muito importante nesse estágio. Os adolescentes se ressentem ao ter que participar de qualquer atividade que pareça levá-los a perder o status no grupo. Atividades individuais para reforçar determinada habilidade deverão ser conduzidas de maneira sensível, respeitando os sentimentos dos estudantes e não prejudicando sua posição no grupo.

Uso independente da biblioteca

A partir desta etapa, a maioria dos alunos é capaz de usar a biblioteca de forma independente. Já têm um entendimento dos recursos disponíveis e conhecem os passos necessários para localização de materiais. Geralmente vêm a biblioteca com um objetivo definido, podem localizar o material de que necessitam e seguem procedimentos de empréstimo sem ajuda. Esta é uma forma inicial de independência na relação com o conhecimento, importante para o crescimento do aluno.

Entretanto, é necessário que saibam que, às vezes, a ajuda do bibliotecário é importante. Um exemplo ocorre quando estão buscando informação no catálogo e utilizam cabeçalhos de assunto que consideram apropriados, mas não conseguem identificar material sobre aquele tópico. Assim sendo, precisam do bibliotecário para lhes informar quais os cabeçalhos adequados para encontrar o que querem. Outro exemplo ocorre quando não estão seguros sobre como usar uma fonte de informação nova e precisam de auxílio.

Os alunos deverão aprender que uma das funções do bibliotecário é ajudar as pessoas a usarem os recursos de uma biblioteca. Precisam entender que não devem abusar deste serviço, pedindo ajuda para problemas que podem resolver sozinhos. Por outro lado, não deverão deixar a biblioteca sem os materiais de que necessitam, simplesmente porque hesitam em pedirem ajuda ao bibliotecário. Se os alunos aprenderem quando pedir ajuda, futuramente serão mais bem sucedidos na recuperação de materiais.

Técnicas de pesquisa e produção de texto

Nessa etapa, os alunos usam a biblioteca para pesquisar tópicos dos conteúdos curriculares. Esta é uma parte extremamente importante do programa da biblioteca. Todas as habilidades para usar a biblioteca e a informação previamente aprendidas são postas em prática ao localizarem materiais, combinarem informação de várias fontes e escreverem com base na informação encontrada.

O êxito desta etapa do programa depende das tarefas dadas pelos professores nas disciplinas. Se o professor de determinada disciplina percebe claramente as habilidades dos alunos para usar a biblioteca e a informação, será capaz de atribuir-lhes tarefas que requerem a utilização destas habilidades.

Providencie reuniões com os professores para planejar tarefas e oferecer sugestões específicas de trabalhos de pesquisa que exijam que os alunos usem e pratiquem as habilidades para usar a biblioteca e a informação. Planeje encontros para orientar e avaliar os projetos de pesquisa dos estudantes. Seja preciso e objetivo sobre as responsabilidades de cada um.

Algumas das técnicas de pesquisa e produção de texto são desenvolvidas e refinadas nesta etapa. À medida que os alunos se tornam mais capazes de pesquisar, começam a escolher tópicos mais específicos. Ao invés de querer saber tudo sobre um assunto, começam a delimitar e a procurar informação mais aprofundada sobre um aspecto particular do mesmo. Esse tipo de informação é mais difícil de ser localizado e requer habilidades de localização mais refinadas.

Os índices de livros são importantes na localização de informação detalhada sobre um assunto. Os estudantes precisam familiarizar-se com os subcabeçalhos dos índices e entendê-los para selecionar as características do tema que se aplicam e são apropriadas ao que é especialmente pedido pela pesquisa em questão. Se estão procurando informações sobre poluição do ar, referências a vazamento de óleo não serão úteis. A atividade **Interpretando informação em índices** requer que os estudantes encontrem, na página indicada pelo índice, o tópico desejado. Após a informação ter sido localizada, o aluno determina se ela será útil para seu trabalho.

Reunir informação detalhada de várias fontes e combiná-las em um texto coerente é uma habilidade difícil. Requer certo grau de abstração de que somente alunos com um raciocínio maduro são capazes. Este tipo de raciocínio emerge no estágio final de desenvolvimento, entre as idades de doze e dezesseis anos. Aos onze, os alunos estão preparando a base para o desenvolvimento desta habilidade. Não espere que todos construam textos com hipóteses objetivamente estabelecidas, dados substanciais e conclusões bem elaboradas. Entretanto, à medida que surgem as capacidades de abstração, todo aluno pode ter a experiência de trabalhar ao longo do processo de pesquisa e produção de texto para desenvolver habilidades necessárias.

A atividade **Todos os fatos** é uma complementação das atividades da etapa anterior. As atividades desta etapa requerem que os alunos usem varias fontes, atinjam um número crescente de subtópicos e demonstrem maior independência, utilizando um esquema claro e simples. O esquema ajuda os alunos a dividirem seus tópicos em subtópicos e a reunirem informações detalhadas sobre os últimos. São também sugeridas atividades simples para produzir textos utilizando anotações. Trabalhando dentro de um esquema estruturado, os alunos aprenderão a reunir com êxito informações de várias fontes e a combiná-las em uma apresentação clara e coerente.

Fontes para pesquisa e produção de texto

Encoraje os alunos a usar várias fontes para pesquisar e produzir textos, o que lhes permite obter informações para elaboração de suas ideias e contribui para o desenvolvimento de autonomia na obtenção do conhecimento. Eles se tornarão mais capazes em selecionar fontes apropriadas para encontrar um tipo específico de informação. Dicionários biográficos e geográficos são acrescentados a outras fontes de referência que eles já tiveram oportunidade de usar em outras atividades da biblioteca.

Os materiais da coleção de audiovisuais são úteis para fornecer a imagem visual de um tópico. Encoraje os alunos a usar a coleção de audiovisuais de forma independente.

As revistas são usadas como fontes de informações atualizadas e a compreensão do papel de revistas noticiosas é ampliada, quando os alunos aprendem a localizar informações nas diferentes seções. Aprendem, também, a usar índices de revistas e de outras publicações, para localizar informação específica.

Todos esses materiais constituem possíveis fontes de informação para pesquisa e produção de textos. Os alunos complementam as habilidades bibliográficas necessárias a todas as tarefas de pesquisa e produção de textos. Aprendem a usar notas de rodapé, para indicar a página exata de uma citação.

Dessa forma, começam a ter mais discernimento na avaliação e escolha de materiais. Encoraje-os a usar a maior variedade de fontes possível. Os alunos desenvolvem um entendimento permanente da coleção da biblioteca se utilizam os materiais de maneira significativa.

Leitura

Nesta etapa alguns alunos consideram que a coleção de ficção já não é mais adequada para eles, e que não existe na biblioteca qualquer livro que seja de seu interesse. Existem excelentes livros para alunos desta idade. São os *livros de transição*, chamados livros para jovens, que formam uma ponte entre a literatura infantil e a literatura para adultos. Nem todos os alunos, nesta fase, estarão interessados neste tipo de livro e alguns só irão lê-los depois que terminarem o ensino fundamental. Os que mostrarem interesse por livros para jovens devem ser orientados individualmente. Isto pode ajudar a manter o interesse pela leitura nesta idade crucial, quando os hábitos e gostos permanentes estão sendo formados. Quando os alunos continuam a achar os livros interessantes e desafiadores, tendem a fazer uma transição mais tranquila, quando têm de usar a biblioteca no nível médio.

As palestras sobre livros são efetivas para introduzir materiais mais desafiadores para os alunos. Chame atenção para os livros da coleção que os alunos raramente procurariam por conta própria. Descreva as partes dos livros que se relacionam ao conteúdo curricular ou a seus interesses. Escolha livros que descrevem problemas que eles possam entender ou selecione um tipo popular de literatura com a qual estejam familiarizados através de filmes e da TV.

Dê oportunidade para recomendarem livros uns para os outros. Neste capítulo há uma atividade (Lista dos melhores) em que os alunos votam em seus livros preferidos, para elaborarem uma lista de *best sellers*. Nessa idade, costumam ser influenciados pelas opiniões dos outros e procuram seguir os exemplos de líderes de grupos e da maioria de seus colegas. Compartilhar opiniões sobre livros com os colegas é, geralmente, mais efetivo no estímulo à leitura do que sugestões feitas por adultos.

Apreciação literária

Nesta etapa, dá-se aos alunos oportunidade de analisar as diferenças entre ficção e não ficção, através do exame cuidadoso dos elementos de ficção histórica e de ficção realista. Estes tipos de ficção são baseados em acontecimentos ou situações da vida real. A compreensão dessas espécies literárias pode ser difícil para os alunos, o que os leva, algumas vezes, a conclusões falsas e interpretações incorretas. As atividades **Ficção histórica** e **Ficção realista** procuram desenvolver a compreensão dessas espécies literárias.

Pede-se aos alunos que assumam o papel de autor e escrevam suas próprias histórias de ficção histórica e realista. Esta técnica foi usada nas etapas anteriores com mistério, fantasia, ficção científica e biografia. Na etapa atual, os alunos aprendem as características peculiares da ficção histórica e realista e usam esses elementos para escrever suas próprias histórias. Dessa forma, podem avaliar o esforço de um autor na criação de uma história e tornam-se mais competentes na avaliação e seleção de leituras.

Produção de audiovisual

A técnica de fazer os alunos escreverem para entender, avaliar e selecionar literatura é aplicada aos meios não impressos. Nesta etapa, devem produzir seus próprios materiais audiovisuais com objetivo similar. Os alunos assistem a TV e ouvem rádio com frequência. Ao produzirem seu próprio material audiovisual, entendem melhor este meio de comunicação. Ao assumir o papel de produtores, enfrentam problemas e tomam decisões necessárias para apresentarem suas ideias de forma não impressa. Isso aumenta sua compreensão sobre as ideias apresentadas em meios não impressos e desenvolve habilidade de avaliar e selecionar materiais para ver e ouvir.

A atividade **Gravando entrevistas** dá aos alunos oportunidade de produzirem eles mesmos uma gravação. Nesta atividade são orientados para:

1. Familiarizar-se com o equipamento.
2. Ter o equipamento pronto e em boas condições de uso.
3. Elaborar questões claramente definidas.
4. Ser educado e cordial.
5. Deixar a pessoa falar; não interromper repetidamente.

Seguindo essas orientações, podem produzir uma entrevista gravada de qualidade. Aprendem que as entrevistas, diferentemente das conversas informais, devem ser cuidadosamente planejadas. Dessa forma, aprendem a avaliar as entrevistas da televisão, aplicando critérios diferentes daqueles usados em uma conversa informal com um amigo.

Na etapa anterior, os estudantes aprenderam a elaborar apresentações usando recursos eletrônicos ou transparências. Dessa forma, começaram a vivenciar a situação de produzir audiovisuais, característica dos programas de televisão a que assistem normalmente. Na presente etapa, aprendem a produzir um audio na atividade **Gravando entrevistas**. O próximo passo é combinar os dois em um único meio. Isso é feito na etapa seguinte, mas pode ser antecipado, dependendo das habilidades já desenvolvidas.

Transição

Esta etapa é uma fase de transição. Os alunos estão se preparando para deixar o ambiente bastante solidário da escola fundamental para conviverem em um ambiente mais independente, no nível médio. Este é o último ano em que a maioria dos alunos terá um contato estreito com o bibliotecário. Embora a aprendizagem continue, não será mais numa base regular. Mudará, ao invés disso, para uma aula ocasional ou um conjunto de aulas sobre um determinado material, conceito ou habilidade. Espera-se que os alunos de nível avançado façam uso mais independente da biblioteca. Este livro foi planejado para que, ao final desta etapa, os estudantes adquiram as habilidades básicas para usar a biblioteca.

> **Resumo**
>
> Esta etapa é uma fase de transição. Os alunos estão se preparando para o uso independente, individual, da biblioteca, no nível médio. As habilidades para usar a biblioteca e os recursos informacionais previamente aprendidas são revistas e aplicadas nos trabalhos de pesquisa e produção de textos. Ao final desta etapa, os alunos serão capazes de localizar, selecionar e interpretar materiais para estudo e lazer, de forma independente.

Fase III – 1ª Etapa [11 A 12 ANOS]
Lista das habilidades

A seguir apresentamos os objetivos para esta etapa, na forma de uma lista sequencial de habilidades a serem desenvolvidas. A lista não é rígida, fornecendo apenas uma estrutura geral a partir da qual o programa da biblioteca poderá ser planejado. Pode ser usada como um cronograma das atividades correspondentes e compartilhada com professores e outros envolvidos no programa.

Classe: _____	
HABILIDADES DE LOCALIZAÇÃO	**Agenda**
▶▶ **Arranjo da coleção**	
• Entende que o catálogo é um instrumento para possibilitar o acesso aos materiais da coleção da biblioteca.	
• Sabe localizar materiais nas estantes, usando números de chamada identificados no catálogo.	
• Sabe usar o catálogo para localizar materiais por autor, título e assunto.	
• Sabe localizar uma variedade de materiais na biblioteca.	

	Agenda
• Entende a ordem alfabética das etiquetas das gavetas do catálogo.	
• Sabe converter sua linguagem para a terminologia usada nos cabeçalhos de assunto.	
• Sabe ser preciso para buscar um assunto no catálogo.	
• Sabe interpretar as informações dos registros bibliográficos do catálogo (tipo de material, data de publicação, número de páginas, se é ilustrado etc.).	
• Compreende e usa remissivas no catálogo.	
▶▶ **Ficção e não ficção**	
• Entende a diferença entre ficção e não ficção.	
• Conhece os vários tipos de ficção: aventura, científica, realista, mistério, histórica, fantasia, esportes, humorística.	
• Já leu diversos tipos de ficção.	
• Pode usar livros de não ficção como uma fonte de informação.	
▶▶ **Sistema de classificação**	
• Compreende que o objetivo do sistema de classificação é reunir materiais sobre o mesmo assunto e forma literária.	
• Compreende as classes principais do sistema de classificação usado na biblioteca.	
• Compreende que as classes principais podem ser e subdivididas em assuntos mais específicos.	
• Pode localizar materiais usando números de chamada.	
▶▶ **Coleção de referência**	
• Pode distinguir as características de várias obras de referência.	
• Pode determinar a fonte de referência mais apropriada para determinado objetivo.	

	Agenda
• Pode usar referências cruzadas para localizar informação em uma enciclopédia.	
• Pode usar índices para localizar informação em uma enciclopédia.	
• Pode usar a ordem alfabética e palavras guias ao consultar um dicionário.	
• Sabe encontrar definições em um dicionário.	
• Pode usar dicionários especiais da língua portuguesa.	
• Pode usar almanaques para encontrar fatos e informações estatísticas.	
• Pode usar atlas para localizar lugares.	
• Pode usar dicionários biográficos e dicionários geográficos.	
▶▶ **Fontes biográficas**	
• Pode localizar informação sobre uma pessoa.	
• Conhece os diferentes tipos de fontes biográficas e pode localizar informação em cada uma delas.	
• Sabe encontrar informações sobre pessoas na Internet.	
▶▶ **Revistas e jornais**	
• Entende que jornais e revistas são fontes de informação atuais.	
• Sabe localizar informação nas diversas seções das revistas noticiosas e jornais.	
▶▶ **Índices**	
• Sabe que os índices fornecem acesso a informação por assunto em livros e obras de referência.	
• Pode localizar informação sobre um assunto usando um índice.	
• Pode localizar informação em livros, enciclopédias e revistas, usando seus índices.	
• Pode interpretar elementos de citações em índices.	

	Agenda
▶▶ **Material e equipamento audiovisuais**	
• Sabe que a informação aparece numa variedade de formatos.	
• Pode localizar material na coleção de audiovisuais.	
• Pode operar equipamentos a fim de usar os materiais.	
• Pode produzir materiais audiovisuais para acompanhar um trabalho.	
HABILIDADES DE INTERPRETAÇÃO	
▶▶ **Técnicas de avaliação e seleção**	
• Compreende as várias formas de literatura.	
• Está familiarizado com autores e seus trabalhos.	
• Pode selecionar materiais para leitura.	
• Pode usar as várias partes de um livro para determinar seu âmbito, formato e utilidade e também para localizar e registrar informação.	
• Está desenvolvendo a capacidade de discernir ao selecionar livros e periódicos para ler, bem como filmes e programas de televisão para assistir.	
▶▶ **Pesquisa e produção de texto**	
• Pode usar informação encontrada em diferentes materiais.	
• Pode realizar e concluir uma pesquisa.	
• Pode apresentar informação em um trabalho escrito e/ou numa apresentação oral.	
• Pode elaborar uma bibliografia normalizada para seu trabalho.	
• Compreende a função das notas de rodapé.	

	Agenda
▶▶ **Ver, ouvir e interagir**	
• Reage a imagens e sons em uma situação de aprendizagem.	
• Interpreta o que é ouvido e visto.	
• Pode recordar, resumir, parafrasear e complementar o que é ouvido e visto.	
▶▶ **Apreciação literária**	
• Está familiarizado com as várias formas literárias.	
• Pode interpretar os significados de muitas formas de literatura e relacioná-las a suas experiências.	

▶▶ Sugestões de atividades

A seguir, apresentamos sugestões de atividades que devem ser desenvolvidas de acordo com os objetivos definidos para esta etapa.

HABILIDADES DE LOCALIZAÇÃO

▶▶ Sistema de classificação

1 *Jogo de revisão das habilidades de localização*

Este jogo possibilita uma revisão completa das habilidades para usar a biblioteca, aprendidas a partir da fase de educação infantil. Jogos de competição motivam os estudantes para a revisão de habilidades.

Duração
- 30 a 40 minutos.

Materiais
- 30 a 50 folhas de papel.
- 4 lápis.

Preparação
Agrupe quatro carteiras em uma fila num canto da biblioteca. Coloque em cada carteira algumas folhas de papel e um lápis. Prepare uma lista de 15 a 20 questões de revisão com base nas atividades desenvolvidas desde o início do programa. As questões devem ser objetivas e passíveis de serem respondidas em uma palavra ou frase curta. Veja exemplos no final desta atividade.

Instruções
Divida a classe em dois times. Escolha um estudante para ser o juiz. Faça um dos times ficar em fila, em um lado da biblioteca e o outro no lado oposto. Chame os dois primeiros membros de cada grupo para a frente e faça-os sentarem-se nas carteiras. Apresente a cada um uma das questões preparadas. Faça com que os quatro estudantes escrevam a resposta numa folha. Assim que tenham terminado, faça-os levantar os papéis e ler as respostas, um de cada vez.

Se ambos os membros do grupo tiverem respondido corretamente, seu time ganha 3 pontos. Se apenas um membro do grupo respondeu corretamente seu time ganha um ponto. É importante que, durante o jogo, os times mantenham um comportamento correto e disciplinado.

Continue até que todos os membros do time tenham participado. O time com o maior número de pontos é o vencedor.

Acompanhamento
Este jogo pode ser repetido várias vezes ao longo do ano, usando-se diferentes questões de revisão. Pode-se também organizar a revisão de um tipo de habilidade de cada vez.

Modelo
Exemplos de questões de revisão

- Que tipo de informação há em revistas? _____
- Livros sobre a vida de mais de uma pessoa são chamados _____
- O índice da coleção da biblioteca é o _____
- Um sinônimo de revistas e jornais é _____
- Os três tipos de fichas no catálogo são _____ , _____ e _____
- O conjunto de números e letras que aparecem na etiqueta da lombada dos livros é o _____
- Uma boa fonte para se ter uma visão ampla de um tópico é uma _____
- Um livro de mapas é um _____
- Para encontrar informação sobre um tópico que não está listado no sumário de um livro use o _____
- Os assuntos em uma enciclopédia estão geralmente organizados _____
- Onde fica o número de chamada encontrado numa ficha do catálogo? _____

▶▶ Sistema de classificação

2 *Agrupando assuntos*

Este jogo faz uma revisão das classes do sistema de classificação utilizado na biblioteca, sem exigir a memorização dos números correspondentes. Dá oportunidade para os estudantes praticarem o uso do sistema, com as divisões (classes principais) e subdivisões (classes secundárias) das classes.

Duração
- 30 a 40 minutos.

Materiais
- Cartolina.
- Folhas de papel em branco.

Preparação

Utilizando a cartolina, elabore um cartaz com os números das classes principais do sistema de classificação utilizado na biblioteca, conforme modelo no final desta atividade. Escreva, em cada folha de papel, cerca de 5 assuntos variados das classes secundárias, sem os números de classificação correspondentes.

Instruções

Peça aos estudantes para se organizarem em grupos de três ou quatro. Cada grupo deve escolher uma folha contendo os assuntos secundários. Dê 15 minutos para que os grupos identifiquem em que classe principal os assuntos se enquadram. Em seguida, peça a cada grupo para apresentar os resultados e os vá anotando no cartaz. Cada assunto encaixado corretamente ganha um ponto. Ganha o jogo o grupo que fizer o maior número de pontos.

Acompanhamento

Este jogo pode ser repetido ao longo do ano, usando-se assuntos diferentes.

Modelo
Classes do sistema de classificação

000	100	200	300	400	500	600	700	800	900

▶▶ Coleção de referência

3 *O dicionário geográfico*

Esta atividade dá aos estudantes a oportunidade de distinguir as características de um dicionário geográfico, para determinar a ocasião mais apropriada de utilizá-lo. Permite, também, a prática na localização de informação nessa fonte de referência.

Duração
- Duas aulas de 30 a 40 minutos e tempo complementar para pesquisa individual.

Materiais
- Dicionários geográficos e atlas eletrônicos.
- Papel em branco.

Observação
Como a maioria das bibliotecas possui apenas um exemplar de dicionário geográfico, esta atividade deve ser completada individualmente pelos estudantes em outros horários, além daquele agendado para o grupo ir à biblioteca.

Preparação
Selecione nomes de lugares em um dicionário geográfico e escreva cada um no alto de uma folha de papel. Escolha tantos lugares quanto for o número de alunos na classe.

Instruções
Aula I – Discuta a função do dicionário geográfico. Explique que um dicionário de língua contém os significados de palavras e que um dicionário geográfico contém nomes de lugares com uma breve informação geográfica e histórica. Dê a cada estudante uma folha de papel com o nome de um lugar. Explique que devem procurar o lugar no dicionário geográfico e descobrir onde se localiza. Oriente-os a observar outras informações que o dicionário apresenta sobre o lugar pesquisado. Peça-lhes para fazerem anotações que devem ser compartilhadas com a classe na próxima aula.

Aula II – Reúna os estudantes para uma aula sobre atlas eletrônicos. Explique que os atlas eletrônicos reúnem as características do atlas com as de um dicionário geográfico, pois, a partir do lugar indicado no mapa, pode-se encontrar informações textuais sobre o lugar. Mostre que, clicando-se sobre o nome do lugar no mapa, terão acesso ao verbete relativo ao lugar. Peça-lhes para localizar a mesma cidade que já pesquisaram no dicionário geográfico e complementar suas informações. Dê 15 minutos para completarem a tarefa. Dê a todos oportunidade de relatar o resultado da pesquisa sobre o lugar que lhes coube. Estimule-os a descrever quaisquer problemas ou informações diferentes que encontraram.

Acompanhamento

Alerte os professores de Geografia sobre a existência dessas fontes geográficas e para o fato de que os estudantes já são capazes de usá-las. Recomende o dicionário geográfico e enciclopédias eletrônicas, além do atlas, para responder a questões sobre lugares.

4 *Almanaques*

Este jogo envolve os estudantes na localização de informação em almanaques. Permite recordar a abrangência e o arranjo de um almanaque, além de dar oportunidade de praticarem o uso de índices na localização de informação.

Duração
- 30 a 40 minutos.

Materiais
- Um almanaque para cada estudante da classe.

Observação
É mais fácil aprender a usar o almanaque quando cada estudante tem um exemplar: a letra pequena e o formato compacto

do almanaque dificultam o seu uso por mais de uma pessoa ao mesmo tempo. Edições não encadernadas têm preços acessíveis e podem ser compartilhadas entre as bibliotecas de uma mesma cidade. Para se aprender a abrangência e o arranjo de um almanaque não é necessário utilizar a última edição da obra. Para este tipo de atividade os almanaques podem ser usados por vários anos.

Preparação
Elabore de 15 a 25 questões de referência, cujas respostas podem ser encontradas em almanaques (impressos e em CD-ROM). Ver sugestões no final da atividade.

Instruções
Divida a classe em quatro times e escolha um juiz. Dê a cada estudante um almanaque. Faça uma revisão rápida sobre a abrangência e o arranjo do almanaque, enquanto os estudantes folheiam seus exemplares. Chame a atenção para o índice da obra e recomende-o para que localizem informação com rapidez. Leia as questões previamente elaboradas e oriente os estudantes para localizarem a resposta no almanaque o mais rápido possível. Faça-os levantar as mãos quando encontrarem a resposta. Observe quem levantou a mão primeiro, mas dê tempo para que a maioria dos estudantes localize a resposta, antes de chamar o vencedor. Peça ao estudante que encontrou a resposta em primeiro lugar para apresentá-la e citar a página na qual a informação foi encontrada. Instrua todos os estudantes para encontrarem a página e verificarem a resposta. Se estiver correta, o time ganha um ponto. Se não, chame um membro de outro time para apresentar sua resposta. O time vencedor será aquele que, ao final do jogo, obtiver o maior número de pontos.

Acompanhamento
Este jogo pode ser repetido ao longo do ano, utilizando-se outras questões de referência.

Variação
Este jogo pode ser feito com almanaques em CD-ROM.

Modelo

Sugestões de questões para serem usadas no jogo

- Quem ganhou o Prêmio Nobel da Paz de 1993?
- Em que ano foi criado o Mercosul?
- Em que ano o Brasil passou a ser um país-membro da ONU?
- Qual a quantidade de maconha apreendida no Brasil em 1996?
- Quem é o presidente da Itália?
- Qual o número de aparelhos de TV no mundo?
- Qual é a população do Brasil?
- Quantos casos de dengue ocorreram no Brasil em 1999?
- Qual o nome da estrela que corresponde ao seu Estado na bandeira nacional?
- Qual é a área da América do Sul?
- Qual é a profundidade média dos oceanos?
- Qual é a extensão do rio Amazonas?

▶▶ Fontes biográficas

5 *Dicionário biográfico*

Esta atividade dá aos estudantes oportunidade de distinguir as características peculiares de um dicionário biográfico, para que possam determinar a ocasião mais apropriada de utilizar este tipo de fonte. Também permite a prática em localizar informação nesta obra de referência.

Duração
- Duas aulas de 30 a 40 minutos e tempo para pesquisa individual.

Materiais
- 25 a 30 folhas de papel.
- Dicionários biográficos da biblioteca.

Materiais
A maioria das bibliotecas possui apenas um dicionário biográfico. Esta atividade deve ser completada individualmente pelos

estudantes, em outros horários, além daquele agendado para o grupo ir à biblioteca.

Preparação

Selecione nomes de pessoas do dicionário biográfico e escreva cada um no alto da folha de papel.

Instruções

Aula I – Faça os estudantes discutirem o que é um dicionário biográfico. Desenvolva a ideia de que um dicionário de língua contém os significados de palavras e um dicionário biográfico contém biografias resumidas de pessoas famosas. Explique que as pessoas incluídas no dicionário viveram em épocas passadas e que pessoas ainda vivas provavelmente não estarão incluídas nesta fonte. Escolha algumas pessoas que os estudantes conheçam e peça a vários deles para verificar informações e ler, sobre elas, enquanto os outros observam. Dê a cada estudante uma folha com o nome de uma pessoa famosa. Explique que vão buscar informação sobre a pessoa no dicionário biográfico: quando viveu e por que é famosa. Peça-lhes para preparar suas anotações, a fim de apresentá-las aos colegas na próxima aula.

Aula II – Dê a todos os estudantes a oportunidade de falar sobre o que encontraram. Estimule-os a descrever quaisquer problemas ou coisas diferentes que encontraram, usando o dicionário.

Acompanhamento

Avise aos professores sobre a existência dessa fonte e informe-os de que os estudantes já são capazes de usá-la. Recomende os dicionários biográficos, além de outras fontes biográficas, para responder a questões de referência sobre pessoas.

6 *Biografias online*

Esta atividade familiariza os estudantes com informações biográficas da Internet. Permite a prática de utilizar informação sobre um autor.

Duração
- 30 minutos.

Materiais
- *Sites* na Internet que contenham biografias de autores brasileiros.
- Ligação com a Internet.

Preparação
Esta atividade deve ser planejada junto com o professor de Língua Portuguesa. O conteúdo desta área inclui geralmente o estudo de escritores brasileiros e os estudantes podem trabalhar com autores cujos livros já leram. Escreva em cada folha o nome de um autor.

Instruções
Divida a classe em duplas e distribua as folhas com os nomes dos autores. Oriente os estudantes para acessarem os *sites* previamente selecionados. Peça-lhes para ler as informações sobre o autor e anotar o nome do responsável pelo *site*. Solicite a vários estudantes o relato do que encontraram, comparando a informação que conseguiram com a dos colegas. Recorde que a Internet é uma fonte aberta, que qualquer pessoa pode colocar informação na rede e que esta informação pode conter incorreções. Assim, eles devem sempre usar *sites* que tenham uma instituição responsável. Lembre que a profundidade das informações na Internet é muito variada e que, provavelmente, terão de consultar mais de um *site* para complementar seus dados.

Acompanhamento
Esta atividade pode ser repetida várias vezes durante o ano, variando-se as pessoas a serem pesquisadas.

Variação
Nesta etapa, os alunos já aprenderam a usar motores de busca. Assim sendo, pode-se variar esta atividade, de forma que os próprios alunos descubram *sites* de biografias. Nesse caso, é necessário enfatizar a questão da qualidade da informação encontrada.

▶▶ Revistas e jornais

7 *Explorando notícias nas revistas*

Esta atividade pretende ampliar a compreensão da função das revistas noticiosas semanais e ensinar a localizar informações nas suas diversas seções.

Duração
- 40 minutos.

Materiais
- Fascículos recentes de revistas semanais, como VEJA. São Paulo: Abril, 1968; ÉPOCA. São Paulo: Globo, 1998; ISTOÉ. São Paulo: Três, 1976.
- Fichas.

Preparação
Escolha, nas diversas seções das revistas, assuntos e informações que tenham aparecido nas duas últimas semanas e anote um em cada ficha.

Instruções
Divida a classe em grupos pequenos e distribua um fascículo para cada grupo. Recorde que a revista é uma fonte de informação atualizada e que as matérias estão organizadas em seções. Distribua então uma ficha para cada grupo, pedindo-lhes para localizar aquele assunto ou informação. Dê dez minutos para que realizem a tarefa. Peça então a cada grupo que relate em que parte da revista encontrou o assunto ou informação. Anote no quadro os nomes das seções identificadas. Chame atenção para o fato de que cada revista dá títulos diferentes para as seções, mas que a estrutura geral de todas é semelhante. Mostre que as seções são representadas geralmente por logotipos, que são símbolos que permitem sua identificação instantânea.

Variação
Esta atividade pode ser feita utilizando revistas disponíveis na Internet.

▶▶ Índices

8 *Interpretando informação em índices*

Esta atividade permite a prática na localização de informação sobre um assunto usando-se índices de diversas fontes: livros, revistas, enciclopédias e almanaques. Os estudantes têm oportunidade de compreender os elementos das citações dos índices e praticar na localização de assuntos.

Duração
- 40 minutos.

Preparação
Esta atividade deve ser desenvolvida quando os alunos estiverem pesquisando um assunto em sala de aula.

Instruções
Faça uma revisão sobre os índices: lembre que eles são usados na busca de informação que não aparece listada no sumário de um livro ou, alfabeticamente, como verbete de uma enciclopédia. Recorde a função dos índices das revistas. Explique que as citações dos índices podem aparecer como cabeçalhos e/ou subcabeçalhos, e que a função do subcabeçalho é indicar um aspecto mais específico do assunto. Esclareça que, quando não houver um subcabeçalho para direcioná-lo para a informação, será necessário examinar toda a página indicada, a fim de encontrar o tópico e determinar se a informação é útil. Algumas informações poderão ser úteis e outras não. Explique que esse exercício os ajudará a examinar a página indicada no índice para localizar informação sobre um tópico e determinar se aquela informação é útil para suas pesquisas. Oriente os estudantes para procurarem o assunto da pesquisa em índices de diversas fontes. Auxilie os que estejam com dificuldades.

Acompanhamento
Faça-os localizar as informações coletadas nos índices e verificar se são úteis ou não. Oriente-os para fazerem anotações corretas dos resultados da busca, identificando os dados para elaboração

das referências bibliográficas dos documentos pesquisados e para a produção do texto.

▶▶ Material e equipamento audiovisuais

9 *Gravando entrevistas*

Esta atividade dá aos estudantes oportunidade de realizarem entrevistas gravadas para embasar seus trabalhos.

Duração
- Duas aulas de 30 a 40 minutos e tempo complementar em classe para explorar o assunto.

Materiais
- Uma fita cassete para cada grupo de dois estudantes.
- Gravadores.

Preparação
Esta atividade deve ser coordenada com um trabalho de sala de aula. Os estudantes devem ser orientados para entrevistar uma pessoa a fim de conhecerem sua opinião sobre um fato atual. As entrevistas poderão ser usadas para estudos e discussões em classe.

Instruções
Aula I – Descreva e demonstre como operar o gravador. Peça aos estudantes para escolherem um parceiro. Explique que irão praticar a gravação de entrevistas a fim de se prepararem para o trabalho. Distribua um gravador e uma fita para cada grupo.

Explique que alguns passos devem ser seguidos para se obter um trabalho de qualidade. Liste no quadro tarefas preparatórias:

– Estar familiarizado com o equipamento

– Manter o equipamento pronto e em boas condições

– Elaborar questões claras e objetivas

– Ser educado e atencioso

– Deixar o entrevistado falar, não interrompendo repetidamente.

Discuta brevemente cada um dos passos.

Anuncie o tópico da entrevista e escreva-o no quadro. Escolha um assunto polêmico, na escola ou na comunidade. Oriente cada estudante a elaborar duas questões sobre o tópico e usá-las para entrevistar seu parceiro.

Aula II – Dê oportunidade para cada grupo apresentar sua entrevista para a classe. Discuta os pontos que tornam uma entrevista efetiva ou frustrante. Pode-se orientar os estudantes a escolherem as melhores entrevistas e discutirem por que obtiveram sucesso.

Variação
Pode-se dar aos estudantes oportunidade de entrevistarem pessoas fora da escola, por exemplo, uma pessoa mais velha de sua família ou comunidade, que poderia descrever um evento que ocorreu quando a pessoa era jovem.

HABILIDADES DE INTERPRETAÇÃO

▶▶ **Técnicas de avaliação e seleção**

10 *Lista dos melhores*

Esta atividade desenvolve a capacidade de avaliar livros para leitura. Estimula o interesse em relação a vários livros e encoraja os estudantes a lerem livros que outras pessoas apreciaram. Nesta atividade, os estudantes irão recomendar livros uns para os outros.

Duração
• Duas ou três aulas de 30 a 40 minutos.

Materiais
- Um pedaço de compensado ou isopor.
- Canetas hidrocor.

Instruções

Aulas I e II – Explique aos estudantes que irão organizar um concurso para determinar os melhores livros da coleção da biblioteca para alunos de sua idade. Faça-os indicar livros para a lista, incluindo título, autor, número de chamada. Peça-lhes para descreverem suas razões para a escolha. Os estudantes podem escolher livros de ficção e não ficção. Provavelmente precisarão de duas aulas para indicar seus livros favoritos. Mantenha um quadro, listando os livros e seus números de chamada, à medida que forem sendo indicados. Devem ser indicados de 20 a 30 títulos.

Aula III – Leia a lista de livros indicados. Faça os estudantes votarem, escrevendo sua primeira escolha num pedaço de papel. Recolha e conte os votos. Liste as dez primeiras escolhas de acordo com o número de votos recebidos. Se dois livros recebem um número igual de votos, liste ambos como estando empatados naquele lugar. Intitule o quadro "Melhores livros da ..... série".

Acompanhamento
- Exponha o quadro na biblioteca, para que alunos de outras séries possam também ler os livros.

▶▶ Pesquisa e produção de textos

11 *Introduzindo notas de rodapé*

Esta atividade ajuda os estudantes a entenderem a função das notas de rodapé no texto. O uso de notas de rodapé é uma complementação da habilidade de elaborar a bibliografia para o trabalho.

Duração
- 30 a 40 minutos.

Materiais
- Papel.
- Lápis.

Preparação
Esta atividade deve ser integrada com uma pesquisa ou trabalho escrito solicitado por um professor.

Instruções
Reveja com os estudantes as razões para se elaborar a bibliografia das fontes utilizadas em um trabalho. Leve-os a compreender que, quando usam trechos, ideias e fatos publicados, devem citar o autor. Peça-lhes para considerarem o que fariam se desejassem usar as palavras exatas de um autor. Relembre a necessidade de se usarem aspas em trechos de autores que citaram.

Explique que as notas de rodapé são usadas para indicar a fonte exata, isto é, o autor, o título e a página de onde foi retirado um trecho, ideia ou fato. Descreva e demonstre no quadro a maneira de elaborar uma nota de rodapé, esclarecendo que esta é uma nota abreviada: a referência completa vai aparecer na bibliografia, no final do trabalho. Explique que notas de rodapé são numeradas consecutivamente ao longo de um texto ou indicadas por símbolos dos quais o mais comum é o asterisco. Demonstre como fazer notas de rodapé no editor de texto. Se usarem o *Word*, devem clicar Inserir, Notas, Nota de rodapé e, em seguida, escolher uma das opções Autonumeração ou Personalizada. Esclareça que a opção Personalizada exige a escolha de um símbolo. Peça aos estudantes para explicar a diferença entre uma nota de rodapé e uma bibliografia. Reforce a ideia de que notas de rodapé indicam a localização exata de onde foi retirada uma informação citada. A bibliografia cita as referências completas das fontes usadas.

Estimule os estudantes a praticar a elaboração de notas de rodapé: peça-lhes para escolher um trecho de um livro de não ficção para citar, copiar a citação e fazer uma nota de rodapé adequada. Recolha os exercícios ao final da aula.

Acompanhamento
Corrija os exercícios para avaliar quem precisa de mais orientação na elaboração de notas de rodapé. Oriente individualmente aqueles estudantes que precisarem de ajuda. Combine com os professores para examinarem as notas de rodapé, bem como bibliografias incluídas nas redações. Dessa forma os estudantes que não tenham dominado estas habilidades poderão ser orientados.

Observação
Existem outros tipos de notas de rodapé, tais como as que ampliam ou explicam um trecho. Essas não são consideradas habilidades bibliográficas e são ensinadas nas aulas de língua portuguesa.

12 *Todos os fatos*

Esta atividade dá aos estudantes oportunidade de localizar materiais para encontrar o que já foi escrito sobre um assunto, usar ideias obtidas de diferentes materiais, elaborar pesquisas, propondo uma conclusão e expor informação em um texto ou numa apresentação oral.

Duração
- Seis aulas de 30 a 40 minutos e tempo complementar para pesquisa individual e produção de textos.

Materiais
- A coleção da biblioteca.
- Ligação com a Internet.
- Papel.
- Lápis.

Preparação
Esta atividade deve ser integrada a um trabalho de pesquisa e produção de texto de uma matéria do currículo. Os estudantes devem escolher seus temas antes de começar a atividade.

Instruções
Aula I – Solicite aos estudantes que localizem em uma enciclopédia um verbete sobre seu tema e leiam-no

rapidamente para ter uma visão geral do tópico. Oriente-os para que, a partir da visão geral que tiveram, determinem cinco ou mais subtópicos, anotando cada um no alto de uma folha de papel e deixando-os à parte para fazer anotações em uma aula posterior.

Aula II – Peça aos estudantes para localizar pelo menos três fontes que abordem o tema que escolheram. Podem usar uma variedade de materiais, tais como livros, revistas, jornais, vídeos, sites da Internet e outros. Estimule o uso do catálogo da biblioteca e de outras fontes disponíveis para localizar materiais. Oriente cada estudante para elaborar as referências bibliográficas dos materiais que encontrou.

Aulas III e IV – Peça aos estudantes para lerem sobre seus tópicos e procurarem detalhes sobre cada um dos subtópicos nos materiais que localizaram. Estimule-os a usarem índices dos livros para encontrar informação específica sobre seu tema. Diga-lhes para tomarem notas sobre os detalhes nas folhas de papel onde estão escritos os subtópicos. Lembre que devem incluir apenas os detalhes que se relacionem diretamente àquele subtópico em particular. Quando tomam notas, tendem a simplesmente copiar o texto. A busca por detalhes evita que copiem palavra por palavra. Os estudantes têm, também, dificuldade em combinar informação de várias fontes. Anotar detalhes sobre os subtópicos ajuda a resumir a informação de que precisam e combiná-la em um texto.

Aulas V e VI – Peça aos estudantes para escreverem seus textos a partir das anotações. Relembre os procedimentos aprendidos na etapa anterior. Oriente-os a escreverem uma sentença introdutória para cada subtópico e um ou dois parágrafos sobre os detalhes que encontraram. Os subtópicos devem ser organizados na mesma ordem que pretendem dar ao seu texto. Em seguida, peça-lhes para escreverem um parágrafo introdutório e, também, um parágrafo de fechamento, que vai resumir a informação e propor conclusões.

Solicite aos estudantes que troquem seus textos com os colegas para serem revistos e corrigidos.

Acompanhamento
Oriente-os a passar o texto a limpo para ser entregue ao professor da disciplina. O texto final deve incluir a bibliografia e as notas de rodapé.

Variação
Esta atividade pode ser repetida com diferentes temas e em várias áreas de assunto. Os estudantes devem demonstrar independência cada vez maior em cada estágio da pesquisa e da produção de textos.

▶▶ Apreciação literária

13 *Ficção histórica*

Esta atividade familiariza os estudantes com a ficção histórica. Eles compreendem melhor este tipo de literatura ao assumir o papel do autor, escrevendo suas próprias histórias de ficção histórica.

Duração
- Seis aulas de 30 a 40 minutos.

Materiais
- Um filme de ficção histórica.
- Papel.
- Lápis.
- Livros de ficção histórica da biblioteca.

Preparação
Esta atividade deve ser integrada a um conteúdo da área de História. Isto pode ser feito ao estimular-se os estudantes a

escreverem sobre um período da história que tenham estudado recentemente.

Selecione de 10 a 20 livros de ficção histórica que abranjam vários períodos.

Instruções

Aula I – Leve os estudantes a discutirem a definição de ficção histórica. Desenvolva a ideia de que esse tipo de literatura é ficção, embora contenha personagens e enredos que ocorreram num período autêntico da história.

Exponha os livros de ficção histórica selecionados e fale brevemente sobre cada livro, descrevendo o cenário, o enredo e os principais personagens. Estimule os estudantes a selecionarem um dos livros para ler.

Aulas II e III – Mostre o filme. Antes de começar peça aos estudantes para observarem o momento histórico em que se passa a história.

Terminada a exibição, discuta os elementos de ficção histórica que os estudantes reconheceram. Leve-os a compreender que a ficção histórica ocorre em um determinado período de tempo autêntico. Os personagens criados retratam o que o autor imagina como sendo a vida naquele tempo. Qualquer fato sobre personagens históricos reais usados na história deve combinar com o conhecimento histórico existente sobre eles. Peça aos estudantes para imaginarem um período histórico, a fim de localizarem uma história que escreverão na aula seguinte.

Aula IV – Peça aos estudantes para contarem qual o período de tempo que escolheram para suas histórias. Oriente-os a pesquisar sobre aquele período em uma enciclopédia. Recomende que tomem notas sobre fatos e costumes interessantes que queiram incluir em suas histórias. Peça para imaginarem como deve ter sido viver naquela época.

Oriente os estudantes para criarem uma história com personagens e enredo, a qual se passe naquele período. Podem começar a escrever tão logo tenham reunido informações suficientes. Auxilie os estudantes que tenham dificuldade, encorajando-os a falar sobre a época e a descrever como deve ter sido viver naquele período.

Aula V – Convide os estudantes a continuar a escrever suas histórias de ficção histórica. Escreva as seguintes instruções no quadro, para ajudá-los a organizar seu trabalho:

– Escolha um período histórico.

– Pesquise sobre o período em uma enciclopédia.

– Leia sobre o período e tome notas.

– Escreva uma história com personagens e enredo.

Oriente os estudantes a seguir as instruções do quadro. Insista para que, ao final da aula, eles tenham completado a tarefa solicitada, seguindo as instruções.

Todas as histórias que não tenham sido terminadas durante a aula podem ser completadas em casa, ou pode-se planejar uma aula extra. Aqueles estudantes que tenham completado suas histórias podem usar o tempo para leitura individual.

Aula VI – Peça aos estudantes para trocarem suas histórias com os colegas. Dê de dez a quinze minutos para lerem as histórias uns dos outros e recomendar correções.

Proponha que cada estudante leia sua história para a classe. Chame atenção para o fato de que, provavelmente, as melhores histórias são as que foram cuidadosamente pesquisadas e que usaram como base fatos autênticos.

Acompanhamento

Os estudantes podem fazer capas coloridas para suas histórias e montar uma exposição na biblioteca, para que estas possam ser lidas por membros da comunidade escolar fora de sua classe.

14 Ficção realista

Esta atividade familiariza os estudantes com a ficção realista. Eles irão compreender melhor este tipo de literatura ao assumirem o papel do autor, escrevendo suas próprias histórias de ficção realista.

Duração
- Seis aulas de 30 a 40 minutos.

Materiais
- Um filme de ficção realista.
- Papel.
- Lápis.
- Livros de ficção realista da coleção da biblioteca.

Preparação
Selecione de 10 a 20 livros de ficção realista para uma exposição.

Instruções

Aula I – Discuta com os estudantes a definição de ficção realista. Estimule-os a dar exemplos de ficção realista, tirados de livros que tenham lido ou de filmes que tenham assistido na televisão. Desenvolva a ideia de que este é um tipo de ficção com personagens, enredo e cenário muito parecidos com a vida real. Explique que este tipo de ficção, geralmente, parece tão real que é difícil pensar nele como ficção. A ficção realista geralmente apresenta um problema com o qual o leitor ou espectador está acostumado.

Mostre os livros de ficção realista selecionados e fale rapidamente sobre cada um, descrevendo os personagens principais e seus problemas ou situação. Encoraje os estudantes a selecionar um dos livros para ler.

Aula II e III – Mostre o filme selecionado. Antes de exibir o filme, peça aos estudantes para tentarem identificar o problema da personagem principal. Depois da exibição discuta o problema da personagem. Peça aos estudantes para discutirem sobre a maneira como a personagem principal lidava com seus problemas. Em seguida, oriente-os a observar o que faz desta história uma ficção realista. Indague por que a história é considerada ficção e não biografia.

Aula IV – Faça uma revisão das características da ficção realista. Desenvolva a ideia de que as histórias de ficção realista têm personagens, enredo e cenário reais, que ocorrem numa situação problemática.

Peça aos estudantes para escreverem uma história de ficção realista. Ajude aqueles que têm dificuldade para começar, encorajando-os a falar sobre uma situação problemática, e como ela deve ser trabalhada. Explique que, para escrever uma história de ficção realista, precisam colocar personagens naquela situação e fazê-los buscar uma solução.

Aula V – Peça aos estudantes para continuar a escrever suas histórias. Todas devem estar concluídas na aula seguinte.

Aula VI – Proponha aos estudantes trocarem suas histórias com um colega. Dê de dez a quinze minutos para lerem as histórias uns dos outros e para recomendarem correções.

Peça a cada estudante para ler sua história para os colegas. Chame atenção para o fato de que as melhores histórias são as que apresentam situações reais, com as quais estão familiarizados.

2ª Etapa

Entendendo o ambiente informacional

Nesta etapa, para alunos de 13 a 14 anos, as habilidades para usar a biblioteca e os recursos informacionais se expandem, levando os estudantes a compreenderem o ambiente da informação. A compreensão do ambiente da informação abarca o conceito de que as fontes de informação existentes estão organizadas de forma a possibilitar que se localize uma informação específica, ou determinado material.

Agora os estudantes desenvolvem o entendimento da maneira como a informação pode estar organizada e dos instrumentos disponíveis para ajudá-los a localizá-la. Esse entendimento é obtido a partir da compreensão ampla das fontes de informação disponíveis e de seu uso efetivo.

Este capítulo inclui:
- a descrição das características do aluno, que têm, ligação com o programa da biblioteca;
- uma lista das habilidades para usar a biblioteca, a serem desenvolvidas nesta etapa;
- sugestões de atividades para desenvolver as habilidades relacionadas na lista.

O programa

Esta etapa, como todas as anteriores, é uma continuação das atividades que vêm sendo desenvolvidas desde o início do programa.

É importante compreender que as atividades aqui sugeridas não devem ser vistas isoladamente. Constituem um programa para desenvolver gradualmente, nos estudantes, habilidades para localizar e interpretar os recursos informacionais, começando no momento em que a criança chega à escola e continuando até o final da educação fundamental, quando as habilidades básicas para usar a biblioteca deverão estar dominadas.

Nas primeiras séries do ensino fundamental, o bibliotecário encontra-se com os estudantes com certa frequência. As atividades são desenvolvidas de forma consistente e significativa. As habilidades são construídas de forma hierárquica. Aquelas previamente aprendidas possibilitam aos alunos realizarem, posteriormente, tarefas mais difíceis. A aprendizagem acontece gradualmente, passo a passo, até que eles dominem as habilidades de localizar e interpretar materiais para informação e lazer, sem ajuda.

A aprendizagem sequencial e gradual prepara os alunos para as habilidades mais avançadas relacionadas com o uso da biblioteca e a informação. Esta etapa consiste no uso independente da biblioteca e num entendimento amplo do ambiente da informação, através de atividades ocasionais.

Atividades na biblioteca

Nesta etapa, atividades sistemáticas em grandes grupos não são necessárias e nem práticas. Entretanto, caso os estudantes não tenham seguido o programa desde a primeira etapa e não dominem as habilidades básicas, será necessário planejar algumas atividades. Adapte algumas daquelas sugeridas nos capítulos anteriores, a fim de desenvolver as habilidades desta etapa. As atividades podem ser desenvolvidas individualmente ou em pequenos grupos, apenas para aqueles estudantes que ainda não dominam as habilidades previstas para esta etapa.

A aprendizagem de habilidades básicas pode ser difícil, nesta etapa. Algumas vezes os estudantes já assistiram palestras maçantes sobre o catálogo da biblioteca e a Classificação Decimal de Dewey e, agora, se desinteressam à simples menção do termo. A época adequada para aprender habilidades básicas de localização é nas duas etapas anteriores. Aos nove ou dez anos os alunos geralmente estão interessados nos aspectos técnicos da biblioteca. Depois desta idade é mais difícil prender sua atenção e despertar seu interesse. O ensino das habilidades para usar a biblioteca, neste momento, é similar, de certa forma, à tentativa de ensinar leitura depois das séries iniciais.

As habilidades necessárias para usar a biblioteca são melhor desenvolvidas a partir do interesse pessoal e da necessidade de uma informação específica. A motivação necessária para aprender a usar a biblioteca deve vir, principalmente, do próprio estudante.

Esta etapa é planejada para estudantes de treze anos ou mais. As habilidades e atitudes adquiridas nos anos anteriores se solidificam e formam o fundamento no qual se constroem as capacidades para a vida adulta. Nessa idade, os estudantes querem exibir sua individualidade, mas, também, têm necessidade de ser iguais aos outros. É um período de muitas escolhas para os alunos, escolhas que são feitas geralmente através de tentativa e erro, algumas com resultados pouco animadores. Algumas vezes aprendem, através de uma experiência sofrida, a assumir responsabilidade por seus atos. É uma idade de descobrir sua própria identidade e libertar-se da dependência dos pais e de outros adultos.

Os estudantes estão começando a procurar sentido e direção para suas próprias vidas. Muitos consideram que o que aprenderam na escola é pouco significativo. Estes estudantes podem se resignar a fazer trabalhos porque lhes são solicitados, e não porque consideram que será uma forma de aprendizagem significativa.

Os conceitos e habilidades a serem desenvolvidos devem ser significativos para a vida dos estudantes, tanto no presente quanto no futuro. As atividades dão-lhes oportunidade de usar materiais que podem ajudá-los na sua relação com o ambiente. A abordagem do ambiente da informação proporciona uma visão abrangente dos recursos informacionais, além de dar aos estudantes oportunidades de selecionar materiais relevantes.

Integração com os conteúdos curriculares

O programa desta etapa é baseado nas tarefas dadas pelos professores em sala de aula, devendo, portanto, ser totalmente integrado aos conteúdos curriculares das disciplinas. Os estudantes quase sempre frequentarão a biblioteca com o objetivo de desenvolver atividades ligadas a tarefas escolares.

O professor e o bibliotecário planejam e agendam em conjunto as atividades para aprendizagem de fontes específicas e de conceitos avançados. É importante que o bibliotecário esteja atento à natureza e ao conteúdo dos trabalhos solicitados pelos professores. Ele pode dar sugestões úteis aos professores sobre os recursos disponíveis na biblioteca e sobre as habilidades que os estudantes adquiriram. Nesta etapa, a ênfase está no uso da biblioteca de forma independente, individual, e em atividades ocasionais para aprender a usar determinada fonte, ou entender determinado conceito. As atividades são planejadas para serem desenvolvidas em torno de um trabalho dado pelo professor. São suficientemente flexíveis para atender a grande variedade de trabalhos que requerem determinado recurso ou conceito informacional.

As atividades para aprender a usar os recursos deverão ser desenvolvidas sempre em conjunto com um trabalho que requeira esta prática. Os estudantes aprendem melhor através da experiência pessoal, utilizando o recurso, do que assistindo a uma aula sobre ele. Embora possa ser necessária uma explanação para introduzir o assunto, ela nunca substituirá uma experiência prática. Aprendendo na prática, os estudantes serão mais capazes de lembrar e transferir o que aprenderam.

A abordagem do ambiente da informação

A abordagem do ambiente da informação se relaciona com a organização, recuperação, interpretação e uso da informação. Devido à grande quantidade de informação gerada na sociedade contemporânea, é importante que usuários de biblioteca compreendam os conceitos gerais e os problemas do ambiente da informação. Esta abordagem trabalha as habilidades para usar a biblioteca e a informação a partir de uma perspectiva ampla, que coloca a biblioteca no contexto das várias fontes de informação disponíveis. Esta abordagem revela o interrelacionamento entre as fontes, que formam uma rede na qual a biblioteca desempenha papel central. A biblioteca dá oportunidade de que as pessoas façam uso da massa de informação disponível e nela encontrem significados. Esta etapa consiste no estudo e no uso de fontes de informação e é, também, uma oportunidade para que os estudantes se familiarizem com o conceito de redes de bibliotecas.

À medida que exploram catálogos de outras bibliotecas na Internet, adquirem a noção de que existem materiais disponíveis fora da biblioteca da escola. Entendem as possibilidades que bibliotecas universitárias ou públicas oferecem para ampliar suas pesquisas, ao disponibilizarem seus acervos através do serviço de empréstimo entre bibliotecas.

É importante, também, conhecer as diversas instituições culturais que abrigam estoques de informação, já que elas irão constituir um espaço de aprendizagem permanente ao longo da vida das pessoas. A atividade **Ampliando a pesquisa** permite que os estudantes se familiarizem com essas instituições.

A televisão como fonte de informação

A televisão é uma das fontes de informação mais influentes na vida dos estudantes. Ela induz a atitudes, enquanto fornece informação e lazer. Infelizmente, disputar a audiência, incentivar o consumo acrítico, valorizar atitudes violentas e discriminatórias são geralmente as principais preocupações das emissoras. Apesar de tudo isso, e embora a qualidade dos programas seja discutível, a televisão constitui uma fonte de fantasia e entretenimento, além de informação. Assim sendo, os educadores não devem tratar a televisão como adversária. Ela pode ser uma grande aliada no processo pedagógico. As técnicas de avaliação e seleção aprendidas através do programa da biblioteca podem dar melhores condições para que os estudantes escolham programas de TV, incentivando um olhar crítico e reflexivo.

A atividade **Gravando a reportagem** leva o grupo de estudantes a produzir um vídeo com notícias da escola. Assumindo papéis de diretor, repórteres, roteiristas e técnicos, a fim de planejar, produzir, editar e exibir um programa de televisão, ficam conhecendo as operações internas de programação de televisão e podem entender e avaliar melhor aquilo a que assistem. Esta técnica foi usada nos níveis anteriores, exigindo que os alunos escrevessem vários tipos de literatura, para aprenderem as características peculiares de cada um. Assim como desempenhou o papel de autor, o aluno pode assumir agora o papel de produtor, a fim de entender o que se pretende. Quando os estudantes gravam em vídeo um jogo de futebol, por exemplo, selecionam certas jogadas para enfatizar determinada ação no campo. Posteriormente, quando assistem ao vídeo, percebem a força da cena selecionada. Os estudantes se conscientizam de que ver um jogo na televisão é diferente de ver o jogo ao vivo. Esta experiência, e outras que os estudantes começam a vivenciar em primeira mão, possibilita que usem maior discernimento ao avaliar e selecionar programas para ver e ouvir.

Esta é uma experiência excelente para os estudantes. Entretanto, pode não ser possível dar a todos eles a oportunidade de produzir seu próprio vídeo. A atividade sugerida envolve a produção de um programa mensal de notícias da escola, em vídeo. Com grupos diferentes de estudantes produzindo o programa a cada mês, pode-se dar oportunidade a muitos estudantes. Entretanto, isto pode ser muito ambicioso no início e talvez seja preferível formar um clube, usando sempre os mesmos estudantes para cada produção.

Nesta etapa, os estudantes aprendem que os programas de televisão podem ser complementados com os materiais da biblioteca. Um programa informativo geralmente introduz ideias e conceitos que podem ser depois aprofundados, utilizando-se os materiais da biblioteca. O ritmo da televisão é, geralmente, mais rápido do que o do pensamento individual; o telespectador não pode voltar a um ponto que não entendeu completamente. Materiais impressos, em geral, são mais adequados ao ritmo do pensamento individual. Deve-se encorajar os estudantes a seguir suas inclinações no que diz respeito ao aprofundamento de um tópico, levando-os a conhecer os materiais existentes na biblioteca, as quais podem complementar seus conhecimentos. A atividade **Diferenças entre ler e ver** relaciona os materiais da biblioteca a programas de televisão recentes. A exibição de materiais relacionados a programas de televisão pode ser uma atividade regular da biblioteca, devendo-se proceder à atualização frequente desses materiais, a fim de manter o interesse dos estudantes.

Um dos maiores problemas de se assistir a televisão em excesso é a falta de oportunidade para se falar sobre o que está sendo visto. Discutir programas de televisão leva ao desenvolvimento da capacidade para avaliar e selecionar programas. Em discussões de grupo, é dada aos estudantes oportunidade para recordarem, resumirem, parafrasearem e complementarem o que viram. Recordar exige que lembrem o que foi significativo para eles. Ao resumir, os estudantes organizam suas ideias de forma a poder melhor trabalhá-las. Parafrasear requer que reelaborem, com suas próprias palavras, o que foi recordado e resumido. Ao complementar as ideias apresentadas, os estudantes acrescentam a elas suas próprias ideias e opiniões, além de informações reunidas de outras fontes. A produção de sentido ocorre quando o estudante relaciona novas experiências e informações a experiências e aprendizagens passadas. A discussão sobre programas de televisão ajuda os estudantes a relacionarem o que veem a experiências passadas. Dessa forma, podem descobrir que alguns programas de televisão têm pouco sentido para eles e podem entender, avaliar e selecionar melhor os programas mais significativos.

Técnicas de pesquisa e produção de texto

Entre os doze e dezesseis anos, a maioria dos estudantes alcança o estágio final de desenvolvimento mental, estando apta a fazer generalizações e a lidar com abstrações. Estas são habilidades importantes em pesquisa e produção de texto. A habilidade para fazer generalizações liberta a pessoa da restrição de pensar sobre itens específicos e possibilita que agrupe itens similares. Esta habilidade começa a se desenvolver bem mais cedo, possibilitando à criança categorizar e entender a classificação da biblioteca.

Nesta etapa, a crescente habilidade para generalizar permite aos estudantes formar hipóteses ou, de outra forma, a delimitar um tópico. Esta é uma das técnicas mais difíceis no processo de pesquisa e produção de texto. Definir e delimitar um tópico pode determinar o sucesso ou falha de todo o trabalho.

Geralmente os estudantes escolhem tópicos sobre um assunto antes de ir à biblioteca para reunir informações. Esteja alerta a tópicos que são candidatos ao fracasso por serem muito amplos ou muito vagos. Pode-se ajudar os estudantes, alertando-os para temas não adequados e ajudando-os a redefinir o que irão pesquisar.

A habilidade para lidar com abstrações é também essencial para a pesquisa e a produção de texto bem-sucedidas. Os alunos mais novos têm uma imagem concreta do que expressam. A habilidade crescente para usar abstração significa habilidade para ter pensamentos que nem sempre têm um correspondente concreto. A compreensão exata de atitudes, tais como, orgulho, lealdade e compaixão, requer pensamento abstrato.

Existe outro aspecto da abstração que é ainda mais significativo para a pesquisa e a produção de texto. A abstração inclui a habilidade de selecionar, de uma massa de informação, o que é importante ou o que se relaciona a um tópico. A massa de informação pode ser composta de uma variedade de fontes em diferentes formatos. Posteriormente, a abstração inclui a habilidade de combinar informação de muitas fontes em um texto coerente.

Nesta etapa os estudantes são levados a escrever sobre determinado assunto. Da mesma forma que ocorre com a questão da delimitação do tema, deve-se observar os estudantes que estão com dificuldade em escrever. Combinar fontes de informação não é uma tarefa simples e requer maturidade, habilidade e experiência. Os estudantes que precisam de ajuda devem ser auxiliados e encorajados.

Fontes de informação

As fontes de informação introduzidas nas atividades deste capítulo foram escolhidas por sua utilidade, na pesquisa ou no lazer. São fontes que os estudantes irão considerar interessantes e úteis para pesquisa. A atividade **Contemporâneos notáveis** ensina a encontrar informação sobre pessoas famosas, utilizando recursos variados. **Dicionário de citações** oferece aos estudantes um recurso para enriquecer os textos que produzem. A atividade **Caça ao tesouro** leva-os a explorar os materiais variados da biblioteca, que constituem fontes de informação para complementar seus trabalhos escritos e apresentações orais. Estes são recursos que os estudantes irão usar para encontrar informações durante sua vida. Constituem fontes de informação para complementar outras experiências e são interessantes por si próprias.

Através destas atividades, dá-se aos estudantes oportunidade de se acostumarem com a variedade de técnicas de indexação e com os diferentes arranjos das fontes de informação. Dessa forma, são preparados para adequar essas habilidades, quando forem usar outras obras de referência especializadas.

Existem outras fontes, na coleção de referência da biblioteca, que poderão ser dadas a conhecer, tais como fontes de crítica literária, dicionários e enciclopédias de ciências sociais e material de referência sobre assuntos especializados. Deve-se informar aos estudantes da existência de determinada fonte de informação e fazer uma descrição resumida do arranjo, quando começarem um trabalho no qual a fonte possa ser útil. Isto será suficiente para estimulá-los a usar a fonte por si próprios e para adaptar as habilidades adquiridas com outras fontes de referência.

Apreciação literária e leitura

Nesta etapa, a apreciação literária é incluída nos conteúdos programáticos de literatura. Entretanto, o programa da biblioteca deve prever atividades que encorajem a leitura de lazer e o uso de materiais para fins pessoais.

Palestras sobre livros são excelentes para fazer os estudantes tomarem conhecimento de livros interessantes da coleção, que poderiam ser, de outra forma, ignorados. A biblioteca geralmente tem uma coleção de literatura para jovens que pode não ser familiar para os estudantes mais novos.

Podem ser programadas três tipos de palestra sobre livros: a formal, a informal e a feira de livros. A palestra formal consiste em uma descrição detalhada de um livro, incluindo a leitura de alguns trechos. A informal consiste de uma discussão sobre três ou quatro livros, estruturada em torno de um tema ou de um autor. A feira de livros consiste de uma breve descrição de um número maior de livros.

A atividade **Diferenças entre ler e ver** prevê uma feira de livros e de outros materiais relacionados a programas recentes de televisão. Palestras sobre livros podem ser difíceis de serem preparadas. A vantagem da feira de livros é que ela exige menos tempo de preparação, além de permitir a apresentação de maior quantidade de materiais. Uma vez preparada uma palestra, aproveite-a para usuá-la com vários grupos de estudantes, a fim de obter maior benefício pelo esforço despendido.

Resumo

As atividades desta etapa consistem em continuação das habilidades aprendidas desde o início do programa. Não são destinadas a serem desenvolvidas isoladamente, mas, sim, na perspectiva de um programa completo. Pretendem fazer os estudantes conscientes do ambiente da informação. Nesta etapa os estudantes conhecem as possibilidades de usar materiais de bibliotecas e outras instituições, ampliando suas pesquisas. Tornam-se mais bem informados sobre a televisão como uma fonte de informação e são encorajados a usar os materiais da biblioteca para complementar programas de televisão. Familiarizam-se com fontes de referência úteis para pesquisa e para atender a seus interesses pessoais. Pesquisa e produção de texto ligadas a disciplinas do currículo tornam-se os motivos principais para ir à biblioteca.

Nesta etapa, as habilidades para usar a biblioteca e a informação pretendem ser habilidades enriquecedoras, para serem aplicadas em situações de aprendizagem, e com objetivos pessoais.

Fase III – 2ª Etapa [13 A 14 ANOS]
Lista das habilidades

A seguir apresentamos os objetivos para esta etapa, na forma de uma lista sequencial de habilidades a serem desenvolvidas. A lista não é rígida, fornecendo apenas uma estrutura geral a partir da qual o programa da biblioteca poderá ser planejado. Pode ser usada como um cronograma das atividades correspondentes e compartilhada com professores e outros envolvidos no programa.

Classe: _____	
HABILIDADES DE LOCALIZAÇÃO	**Agenda**
▶▶ **Arranjo da coleção**	
• Entende que o catálogo é um instrumento para possibilitar o acesso a coleção da biblioteca.	
• Sabe localizar materiais nas estantes, usando números de chamada identificados no catálogo.	
• Sabe usar o catálogo para localizar materiais por autor, título e assunto.	
• Sabe localizar uma variedade de materiais na biblioteca.	
• Entende a ordem alfabética das etiquetas das gavetas do catálogo.	
• Sabe converter sua linguagem para a terminologia usada nos cabeçalhos de assunto.	
• Sabe ser específico no momento da busca de um assunto.	
• Sabe interpretar as informações dos registros bibliográficos do catálogo (tipo de material, data de publicação, número de páginas, se é ilustrado etc.).	
• Compreende e usa remissivas no catálogo.	
▶▶ **Ficção e não ficção**	
• Entende a diferença entre ficção e não ficção.	
• Conhece os vários tipos de ficção: de aventura, científica, realista, de mistério, histórica, de fantasia, de esportes, humorística.	
• Já leu diversos tipos de ficção.	
• Pode usar livros de não ficção como uma fonte de informação.	

	Agenda
▶▶ **Sistema de classificação**	
• Entende que o objetivo do sistema de classificação é reunir materiais sobre o mesmo assunto e forma literária.	
• Entende as classes principais do sistema de classificação utilizado na biblioteca.	
• Entende que as classes principais podem ser subdivididas em assuntos mais específicos.	
• Pode localizar material, utilizando o número de chamada.	
▶▶ **Coleção de referência**	
• Sabe distinguir as características de diversas fontes de referência.	
• Pode determinar a fonte de referência mais adequada para um objetivo específico.	
• Sabe que as fontes de referência são feitas para serem consultadas e não para serem lidas do começo ao fim.	
• Pode localizar informações em diversas fontes de referência.	
• Conhece a função de um dicionário de citações.	
▶▶ **Fontes biográficas**	
• Pode localizar informações sobre uma pessoa.	
• Conhece os diferentes tipos de fontes biográficas e pode localizar informações em cada uma delas.	
• Sabe encontrar informações sobre pessoas na Internet.	
▶▶ **Revistas e jornais**	
• Entende que os periódicos são fontes de informação atual.	
• Sabe identificar a origem das notícias veiculadas em jornais e revistas.	
• Conhece as diferentes categorias de autores que escrevem nos jornais e revistas.	
• Sabe encontrar a continuação das notícias que aparecem na primeira página dos jornais.	

	Agenda
▶▶ **Índices**	
• Sabe que os índices fornecem acesso por assunto a informações contidas em livros e obras de referência.	
• Pode localizar informação sobre um assunto em livros, obras de referência e revistas através de seus índices.	
• Conhece a função dos catálogos de bibliotecas disponíveis na Internet.	
▶▶ **Materiais e equipamento audiovisuais**	
• Sabe que a informação aparece em uma variedade de formatos.	
• Pode localizar materiais na coleção de audiovisuais.	
• Pode operar equipamentos para usar os materiais audiovisuais.	
• Pode produzir materiais audiovisuais para expressar suas ideias.	

HABILIDADES DE INTERPRETAÇÃO

▶▶ **Técnicas de avaliação e seleção**	
• Entende os vários tipos de literatura.	
• Está familiarizado com autores e seus trabalhos.	
• Pode usar as várias partes de um livro para determinar sua abrangência, formato e utilidade e também para localizar e documentar informação.	
• Usa discernimento na seleção de livros e periódicos para ler, filmes e programas de televisão para ver.	
▶▶ **Pesquisa e produção de texto**	
• Pode usar informação encontrada em diferentes materiais.	
• Pode realizar e terminar uma pesquisa.	
• Pode apresentar informação em um trabalho escrito e/ou numa apresentação oral.	

	Agenda
• Pode elaborar uma bibliografia normalizada para seu trabalho.	
• Compreende a função das notas de rodapé.	
▶▶ **Ver ouvir e interagir**	
• Reage a imagens e sons de uma situação de aprendizagem.	
• Interpreta o que é ouvido e visto.	
• Pode recordar, resumir, parafrasear e complementar o que é ouvido e visto.	
▶▶ **Apreciação literária**	
• Está familiarizado com os vários tipos de literatura.	
• Pode interpretar o significado de muitas formas de literatura.	

▶▶ Sugestões de atividades

A seguir, apresentamos sugestões de atividades que devem ser desenvolvidas de acordo com os objetivos definidos para esta etapa.

HABILIDADES DE LOCALIZAÇÃO

▶▶ Coleção de referência

1 *Dicionário de citações*

Esta atividade introduz os dicionários de citação como fonte de referência e dá aos estudantes oportunidade de localizar citações sobre determinada ideia.

Duração
• Duas aulas de 30 minutos e tempo para pesquisa individual.

Material
- Dicionários de citação, como, por exemplo, o *Dicionário Universal Nova Fronteira de Citações*, de Paulo Ronai.

Material
Como a maioria das bibliotecas possui apenas um exemplar de dicionário de citação, esta atividade deve ser completada individualmente, em outros horários, além daquele agendado para o estudante ir à biblioteca.

Preparação
Esta atividade pode ser coordenada com uma tarefa de sala de aula, constando da busca de uma citação para ser usada na produção de um texto.

Instruções

Aula I – Introduza o dicionário de citação, explicando que este tipo de obra é uma coleção de frases ou trechos significativos de trabalhos literários. Discuta os possíveis usos de citações, mostrando alguns exemplos. Explique a organização do dicionário. Oriente os estudantes sobre como localizar uma citação adequada para seu texto e sobre como anotar os dados de identificação: autor e título da fonte. Encoraje-os a fazer perguntas sobre o procedimento. Mostre-lhes outras obras similares que existam na coleção de referência da biblioteca. Diga que irão apresentar o resultado de sua busca na próxima aula.

Aula II – Peça a cada um dos estudantes para ler a citação escolhida, mostrando sua relação com o assunto do seu trabalho.

▶▶ Fontes biográficas

2 *Contemporâneos notáveis*

Esta atividade dá oportunidade para os estudantes praticarem na localização de informação sobre pessoas contemporâneas, utilizando fontes correntes de informação.

Duração
- 40 minutos, mais tempo para pesquisa individual.

Materiais
- Jornais, revistas noticiosas e almanaques.

Preparação
Esta atividade deve ser desenvolvida em conjunto com um professor, dando apoio a uma tarefa a ser desenvolvida pelos alunos. A tarefa pode ser a escolha de uma pessoa que, nos últimos dez anos, tenha se tornado conhecida por sua atuação em algum setor. Os estudantes devem escolher previamente a pessoa sobre a qual desejam pesquisar.

Instruções
Explique que existem fontes que fornecem informação biográfica sobre a vida de pessoas contemporâneas ainda vivas ou que faleceram recentemente. Mostre as seções de jornais, revistas e almanaques que trazem informações sobre pessoas. Distribua os jornais, revistas e almanaques e oriente cada estudante para localizar a seção sobre pessoas na publicação que recebeu. Ajude aqueles que apresentarem dificuldades. Peça a vários estudantes para relatarem o que encontraram: o nome da seção sobre pessoas e o tipo de informação fornecido.

Variação
Esta atividade pode ser desenvolvida utilizando-se a Internet.

▶▶ Revistas e jornais

3 *Quem faz a notícia?*

Esta atividade dá aos estudantes oportunidade de aprender a identificar a origem das matérias veiculadas em jornais e revistas e também de conhecer as diferentes categorias de autores que escrevem nessas publicações.

Duração
- 40 minutos.

Materiais
- Fascículos recentes de diferentes jornais e revistas noticiosas semanais.

Instruções
Organize duplas e distribua um jornal ou revista para cada dupla, orientando-as para examinar as publicações, anotando os nomes das agências e sucursais de onde provêm as notícias, dos jornalistas que assinam as colunas, dos editores, repórteres, correspondentes e enviados especiais que preparam as reportagens etc. Dê quinze minutos para que realizem a tarefa. Peça então a cada dupla para relatar o que observou e elabore um quadro com as categorias e os respectivos nomes que as representam nos diferentes jornais e revistas analisados.

Variação
Esta atividade pode ser realizada com jornais e revistas disponíveis na Internet.

4 *Montando um dossiê*

Esta atividade ensina aos estudantes a encontrar, no interior do jornal, a continuação das notícias que aparecem na primeira página.

Duração
- Duas aulas de 30 minutos.

Materiais
- Fascículos recentes de diferentes jornais. Para esta atividade é necessário reunir um número maior de jornais.
- Cola.
- Tesouras.
- Folhas em branco.

Instruções
Aula I – Divida a classe em grupos e peça-lhes para escolherem um assunto que desejam pesquisar. Deve ser algo que tenha sido notícia recentemente, de preferência

relacionado a um tópico que estejam estudando em sala de aula. Dê 10 minutos para que escolham, orientando os grupos que estejam com dificuldade. Distribua os jornais (pelo menos dois jornais diferentes para cada grupo) e peça-lhes para verificar se o assunto escolhido aparece na primeira página. Chame atenção para o fato de que as notícias da primeira página não são completas e são complementadas outra parte do jornal. Discuta a respeito de como encontrar a continuação da notícia. Peça a cada grupo para encontrar a continuação de sua notícia e anotar os títulos, tanto da primeira página quanto da página interna. Faça-os observar que os títulos são diferentes: os da primeira página são mais gerais e os da página interna mais específicos. Explique que irão organizar dossiês, isto é, um conjunto de notícias sobre um mesmo assunto e que este poderá ser usado para enriquecer seus trabalhos. Oriente-os para recortar as notícias, tendo o cuidado de verificar exatamente onde começam e terminam, e anotar os dados de identificação de cada uma: título do jornal, data, caderno ou seção e página.

Aula II – Retome a atividade, distribuindo outros jornais e orientando os grupos para localizarem os assuntos escolhidos, preparando-os para serem acrescentados aos dossiês.

Acompanhamento
Esta atividade pode ser repetida outras vezes durante o ano.

▶▶ **Índices**

5 *Ampliando a pesquisa*

Esta atividade introduz o conceito de que existem fontes de informação que permitem localizar materiais fora dos limites da biblioteca da escola.

Duração
- 50 minutos.

Materiais
- Ligação com a Internet.

Preparação
Identifique o site de uma biblioteca cujo catálogo esteja disponível na Internet. Escolha uma biblioteca localizada na cidade, cujo acervo seja aberto ao público. Coordene esta atividade com um assunto que os alunos estejam estudando.

Instruções
Explique como a Internet permite que as bibliotecas divulguem suas coleções, possibilitando a muitas pessoas saber que livros existem nessas bibliotecas e usar o seu acervo. Peça aos alunos para anotar títulos de livros que gostariam de consultar, mas que não existem na biblioteca da escola. Acesse o site escolhido e explique como fazer a busca, chamando atenção para as semelhanças com o catálogo da biblioteca da escola.

Observação
Esta atividade é simples para alunos de escolas cujas bibliotecas têm seus catálogos automatizados e que já costumam utilizá-los.

Identifique os livros escolhidos pelos alunos e explique que eles podem ser solicitados através de empréstimo entre bibliotecas ou consultados no local. Nesta fase os alunos já sabem elaborar referências bibliográficas e são, portanto, capazes de anotar os elementos essenciais do livro para encontrá-lo em outra biblioteca ou para preencher o formulário de empréstimo entre bibliotecas.

Acompanhamento
Esta atividade pode ser seguida de uma visita à biblioteca, onde os alunos poderão consultar os livros identificados e complementar sua pesquisa.

Variação
Esta atividade pode ser repetida para incluir outros tipos de instituições culturais, que oferecem oportunidade para ampliação

das pesquisas dos alunos, tais como arquivos, museus, centros culturais etc.

▶▶ Material e equipamento audiovisuais

6 *Gravando a reportagem*

Esta atividade possibilita aos alunos expressar suas ideias através da produção de material audiovisual. Dá-lhes oportunidade de usar o vídeo para relatar atividades escolares. Os alunos desenvolvem uma percepção mais profunda da televisão através da produção de programas em vídeo.

Duração
- Seis aulas de 40 minutos e tempo complementar para trabalho individual.

Materiais
- Vídeocâmaras.
- 4 fitas para vídeo.

Preparação
Esta atividade é planejada para um grupo de 21 alunos, dividido em quatro subgrupos de 5, mais o diretor responsável pela coordenação. Cada subgrupo encarrega-se de uma sequência da reportagem que, neste caso, terá 4 sequências. Pode-se trabalhar com um grupo menor, reduzindo-se também o número de sequências.

Instruções
Aula I – Demonstre como usar a câmara. Relembre que uma gravação de qualidade deve ser simples e mostrar apenas o essencial. Oriente os estudantes para realizarem um pequeno treinamento, dando oportunidade para que o maior número possível de estudantes opere a câmara. Sugira que sigam estes passos:
– Verificar se a câmara está funcionando.

- Localizar e focalizar a imagem no visor.
- Segurar a câmara com firmeza e evitar movimentos súbitos.

Aula II – Explique aos alunos que irão filmar atividades da escola para mostrá-las como um programa de notícias. Escreva as seguintes funções de produção no quadro e descreva as responsabilidades de cada uma:
- Diretor
- Roteirista
- Repórter
- Artista gráfico
- Responsável pelo som
- Operador de câmara

Explique que o diretor é o responsável pela coordenação de toda a produção. Ele revê os roteiros, verifica a programação, agenda as sessões de gravação e mantém a equipe informada sobre o andamento do trabalho. Peça aos alunos para escolherem um diretor para o projeto. Oriente-os para dividirem entre os restantes as outras tarefas. Explique que serão gravadas várias cenas e que serão necessárias quatro pessoas para cada uma das tarefas; no total serão 4 equipes completas, coordenadas pelo diretor.

Conduza uma sessão de *brainstorming* com todo o grupo, para planejar o trabalho, reunindo ideias sobre as sequências a serem filmadas. Peça ao diretor para anotar as sugestões. O planejamento deverá incluir toda a equipe para que todos os membros tomem conhecimento do projeto global e não apenas de sua parte. Isto também encoraja os alunos a trocarem eventualmente de papéis para operar a câmara, fazer a programação visual ou realizar entrevistas.

Peça ao diretor para ler a lista das sequências sugeridas e escolher, junto com o grupo, quatro para serem filmadas. Oriente cada grupo a escolher a sequência que gostariam de filmar.

Aula III – Duplique as folhas de planejamento do roteiro, como mostrado abaixo:

Vídeo	Áudio (som)

Solicite ao diretor que leia as quatro atividades escolhidas para serem filmadas e peça às equipes que se reúnam separadamente para planejarem o roteiro de sua sequência. Oriente os estudantes para que determinem um objetivo geral para a sequência, dando-lhe um senso de direção. Explique que todos os membros precisam entender o objetivo da filmagem. Os melhores trabalhos acontecem quando o repórter e os técnicos visualizam, antecipadamente, como a cena ficará depois de pronta. Explique que é necessário um roteiro, mas este não precisa ser rígido: um roteiro flexível é mais útil. Explique que o roteiro contém direção de áudio e vídeo. Distribua as folhas de planejamento para cada grupo. As perguntas das entrevistas devem ser previamente formuladas, mas é importante que o repórter ouça e reaja às respostas dos entrevistados. Ele deve evitar ler as perguntas, tentando manter a espontaneidade, dando vivacidade e naturalidade à cena.

Dê tempo para os estudantes planejarem as tomadas. O planejamento deverá incluir quaisquer recursos gráficos que serão necessários como, títulos, mapas ou ilustrações. Os recursos deverão estar escolhidos para a aula seguinte.

Aula IV – Dê oportunidade para cada equipe discutir seu roteiro com todo o grupo, descrevendo tanto as direções de áudio quanto as de vídeo e mostrando os recursos a serem usados. Estimule os alunos a comentar e apresentar sugestões para cada tomada.

Discuta as instruções para filmagem. Explique que a edição (preparação da versão final da gravação) é um processo demorado e que pode resultar em um produto final frustrante se não for bem feita. Diga aos alunos que um dos objetivos que devem ter em mente quando estiverem filmando é diminuir o trabalho de edição. Alerte-os para fazerem um teste antes de filmar, a fim de se certificarem de que todo o equipamento está funcionando adequadamente. Lembre que não devem movimentar a câmara com frequência. Fazer *zoom* é divertido, mas os espectadores podem ficar tontos. Oriente os alunos a verificarem se a iluminação está adequada. Caso ocorra um erro significativo, devem refilmar a cena. Após o planejamento, as equipes estão prontas para filmar suas tomadas sob a supervisão do diretor, que irá agendar e estar presente em todas as sessões de filmagem. Todas as gravações deverão estar completas para a aula seguinte.

Aula V – Assista a cada uma e oriente os alunos para definirem a ordem de apresentação. Planeje com eles como será feita a abertura, os créditos e a ligação das cenas. Peça aos alunos que executem o que foi planejado para estar pronto para aula seguinte.

Aula VI – Reúna as quatro gravações em uma fita e inclua os recursos gráficos.

Acompanhamento

Exiba os programas para a comunidade escolar. Pode-se exibi-los em uma sessão para toda a escola ou para pequenos grupos na biblioteca. Esta atividade pode ser repetida de modo a se tornar um programa regular de notícias da escola.

HABILIDADES DE INTERPRETAÇÃO

▶▶ **Técnicas de avaliação e seleção**

7 *Conhecendo a coleção*

Esta atividade familiariza os estudantes com autores existentes na coleção da biblioteca. É planejada para estimular o interesse dos estudantes na leitura e para encorajá-los a selecionar livros de lazer da coleção da biblioteca.

Duração
- 40 minutos.

Materiais
- 20 livros de ficção e não ficção, de interesse para essa faixa etária.

Preparação
Selecione e exponha os livros, escolhendo aqueles que atraiam uma grande variedade de interesses pessoais, gostos e habilidades. As novas aquisições podem ser incluídas. Livros de bolso são especialmente atrativos para os estudantes, devido a seu formato compacto e por serem fáceis de carregar.

Prepare e duplique uma lista das referências bibliográficas dos livros que você irá descrever na apresentação.

Instruções
Distribua a lista e peça aos estudantes para verificarem os livros que lhes pareçam especialmente interessantes. Descreva cada um dos livros brevemente. Para os livros de ficção descreva resumidamente a personagem principal, enredo e cenário. Para

livros de não ficção indique o assunto, as características peculiares e o público que provavelmente se interessará por ele. Chame atenção para características dos livros que se relacionem a tópicos de interesse dos estudantes.

Acompanhamento
Encoraje os alunos a pegarem os livros por empréstimo para leitura. Recomende que mantenham a lista como sugestão para suas futuras leituras.

▶▶ Pesquisa e produção de textos

8 *Compilação de bibliografias*

Esta atividade complementa as habilidades bibliográficas dos estudantes. Possibilita-lhes citar uma variedade de materiais utilizando normas bibliográficas padronizadas.

Duração
- Duas aulas de 40 minutos.

Materiais
- Cópias de modelos de referências bibliográficas e algumas normas simplificadas (Veja exemplo de bibliografia após as instruções.)

Preparação
Prepare e duplique os modelos de referências bibliográficas e as normas simplificadas. Esta atividade deverá ser integrada a um trabalho de pesquisa e produção de texto de uma disciplina.

Instruções

Observação
Planeje esta aula para coincidir com o início de um trabalho de pesquisa de uma disciplina.

Aula I – Distribua os modelos de referências bibliográficas e as normas. Reveja com os estudantes a função da bibliografia em um trabalho. Discuta o fato de que trechos e ideias de outras pessoas podem ser usados, desde que citada a fonte. Defina plágio. Desenvolva também a compreensão de que a citação das fontes dá autoridade ao texto.

Estimule os estudantes a indicarem os vários materiais que podem ser usados na pesquisa. Liste-os no quadro, incluindo jornais, entrevistas, folhetos, revistas, documentos da Internet e materiais audiovisuais.

Oriente-os para observar o modelo de bibliografia e notar como os vários materiais são referenciados. Explique que não é necessário memorizar a forma de referenciar cada tipo de material. É importante que haja um entendimento de como a referência de cada tipo de material varia e que se tenham modelos adequados aos quais recorrer quando se estiver compilando uma bibliografia. Verifique se todos os alunos conseguem identificar cada elemento das referências bibliográficas.

Acompanhamento

Auxilie individualmente os alunos quando estiverem compilando a bibliografia para seu trabalho.

Aula II –

Observação

Dê esta aula após os estudantes terem compilado as bibliografias e antes de submeterem suas redações ao professor da disciplina. As bibliografias podem estar em forma de rascunho.

Diga aos alunos para trocarem as bibliografias uns com os outros. Peça-lhes para lerem as bibliografias dos colegas, compararem as referências com o modelo dado e sugerirem correções necessárias. Dê tempo para fazerem as correções. Ajude os que tiverem dificuldades. Faça-os se reunirem em grupos pequenos para ler e analisar as bibliografias.

Acompanhamento

Oriente os estudantes a passar a limpo suas bibliografias, para serem apresentadas ao professor. Esta atividade deve ser planejada desde a primeira vez que uma bibliografia for necessária nesta etapa. Encoraje os estudantes a pedir ajuda na compilação de bibliografias sempre que precisarem. Instrua, individualmente ou em grupos pequenos, aqueles que não estejam dominando a habilidade.

> **Exemplo de bibliografia sobre meio ambiente**
>
> **Livro de 1 autor**
> BRANCO, Samuel Murgel. *O meio ambiente em debate*. São Paulo: Moderna. 1988.
>
> **Livro de 2 autores**
> SCARLATO, Francisco Capuano, PONTIN, Joel Arnaldo. *Do nicho ao lixo*: ambiente, sociedade e educação. São Paulo: Atual, 1994.
>
> **Livro (editor como autor)**
> NOVAES, Carlos Eduardo (Ed.). *Casé*, o jacaré que anda em pé. São Paulo: Ática, 1993.
>
> **Verbete de enciclopédia sem autoria**
> MEIO ambiente. In: NOVA Enciclopédia Ilustrada Folha. São Paulo: Publifolha, 1996. p. 616.
>
> **Artigo de revista sem autoria**
> A NATUREZA está ali na esquina. *Nova Escola*, v. 13, n. 115, p. 40-41, set. 1998.
>
> **Artigo de revista com autoria**
> SETZER, Alberto. Até onde vai a devastação da Amazônia? *Ciência Hoje*, v. 26, n. 152, p. 56-58, ago. 1999.
>
> **Artigo de jornal sem autoria**
> GREENPEACE teme por lixo atômico. *Jornal do Brasil*, Rio de janeiro, 30 out. 1999. Ciência, p. 10.
>
> **Artigo de jornal com autoria**
> CAROLINA, Paula. Pneus: pagando pela reciclagem. *Estado de Minas*, Belo Horizonte, 21 nov. 1999. Veículos, p. 2.
>
> **Folheto**
> É HORA de acabar com o desperdício. Belo Horizonte: Movimento da Donas de Casa, 1998.
>
> **Vídeo**
> CONGO: onde o homem é a espécie em extinção. Direção de Frank Marshall. Paramount Pictures, 1995. Fita de vídeo.
>
> **Site da Internet**
> RECICLAGEM: os materiais recicláveis. Fundação O Boticário de proteção à Natureza. Disponível em: *www.fbpn.org.br* Acesso em: 10/01/2000.

▶▶ Ver, ouvir e interagir

9 Diferenças entre ler e ver

Esta atividade dá aos estudantes oportunidade de interpretar o que é visto e ouvido. Encoraja-os a recordar, resumir, parafrasear e complementar o que ouviram e viram.

Duração
- 50 minutos.

Materiais
- Materiais da biblioteca, relacionados a programas recentes de TV.

Preparação
Prepare uma exposição de materiais da biblioteca relacionados com programas recentes de TV. Inclua itens da coleção de ficção e não ficção, bem como revistas, jornais e materiais audiovisuais. Inclua também a programação de horários de TV, marcando em vermelho aqueles especialmente interessantes para essa faixa etária.

Instruções
Fale sobre os materiais selecionados, enfatizando a maneira como cada um complementa o conteúdo dos programas de TV ao qual se relacionam.

Discuta a diferença entre ler e ver. Desenvolva a ideia de que a imagem visual normalmente aumenta a compreensão. A imagem pode despertar a atenção para novos assuntos ou ideias. A leitura, por outro lado, fornece uma visão mais aprofundada, que pode ser ajustada ao ritmo do pensamento do leitor. Mostre a importância dos dois tipos de mídia.

Peça aos estudantes para pensar na diferença entre assistir a programas de ficção e de não ficção. Desenvolva a ideia de que quando assistem programas de ficção a ênfase é na experiência e nos sentimentos no momento em que o programa é visto. Em programas de não ficção, a informação apresentada, e que é lembrada após o programa, constitui o aspecto mais significativo. Mostre que o espectador deve prestar diferentes tipos de atenção em cada um dos casos.

Peça que os estudantes descrevam como podem usar os materiais da biblioteca para acompanhar programas de ficção e de não ficção na TV. Leve-os a compreender que depois que assistem a um programa podem querer ler o livro no qual o programa foi baseado, um livro do mesmo gênero ou algo sobre o problema ou ideia apresentados. Em programas de não ficção podem querer complementar sua compreensão e conhecimento sobre um tema, ideia, evento ou pessoa mostrados no programa. Explique que os materiais da biblioteca podem fornecer informação básica e aprofundada, possibilitando melhor compreensão da informação mostrada nos programas de TV.

Estimule os estudantes a ler os materiais expostos e a discutir tanto os programas de TV quanto os materiais que leram.

Acompanhamento
Modifique a exposição mensalmente, atualizando os materiais. Pode-se designar um grupo de alunos para se responsabilizarem pela exposição.

Variação
Dê oportunidade para grupos de estudantes se encontrarem e discutirem programas de TV que assistiram e as leituras relacionadas que fizeram.

Glossário

TERMOS	CONCEITOS
Best seller	Livro que é sucesso de vendas.
Bibliografia	Lista de referências de documentos que serviram para a elaboração de um trabalho. Ver exemplo na página 291.
Brainstorming	Técnica de reunião em que os participantes expõem livremente suas ideias em busca de solução criativa para um dado problema.
Catálogo de biblioteca	Lista de livros existentes na biblioteca. Pode ser um conjunto de fichas catalográficas ou uma base de dados de computador.
CD-ROM	Sigla de *Compact Disc Read-Only Memory*. Disco usado especialmente em computador, com capacidade de armazenar grande quantidade de informações (texto, imagens, sons), capazes de serem recuperadas através da leitura óptica, mas não alterados.
Classificação Decimal de *Dewey*	Classificação utilizada nas bibliotecas para organização dos documentos por assunto. Foi criada pelo bibliotecário norte-americano Melvil Dewey e já se encontra na sua 21ª edição. É publicada atualmente pela editora Forest Press. Chama-se classificação decimal porque utiliza a estrutura decimal para relacionar os assuntos.

TERMOS	CONCEITOS
Coleção de referência	Conjunto das obras de referência da biblioteca, formando uma coleção separada.
Copyright	Direito exclusivo do autor, compositor ou editor, de imprimir, reproduzir ou vender obra literária, artística ou científica; direito autoral. Aparece nos livros indicado com o sinal ©, acompanhado da data.
Correio eletrônico	Sistema de mensagens eletrônicas via Internet.
Cursor	Linha ou figura que aparece na tela do computador para indicar o ponto da tela onde se está posicionado.
Editor de texto	Programa usado para criar e editar textos no computador, como, por exemplo, o *Word* da *Microsoft*.
Endereço eletrônico (*e-mail*)	Conjunto de elementos que compõem o endereço eletrônico de uma pessoa ou organização, como, por exemplo, marcia@eb.ufmg.br
Fontes de informação	Expressão genérica que designa todos os tipos de registros de informação.
Fontes eletrônicas	São fontes de informação para serem usadas no computador (CD-ROM, disquete) ou com acesso via Internet.
Gerenciador de apresentações	Programa de computador que serve para organizar apresentações como, por exemplo, o *PowerPoint*, da *Microsoft*.
Glossário	Lista de palavras pouco conhecidas de determinado texto, seguidas de sua significação e que servem para facilitar sua leitura.
Hipertexto	Documentos eletrônicos que contêm algum elemento (palavra, expressão ou imagem) que, quando destacado, pode ser acionado (geralmente mediante um clique no *mouse*), provocando a exibição de um novo hipertexto, com informações relativas ao referido elemento.

TERMOS	CONCEITOS
Home page	Página de abertura de um *site* na Internet.
Ícone	Elemento gráfico que, no computador, representa determinado objeto, operação ou *link*, sendo geralmente acionado por um clique de *mouse*. Por exemplo, o ícone abaixo representa a impressora. 🖶
Índice	Lista que aparece no final do livro, relacionando assuntos e/ou nomes de pessoas, locais e outros elementos, com a indicação de sua localização no texto.
Internet	Rede mundial de comunicação que permite a conexão de pessoas e/ou instituições, por meio do computador. Foi criada em 1969 como um projeto militar e usada inicialmente para comunicação entre universidades e institutos de pesquisa. Começou a ser explorada comercialmente no início dos anos 90.
Intertextualidade	Superposição de um texto literário a outro. Utilização de uma multiplicidade de textos ou partes de textos preexistentes, de um ou mais autores, resultando na elaboração de um novo texto literário.
Links	Palavra ou imagem que, num documento de hipertexto, leva a outros documentos e *sites*. Geralmente o *link* aparece destacado: sublinhado ou em cores.
Lógica booleana	Lógica Booleana é baseada na teoria dos conjuntos e tem como operadores básicos *AND* (e), *OR* (ou) e *NOT* (não ou menos), que equivalem, respectivamente, a intersecção entre dois conjuntos, à união de dois conjuntos e à subtração entre dois conjuntos. Essa lógica é utilizada pelos sistemas de recuperação de bancos de dados e na Internet. Por exemplo, "artes plásticas" *AND* "música" recupera documentos que contenham os

TERMOS	CONCEITOS
Lógica booleana (cont.)	três termos; "artes plásticas" *OR* "música" recupera documentos que contenham uma das palavras; "artes plásticas" *NOT* "música" recupera documentos contendo o termo "artes plásticas" mas que não tragam o termo música.
Motores de busca	*Sites* que auxiliam a pesquisa na Internet, indicando onde se encontra o assunto procurado. Os *sites www.altavista.com* e *www.yahoo.com.br* são exemplos de motores ou mecanismos de busca.
Mouse	Dispositivo usado para mover o cursor pela tela e dar comandos ao computador. É chamado *mouse* por ter forma semelhante à de um rato.
Número de chamada	Código colocado em lugar visível de um documento (como nas lombadas dos livros) que indica sua localização nas estantes da biblioteca. Exemplo: 025.31 C972c
Obra de referência	Obra de referência, fonte de referência ou livro de referência são expressões que designam aquelas obras de uso pontual e recorrente, ao contrário de outras que são destinadas, normalmente, a serem lidas do princípio ao fim.
Parafrasear	Reproduzir o texto de um autor utilizando outras palavras.
Parlenda	Brincadeira popular que utiliza a rima para obter um efeito sonoro, como, por exemplo, · hoje é domingo / pé de cachimbo... · um dois... feijão com arroz...

TERMOS	CONCEITOS
Multimídia	Informação apresentada por meio de imagens, sons e texto.
Referência	Conjunto padronizado de elementos de um documento que permite sua identificação. Exemplo: VALE, Mário. *Três pontinhos*. Belo Horizonte: Compor, 1995.
Referência cruzada	Palavras que remetem a outras palavras relacionadas. É um recurso utilizado em enciclopédias, catálogos de bibliotecas, dicionários etc. Exemplo: Ecologia *ver também* Meio ambiente.
Registro catalográfico	Representação de um documento no catálogo da biblioteca. Ver exemplo na página 121.
Remissiva	Palavra utilizada em catálogos ou em obras de referência para remeter de um termo a outro. Exemplo: Machado de Assis *ver* ASSIS, Machado de
Sistema de classificação bibliográfica	Conjunto de classes de assunto utilizado com a finalidade de servir de base à organização de documentos na estante
Sites	Conjunto de páginas de um mesmo autor ou organização na Internet.
Slide	Reprodução fotográfica em filme 35mm emoldurado, para projeção. Também denominado diapositivo.
Software	Programa, rotina ou conjunto de instruções que determinam o que o computador deve fazer.
Sumário	Listagem das principais divisões, seções e outras partes de um documento, refletindo a organização dos materiais no texto. Aparece no início da publicação.

TERMOS	CONCEITOS
Tecnologia da informação	Todos os recursos tecnológicos utilizados para transmitir e distribuir informação, como computadores, televisão, rádio etc.
Trava-línguas	Jogo baseado na repetição de palavras com sons semelhantes, ditas de forma bem rápida como, por exemplo, • o rato roeu a roupa do rei de Roma
URL	Sigla de *Uniform Resource Locator*, que representa o endereço de *sites* na Internet. Exemplo: *http://www.bn.br* que é o URL (endereço) do *site* da Fundação Biblioteca Nacional na Internet.
www	Sigla de *World Wide Web*. É a parte gráfica da Internet, que permite a navegação por hipertexto.
Zoom	Efeito de afastamento ou aproximação produzido por um conjunto de lentes especiais, em fotografia, cinema e televisão.

Bibliografia utilizada no Glossário

BARROS, J. A. *Pesquisa escolar na Internet*. Belo Horizonte: Formato, 2001.

COLL, C.; TEBEROSKY, A. *Aprendendo português*: conteúdos essenciais para o ensino fundamental de 1ª. a 4ª. série. São Paulo: Ática, 2000.

DIAS, E. W. Obras de referência. In: CAMPELLO, B. S.; CENDÓN, B. V; KREMER, J. M. (Org.). *Fontes de informação para pesquisadores e profissionais*. Belo Horizonte: Editora UFMG, 2000. p. 199-216.

ERCILIA. M. *A internet*. São Paulo: Publifolha, 2000.

FERREIRA, A.B. H. *Novo Aurélio século XXI*: o dicionário da língua portuguesa. 3. ed. Rio de Janeiro: Nova Fronteira, 1999.

FRANÇA, J. L. et al. *Manual para normalização de publicações técnico-científicas*. 5.ed. rev. Belo Horizonte: Editora UFMG, 2001.

FREEDMAN, A. *Dicionário de informática*. São Paulo: Makron Books, 1995.

GLOSSÁRIO de termos de informática. In: NOVO dicionário Folha Webster's inglês-português e português-inglês. São Paulo: Publifolha, 1996.

HOUAISS, A.; VILLAR, M. S. *Dicionário Houaiss da língua portuguesa*. Rio de Janeiro: Objetiva, 2001.

PFAFFENBERGER, B. *Que*: dicionário de usuários de microcomputadores – português-inglês e inglês-português. Rio de Janeiro: Campus, 1992.

SOBRAL, A. *Internet na escola:* o que é, como se faz. São Paulo: Loyola, 1999.

Os autores

BERNADETE CAMPELLO

É mestre em Biblioteconomia e professora da Escola de Ciência da Informação da UFMG. Seus interesses de pesquisa estão voltados para biblioteca escolar e fontes de informação. É autora dos livros *Introdução ao Controle Bibliográfico e Fontes de Informação para Pesquisadores e Profissionais* e organizadora de *Recursos Informacionais para o Ensino Fundamental* e *Formas e Expressões do Conhecimento*.

E-mail: *campello@eci.ufmg.br*

MÁRCIA MILTON VIANNA

É mestre em Biblioteconomia e professora da Escola de Ciência da Informação da UFMG. Suas áreas de atuação são tratamento da informação e biblioteca escolar, nas quais desenvolve atividades de pesquisa e ensino.

E-mail: *marciamilton@eci.ufmg.br*

MARLENE EDITE PEREIRA DE REZENDE

É especialista em literatura infantil e juvenil. Como bibliotecária, foi supervisora do Programa Carro-Biblioteca da Escola de Ciência da Informação da UFMG. Fez parte da equipe de seleção de obras literárias para crianças e jovens em projetos da Secretaria de Estado da Educação de Minas Gerais. Colaborou na implantação de bibliotecas municipais propostas no Projeto Educação Ambiental em Caparaó –MG: proposta de construção de uma comunidade de Aprendizagem.

E-mail: *marleneedite@yahoo.com.br*

PAULO DA TERRA CALDEIRA

É mestre em Biblioteconomia e professor da Escola de Ciência da Informação da UFMG. Seus interesses de pesquisa são biblioteca escolar e fontes de informação. Publicou entre outras: *Guia das Bibliotecas do Estado de Minas Gerais* (1978), *Recursos Informacionais para o Ensino Fundamental e Formas e Expressões do Conhecimento: introdução às fontes de informação*.

E-mail: *terra@eci.ufmg.br*

VERA AMÁLIA AMARANTE MACEDO

Foi professora do Departamento de Biblioteconomia e Documentação da Universidade de Brasília/UnB e da Escola de Biblioteconomia da UFMG. É uma das autoras de Os livros são para ler: um manual de treinamento e orientação para encarregados de pequenas bibliotecas públicas, publicado pelo Instituto Nacional do Livro.

E-mail: *vamalia@brfree.com.br*

VERA LÚCIA FURST GONÇALVES ABREU

É especialista em Biblioteconomia e professora da Escola de Ciência da Informação da UFMG. Foi diretora da mesma escola de 1994-1998 e atualmente é coordenadora do Colegiado do Curso de Graduação. Seus interesses de pesquisa estão nas áreas de biblioteca escolar, desenvolvimento de coleções e ensino de biblioteconomia.

E-mail: *veralucia@eci.ufmg.br*

Este livro foi composto com tipografia Palatino e impresso
em papel Off set 75 g/m² na Gráfica Paulinelli.